한국 과학기술혁명의 구조

"이 저서는 2010년도 대한민국 교육부와 한국학중앙연구원(한국학진흥사업단)을 통해 한국학 특정분야 기획연구 (한국과학문명사) 사업의 지원을 받아 수행된 연구임."(AKS-2010-AMZ-2101)

한국 과학기술혁명의 구조

초판 1쇄 발행일 2016년 11월 30일

지 은 이 김근배

출판책임 박성규
편   집 유예림 · 현미나 · 구소연
디 자 인 김지연 · 김원중
마 케 팅 나다연 · 이광호
경영지원 김은주 · 박소희
제   작 송세언
관   리 구법모 · 엄철용

펴 낸 곳 도서출판 들녘
펴 낸 이 이정원
등록일자 1987년 12월 12일
등록번호 10-156
주   소 경기도 파주시 회동길 198
전   화 마케팅 031-955-7374 편집 031-955-7381
팩시밀리 031-955-7393
홈페이지 www.ddd21.co.kr

I S B N 979-11-5925-209-9 (94910)
       979-11-5925-113-9 (세트)

값은 뒤표지에 있습니다. 잘못된 책은 구입하신 곳에서 바꿔드립니다.

「이 도서의 국립중앙도서관 출판예정도서목록(CIP)은 서지정보유통지원시스템 홈페이지(http://seoji.nl.go.kr)와 국가 자료공동목록시스템(http://www.nl.go.kr/kolisnet)에서 이용하실 수 있습니다.(CIP제어번호: CIP2016029163)」

한국의 과학과 문명 007

한국 과학기술혁명의 구조

김근배 지음

지은이 **김근배**

서울대학교 자연과학대학 미생물학과를 졸업하고, 같은 대학원에서 한국과학사로 석사와 박사학위를 받았다. 미국 존스홉킨스대학 박사후 연구원을 거쳐 전북대학교 과학학과 교수와 한국과학문명학연구소 연구원으로 재직하고 있다. 한국과학사학회 회장과 〈과학기술인 명예의 전당〉 후보자심사위원회 위원, 한국연구재단 전문위원, 대한민국역사박물관 운영자문위원, 미국 뉴욕주립대학(스토니부룩) 교환교수 등을 역임했으며, 제1회 한국과학사학회 논문상을 수상했다. 저서로『근현대 한국사회의 과학』(창작과비평사, 1998 공편),『한국 근대 과학기술인력의 출현』(문학과지성사, 2005),『황우석 신화와 대한민국 과학』(역사비평사, 2007),『우장춘―종의 합성을 밝힌 과학 휴머니스트』(다섯수레, 2009), 연구논문으로 "An Anatomical Chart of South Korean Science and Technology in the 1960s: Their Relationships with Political Power", "생태적 약자에 드리운 인간권력의 자취―박정희시대의 쥐잡기운동", "네트워크에 걸려든 바이러스: 이호왕의 유행성출혈열 연구", "'리승기의 과학'과 북한사회", "식민지시기 과학기술자의 성장과 제약: 인도·중국·일본과 비교해서" 등이 있다.

〈한국의 과학과 문명〉 총서

기획편집위원회
연구책임자_ 신동원
전근대팀장_ 전용훈
근현대팀장_ 김근배
전 임 교 수_ 문만용
　　　　　　김태호
전임연구원_ 전종욱
　　　　　　신향숙

〈한국의 과학과 문명〉 총서를 펴내며

우리나라는 현재 세계 최고 수준의 메모리 반도체, 스마트폰, 디스플레이, 철강, 선박, 자동차 생산국으로서 과학기술 분야의 경이적인 발전으로 세계의 주목을 받고 있다. 그것을 가능케 한 요인의 하나가 한국이 오랜 기간 견지해온 우수한 과학기술 문화와 역사 속에 있다고 우리는 생각한다.

문명이 시작된 이래 한국은 항상 높은 수준을 굳건히 지켜온 동아시아 문명권의 일원으로서 그 위치를 잃은 적이 없었다. 우리는 한국이 이룩한 과학기술 문화와 역사의 총체를 '한국의 과학문명'이라 부르려 한다. 금속활자·고려청자 등으로 대표되는 한국 과학문명의 창조성은 천문학·기상학·수학·지리학·의학·양생술·농학·박물학 등 과학 분야를 비롯하여 금속제련·방직·염색·도자·활자·인쇄·종이·기계·화약·선박·건축 등 기술 분야에서도 다양하게 분명히 드러난다.

우리는 이런 내용을 종합하는 〈한국의 과학과 문명〉 총서를 발간하고자 한다. 이 총서의 제목은 중국의 과학문명에 대한 새로운 인식의 지평을 연 조지프 니덤(Joseph Needham)의 『중국의 과학과 문명』을 염두에 두고 만들었다. 그러나 니덤이 전근대에 국한한 반면 우리는 전근대와 근현대를 망라하여 한국 과학문명의 총체적 가치와 의미를 온전히 담은 총서의 발간을 목표로 한다. 나아가 한국의 과학과 문명이 지닌 보편적 가치를 세계에 발신하고자 한다. 지금까지 한국은 세계 과학문명의 일원으로 정당한 가치를 인정받지 못한 채, 중국의 아류로 인식되어왔다. 이 총서에서는 한국 과학문명이 지닌 보편성과 독자성을 함께 추적하여 그것이 독자적인 과학문명이자 세계 과학문명의 당당한 일원임을 입증하고자 한다. 우리는 이 총서에서 근현대 한국 과학기술 발전의 역사와 구조를 밝힐 것이며, 이로써 인류의 과학기술 발전사를 새로이 해명하는 데에 기여할 것이다.

이 총서에서는 한국의 과학문명이 역사적으로 독자적인 가치와 의미를 상실하지 않았던 생명력에 주목한다. 이를 위해 전근대 시기에는 중국 중심의 세계질서 아래서도 한국의 과학문명이 독자성을 유지하면서 발전을 지속한 동력을 탐구한다. 근현대 시기에는 강대국 중심 세계체제의 강력한 흡인력 아래서도 한국의 과학기술이 놀라운 발전과 성장을 이룩한 요인을 탐구한다.

우리는 이 총서에서 국수적인 민족주의나 근대 지상주의를 동시에 경계하며, 과거와 현재가 대화하고 내부와 외부가 부단히 교류하는 가운데 형성되고 발전되어온 열린 과학문명사를 기술하고자 한다. 이 총서를 계기로 한국 과학문명에 대한 관심과 이해가 더욱 깊어지기를 기대한다.

마지막으로 〈한국의 과학과 문명〉 총서의 발간은 교육부와 한국학중앙연구원 한국학진흥사업단의 지원에 크게 힘입었음을 밝히며 이에 감사를 표한다.

〈한국의 과학과 문명〉 총서 기획편집위원회

아주 긴 전쟁을 치른 기분이다. 후발국의 연구자는 고달프다. 축적된 성과와 주변 동료의 부족으로 하나에서 열까지 거의 모든 것을 홀로 헤쳐가야 한다. 밤낮으로 들인 노력에도 불구하고 좋은 연구 성과를 얻기는 쉽지 않다.

과학사의 길목에서 행운을 만나다

지금으로부터 30년 전 고심 끝에 미생물학에서 과학사로 발길을 돌렸다. 우리나라에서 막 시작된 과학사의 새로움에 매력을 느꼈고, 그중에서도 한국 현대 과학사에 관심이 깊어졌다. 다른 나라가 아닌 우리나라의 과학을 제대로 이해하는 데 도움이 될 것이라는 생각에서였다. 내 앞에는 그 누구도 간 적 없는 미지의 세계가 펼쳐져 있었다.

당시만 해도 한국 현대 시기는 과학사의 주요 학문적 대상이 아니었다. 그 역사가 짧을 뿐만 아니라 탐구할 만한 가치 있는 주제들이 없다고 보았다. 그런데 뜻하지 않게 갑자기 반전(反轉)이 일어났다. 한국의 과학기술이 놀랍게 발전하고 국내와 더불어 해외에서의 관심도 커졌다. 그 덕분에 한국 현대 과학사는 중요한 영역으로 서서히 바뀌게 되었다.

한국 현대 과학사를 공부할수록 그 모델로 여긴 서양 과학사와는 많이 다르다는 느낌을 받았다. 박사학위논문을 마칠 무렵에는 새로운 시각에서 한국 현대 과학사를 조명해야겠다는 열의도 생겼다. 결정적으로는 토마스 쿤의 『과학혁명의 구조』를 읽고 그와는 다른 방식으로 한국 현대 과학기술의 발전을 새롭게 밝히고 싶다는 거창한 포부를 품었다. 한국 현대 과학사를 공부하는 사람만이 누릴 수 있는 특별한 행운이었다.

　이에 도움이 될 한국 현대 과학의 제도를 다루고 인물도 연구했다. 중요한 과학기술 성과를 거둔 제도나 인물을 탐구하다 보면 실타래가 풀릴 것으로 잔뜩 기대했다. 하지만 어떤 단서(端緒)도 찾아지지 않았다. 이렇게 연구해서는 한국의 현대 과학기술 발전을 규명하는 것이 불가능하다는 의도치 않은 결론만을 얻었다. 왜 한국 현대 과학기술은 특출 난 곳에 둥지를 틀며 발전하지 않았을까?

새롭고 험난한 도전에 나서다

초기에는 서구에서 나온 무수히 많은 주장이나 이론들 중에서 한국의 사례를 잘 설명해줄 것을 찾는 데 치중했다. 국내는 물론이고 해외에서 발표된 숱한 과학사 연구의 성과를 열심히 뒤졌다. 이렇게 하면 한국의 현대 과학기술 발전을 명쾌하게 해명할 숨은 열쇠를 발견할 것으로 기대했다. 그러나 원하는 연구 성과는 찾을 수 없었고, 오히려 한국의 사례는 기존과 다르다는 점이 부각될 뿐이었다.

　그렇게 암중모색하던 중 2010년 한국과학사학회 창립 50주년 기념으로 열린 학술대회에서 "한국 근현대 과학기술의 역동적 발전을 어떻게 볼 것인가—새로운 과학기술혁명의 구조—"를 발표하게 되었다. 한국 현대 과학기술의 발전을 바라보는 기본적인 얼개가 엉성하게나마 짜여진 계기가 되었다.

　이와 비슷한 시기에 "한국 과학문명사" 총서 발간 사업이 시작되었는데, 학술대회에서 발표한 진한 여운으로 근현대 시기 연구 과제의 하나로 이 주제가 전격적으로 포함되었다. 제목도 잠정적이긴 하나 "한국 현대 과학기술혁명의 구조"로 정했다. 이로써 이 무모한 도전적인 연구는 내 의지와는 관계없이 어떻게든 수행해야만 하는 공식 과제가 되었다.

　진퇴양난(進退兩難)! 이때 이후로 나의 연구 상황을 잘 표현해주는 말이다. 새로운 출구가 조금씩 보일 듯하나 실제로는 진척되는 것이 없었다. 전체 구도가 잡히지 않으니 세부 내용을 채울 수 없었고, 그렇다 보니 거시적 시각에 대한 연구도 좀처럼 진전되지 못했다. 연구의 방향을 안내할 나침반 없이 우왕좌왕하는 모습만 되풀이할 뿐이었다.

그럴지라도 연구 작업에 진득하게 매달렸다. 내가 세운 기본 원칙은 서양 과학과 한국 과학의 다름을 찾아내고 그에 기반하여 새로운 이론체계를 대담하게 만드는 것이었다. 한국 현대 과학기술의 발전을 그 어디에도 없는 차별화된 방식으로 이해하고 설명하려는 접근방식이었다. 이전의 연구 성과는 내 연구에서 더 이상 근간이 아니라 참고용으로만 삼고자 했다.

어둠을 비추는 작은 불빛들을 찾다

이때 내가 주로 한 일은 '비유적 사고'였다. 한국의 과학기술 발전과 가장 비슷하게 닮은 것이 무엇일까? 그 모습을 구체적으로 무엇에 비유할 수 있을까? 어찌 보면, 적절한 이론체계를 곧바로 찾지 못하다 보니 우회 전략을 구사하게 된 것이다. 그것을 통해 어떤 실마리를 찾고자 했다.

처음 생각해낸 비유는 하늘로 치솟아오르는 '회오리'였다. 위로 올라갈수록 그 세력이 커지는 모양에서 착안을 했다. 다음으로는 이보다 단순화시킨 '비탈진 언덕'을 머릿속에 그렸다. 아래에서 위로 높아지는 형세를 중요하게 포착하고자 했다. 그런데 이 모양보다는 중간중간에 도약이 존재한다고 보았기에 드디어 '에스컬레이터'를 생각해냈다. 최종적으로는 에스컬레이터를 위에서 잡아당겨 늘린 형태로 변형시켰고, 나중에 이를 '단속상승형' 발전모형으로 이름 붙였다.

다음으로는 한국 과학기술 발전을 설명하는 이론 구조를 단순화하려고 했다. 과학사를 연구하기에 집단 및 개인들 사이의 담론(discourse)과 과학자사회의 실행(practice)은 비교적 쉽게 떠올렸다. 그렇다면 에스컬레이터에서 형상화된 도약에 해당하는 것은 무엇일까를 집중 고민했다. 그러다가 그동안 주의 깊게 생각하지 않은 제도(institution)라는 뜻밖의 성과를 얻었다. 그래서 나의 이론체계는 담론-제도-실행(DIP)으로 집약되었고, 이것은 더 단출하게 '제도-실행 도약론'으로 완성되었다. 이는 제도-실행이 잡아 늘린 에스컬레이터의 턱-발판과도 아주 잘 맞았다.

이후로는 이전 연구들에 살을 붙이는 작업을 벌여나갔다. 한국의 과학기술 발전을 설명하는 내 나름의 이론체계가 서다 보니 다른 연구들이 주는 속 깊은 메시지를 요령 있게 읽어낼 수 있었다. 마치 항해사가 해도(海圖)를 따라 거친 대양을 운행하는 것과 비슷했다. 그간의 연구들은 한국 과학기술 발전의 다양한 측면을 풍부하게 서술하는 데 큰 도움이 되는 아주 값진 성과들이었다.

이 책의 제목에 대해서는 막판까지 고민을 했다. 가제로 붙인 "한국 과학기술혁명의 구조"로 할 것인가, 아니면 완화시켜 "한국 과학기술발전의 구조"로 할 것인가? 주변 사람들의 의견도 둘로 팽팽히 나뉘었다. 최종적으로 나는 전자를 선택했다. 한국의 극적인 과학기술 발전을 혁명이라 부르지 않으면 도대체 무엇으로 부를 수 있을까라는 생각에서였다. 과학기술혁명은 일반 통념에 비춰보면 과도한 느낌을 주긴 하지만 이 책은 논쟁적 성격을 지니므로 그 취지에도 부합한다고 보았다.

함께 걷는 이들로부터 큰 도움을 받다

한국 현대 과학사를 공부하는 동안 지도와 격려를 아낌없이 받았다. 신생 학문 분야의 선구자들인 박성래, 송상용, 전상운, 김영식 선생님은 오랫동안 내게 많은 도움을 주신 은사들이다. 김영식 선생님은 한국과학사학회 창립 50주년 학술대회 때 나의 발표를 듣고 칭찬을 많이 했고 회오리와 유사한 소용돌이론을 주장한 그레고리 헨더슨(Gregory Henderson)의 책을 소개해주었다. 그의 격려가 없었다면 나는 이 연구 주제를 진척시킬 용기를 내지 못했을 것이다.

내가 소속되어 있는 전북대 과학학과의 대학원생과 학부생들은 연구 실험실 그 자체였다. 이곳은 새로운 아이디어가 떠오르는 원천이고 무수히 많은 토론이 오고 가는 공간이었다. 특히 한국 현대 과학사의 다양한 주제를 연구한 박사과정 사람들의 작업은 내 연구의 지적 토대가 되었다. 이은경 교수를 비롯하여 이들과 가진 월례 연구 모임은 학술적인 논의가 풍성하게 펼쳐진 요람이었다. 나무 육종학자 현신규를 분석한 선유정, 유전공학 제도화를 탐구한 신향숙, 정부와 과학기술자사회의 관계를 밝힌 강미화, 한탄바이러스 발견자 이호왕을 추적한 신미영 박사가 없었다면 내 연구도 세상으로 나오지 못했을 것이다.

이 연구 주제는 〈한국의 과학과 문명〉 연구 프로젝트 덕분에 실질적으로 추진될 수 있었다. 이 사업이 아니었다면 도중에 포기하거나 아주 오래 지체되었을 것이다. 내 연구의 많은 부분은 이 연구 프로젝트에 참여한 연구자들의 새로운 성과와 그들의 진지한 조언 및 제언에 크게 힘입었다. 이 사업을 이끌고 있는 전북대 한국과학문명학연구소 신동원 소장, 기획편집위원 전용훈 교수(한국학중앙연구원)와 문만용 교수의 후원과 격려는 결정적이었다. 특히 신동원 소장은 바쁜 와중에도 원고의 구성과 내용 전반에 걸쳐 치밀한 검토와 함께 참신한 대안까지 제시해준 최고의 에디터였다.

원고 전체를 읽고 예리한 비평을 해준 박범순 교수(KAIST), 김재영 박사(한국과학영재학교), 영문으로 번역한 일부 원고를 검토해준 모리스 로 교수(Morris Low, 호주 퀸즐랜드대학)께 깊이 감사드린다. 이들의 날카로운 지적 덕분에 원고의 완성도가 훨씬 높아졌다. 그럼에도 이들이 제기한 많은 부분은 시간의 부족과 역량의 한계로 다음 기회로 미루지 않을 수 없다. 내 원고가 유려(流麗)하게 변신을 하게 된 데에는 동문인 이명훈 작가의 도움이 컸다. 원고 집필 과정에서 영국 니덤동아시아과학사연구소(Christopher Cullen 교수), 한국과학사학회, 한국과학기술학회, 충북대 자연과학대학(이동훈 교수), 카이스트 탈추격연구센터(정재용 교수), 부산문화공간 봄(정재성 박사) 등에서 발표 기회를 가졌다. 많은 분들이 나의 발표에 대해 다양한 조언을 했고, 추가로 연구해야 할 과제도 제시해주었다. 그리고 도서출판 들녘은 난삽한 원고가 멋진 책으로 태어나도록 구성과 편집에 온갖 정성을 기울였다.

끝으로, 아주 오랜 기간 저녁은커녕 주말 없는 삶에도 이해와 격려를 아끼지 않은 나의 아내 한미리, 그사이에 홀쩍 자란 경훈과 민지! 이 책은 이들과 교감하며 만들어간 것이다. 내 원고를 열심히 읽어준 애정 어린 독자들이기도 하다.
진심으로 고마움을 전한다.

2016년 10월
전주에서 김근배

차례

1장 한국 과학기술의 패러독스

2장 서구 중심적 이해를 넘어

3장 얼마나 혁명적인가?

4장 과학기술 지형의 기초

5장 도약대로서의 제도: '다단계 점프'

6장 추진체로서의 실행: '소폭다량 혁신'

한국
과학기술의
패러독스

현대 한국의 놀라운 과학기술 발전은 아직 규명되지 않은 난제(難題)로 남아 있다. 국제 학계에서 과학기술의 발전에 관한 수많은 연구가 있었으나 주로 선진국을 대상으로 한 것이었다. 이는 과학기술 발전을 이해하는 데 도움을 주지만 그것만으로는 한국의 사례를 체계적으로 해명하는 것이 불가능하다. 서로 간에는 과학기술의 지형과 특성, 그 사회문화적 맥락 등에서 근본적인 차이가 존재하기 때문이다. 그러므로 한국의 사례를 제대로 규명하려면 발상의 전환을 가져올 차별적인 연구 시각과 접근법이 필요하다. 이 연구는 한국 과학기술 발전에 내재되어 있는 핵심 구조를 새로운 시선으로 밝히려는 첫 시도가 될 것이다.

베일에 싸여 있는 한국의 성취

이솝(Aesop) 우화에 유명한 "토끼와 거북이" 경주 이야기가 나온다. 이 이야기를 조금 변형하면 세계적으로 치열하게 전개되고 있는 과학기술 경쟁과 같다. 오랫동안 한국은 한참 뒤진 채 느리게 걷는 거북이 신세였다. 그에 반해 세계의 많은 나라들은 토끼처럼 앞서서 빠르게 내달리고 있었다. 그런데 경주를 하는 사이에 한국이 하나둘 추격하더니 급기야는 대부분의 나라들을 넘어섰다. 이솝 우화의 게으른 토끼와는 달리, 다른 나라들이 과학기술을 위한 노력을 게을리하지 않았음에도 예상을 뒤엎는 대반전이 일어났다. 도대체 과학기술 경주에서 거북이 같았던 한국이 토끼처럼 빠른 수많은 나라들을 어떻게 앞서게 된 것일까?

한국의 과학기술[1]은 짧은 기간에 역동적으로 발전했다. 경제 분야와 비슷하게 과학기술에서도 극적인 변화가 갑작스럽게 일어났다. 20세기 후반 세계에서 과학기술을 놀랍게 발전시킨 나라들로 흔히 아시아의 '네 마리 용'을 든다. 한국, 대만, 싱가포르, 홍콩이다.[2] 그 가운데서도 한국은 가장 낙후한 상태에서 가장 높은 수준으로 과학기술을 올려놓은 독보적인 나라다. 세계 각국이 과학기술 경쟁을 치열하게 벌이는 상황에서 이룬 성과인 만큼 그 가치도 매우 크다.

과학기술을 주요 요소로 포함한 국제적인 혁신지수 평가에서 한국은 항상 최상위 순위를 보여주고 있다. 일례로, 미국의 블룸버그(Bloomberg) 혁신지수에 따르면 2014년부터 세계 1위를 연속해서 차지하고 있는 나라가 한국이다. 2016년 평가를 보면 산업 생산성을 제외한 다른 지표들, 즉 고등교육 효율과 제조업 부가가치에서 최고 점수를, 연구개발과 첨단기술 집중도, 특허 활동에서 두 번째로 높은 점수를 받았다. 뒤를 잇고 있는 독일, 일본, 미국 등을 크게 따돌리며 압도적인 우위를 보였다. 그래서 한국을 "아이디어 세계에서 [혁신의] 왕(King)"이라 부르고 있다.[3]

한국은 놀랍게도 양적으로 세계 5위권의 과학기술 역량을 지니고 있다.[4] 그 주요 지표라 할 연구 인력과 연구개발비 5위, SCI(Science Citation Index) 논문 편수 12위[5]와 국제특허 출원 건수 4위, 첨단제품 수출액 4위 등의 순위를 보여준다. 과학기술의 기반, 성과, 활용 등 모든 측면에서 골고루 최상위에 올라 있는 것이다. 이 지표로 볼 때 한국보다 과학기술 우위를 확실히 지닌 나라로는 미국, 일본, 독일이 있으며, 높은 잠재력을 가진 나라는 중국 정도다.[6] 한국은 세계적으로 과학기술에 확고하게 기반한 나라의 하나로 변신해 있다.

1945년 해방 직후만 해도 한국은 과학기술 발전이 전혀 기대되지 않는 나라였다. 미군정은 앞으로 상당 기간이 흐를지라도 한국의 과학기술은 그 수준 향상이 어려울 것이라는 비관적인 전망을 내렸다. 당시 한국은 동남아시아나 남아메리카의 대다수 국가들보다 과학기술이 뒤떨어진 최빈국이었다. 근대적 과학기술 인력은 물론 대학, 연구기관, 과학단체, 학술저널, 기업 개발 능력 중 어느 하나도 갖추지 못한 상태였다. 1962년이 되어도 한국의 1인당 국민소득은 세계 129개 국가들 가운데 99위로 아프리카의 수단이나 모리타니와 비슷한 수준에 머물렀다.[7]

사실, 한국보다 여건이 나은 나라들도 과학기술 발전에 어려움을 겪었다. 개도국들(developing countries)은 선진국들(developed countries)에 비해 과학기술 수준이 현저히 낮은 데다가 그 진흥에 요구되는 최소한의 지식, 인력, 설비, 재원 등마저 결여되어 있었다. 선진국과 개도국 사이에는 도저히 넘을 수 없는 거대한 장벽이 존재할 뿐더러 과학기술 격차가 더 벌어지는 문제가 발생했다. 수많은 개도국들 중에 선진 수준은커녕 중진 수준으로라도 과학기술을 진전시킨 나라가 거의 없다는 역사적 사실만 봐도 알 수 있다.

그런데 반세기가 지난 1990년대가 되자 한국은 세계의 모든 나라들이 주목하는 나라로 떠올랐다. 과학기술의 주요 지표라 할 연구논문, 특허, 첨단제품 등 모든 측면에서 선진국 수준으로 올라섰고 일부 분야는 세계 최고 수준을 보여주기까지 했다. 그 상징적인 사건의 하나가 한국이 1996년에 선진국 중심의 경제협력개발기구(OECD)의 일원이 된 것이었다. 과학기술을 직접적으로 나타내는 것은 아니어도 그 수준이 중요하게 반영된 결과였다. 세계의 많은 나라와 사람들이 한국의 과학기술을 특별히 주목하게 된 것도 이때부터였다.[8]

그렇다면 이러한 과학기술의 비약이 한국에서 어떻게 가능했을까? 우리가 이 문제를 논의하기 위해서는 두 가지 점을 먼저 검토할 필요가 있다. 하나는 한국에 근대 과학기술의 전통이 얼마나 강하게 존재했는가다. 이는 과학기술 발전을 위한 주요 기반이 미리 갖추어져 있었는지와 관련이 있다. 다른 하나는 한국에 과학기술 도약의 중요한 역사적 계기나 사건이 존재했는가다. 그럴 경우 과학기술의 발전은 한두 요인을 가지고도 비교적 쉽게 설명할 수 있을 것이다.

한국의 근대 과학기술 전통은 한마디로 매우 취약했다. 서구의 과학기술이 한국에 유입된 시기는 멀리 17세기 초까지 거슬러 올라가지만 그 흔적은 흐릿했다. 과학기술을 새로운 학문으로 사회에 정착시키는 데 상당한 어려움을 겪었다. 1876년 개항 이후 국가 차원에서 근대 과학기술을 진흥시키려고 했으나 그 결실을 맺기 전에 식민 지배를 받게 되었다. 국가의 주권 상실로 과학기술은 개인의 선택에 맡겨져 극히 소수의 사람들만이 진출하는 영역이었다. 이마저 성장의 기회가 막혀 일본인들을 보조하는 하위직에 머물렀다. 결국 한국은 20세기 중반까지도 과학기술을 내재적인 전통으로 확립하지 못했다.

다만, 특기할 점은 대중들의 지적, 교육적 열의가 갈수록 높아졌다는 것이다. 예로부터 배움을 진지하게 추구하는 선비가 높은 계층을 형성하는 유교적 전통에 따라 그들에 대한 사회적 선망과 존중도 컸다. 특히 근대 이후 교육이 개인의 사회 진출 및 지위 향상과 긴밀히 연계됨으로써 더 뜨거운 주목을 받게 되었다. 대중들이 관심을 가진 학문 분야는 초기일수록 일부 문과에 한정되었으나 장차 그 영역이 과학기술로 확대될 여지가 있었다. 말하자면, 장차 한국이 지닐 고유 장점의 하나인 과학기술 인력이 형성될 사회적 기반은 일찍부터 존재해오고 있었던 것이다.

다른 한편으로 과학기술 도약의 획기적 계기나 사건 역시 찾아보기가 어렵다. 한국의 근현대 과학기술사를 보면 세계적으로 내세울 과학자가 없다고 해도 지나치지 않는다. 이태규, 우장춘, 현신규, 이호왕 등처럼 "과학기술인명예의전당"에 오른 인물은 다수 있으나[9] 그들의 업적은 세계적 과학자들과 거리가 있고 한국의 과학기술 발전에 미친 영향도 작다. 과학기술을 선도적으로 이끈 대학이나 연구소도 좀처럼 발견하기가 힘들다. 서울대, 한국과학기술원(KAIST)과 더불어 한국과학기술연구원(KIST), 한국전자통신연구원(ETRI) 등과 같이 이름 있는 곳들이 있으나 이들이 과학기술의 비약적 발전에 기여한 공로는 선명하지 않다. 세계적 기준으로 볼 때 한국의 과학자와 연구소들은 그 역사적 전개 어디에서도 돌출적인 장면을 만들어내지 못했다.

그래서 과학기술의 눈부신 도약이라는 결과는 존재하되 그 결정적 요인은 도무지 감지되지 않는 패러독스(paradox)가 발생한다. 근대 과학기술의 전통이 취약한 상황에서 특출난 과학자나 연구소가 없었음에도 과학기술의 비약적 발전이 어떻게 가능했을까? 현재 한국 과학기술의 놀라운 도약을 부정하는 사람은 아무도 없으나 그 실체는 여전히 베일에 싸여 있다. 이렇게 한국의 과학기술 발전은 제대로 설명이 안 되는 불가사의로서 그 감춰진 비밀을 풀 새로운 열쇠가 필요하다.

기존 연구의 성과와 한계

서구의 과학이나 기술 발전을 규명한 연구는 적지 않다. 특정 국가의 과학기술 발전을 다룬 연구 성과는 물론 과학기술 중심지의 역사적 이동을 탐구한 저작도 있다. 또한 서구에서 일어난 과학의 커다란 변동에 내재되어 있는 구조를 밝힌 기념비적인 성과도 있다. 과학의 발전은 이론, 실험, 기구

사이의 상호작용을 통해 이루어진다는, 그 실천의 내부 세계를 통찰력 있게 간파한 주장도 있다.[10] 이와는 달리 기술 발전의 과정을 이론화한 연구 성과도 더러 있다. 모두가 과학이나 기술, 그리고 그 발전에 대한 새롭고 독창적인 시각을 보여준다.

이러한 연구들은 한국의 과학기술 발전을 이해하는 데 부분적으로 도움을 준다. 시대에 따라 과학의 발전이 국가별로 다르게 나타나고 그 방식은 단기간에 혁명적인 전환의 양상을 띨 수도 있다. 과학의 실천은 다양한 요소들이 결합되어 있는 복합적 형태를 띠는데 그 내부는 연속성과 단절성이 혼재되어 있다. 기술의 발전은 시스템을 이루며 일정한 진화적 궤적을 그려나가기도 한다. 과학과 기술에 대한 이러한 새로운 이해는 한국 사례를 탐구하는 데 유용할 수 있다.

그럼에도 이들 연구가 한국을 비롯한 개도국들의 과학기술 이해에 주는 시사점은 의외로 적다. 무엇보다 그간의 연구는 서구의 과학과 기술을 전형(model)으로 삼고 있다. 과학 지식을 중심으로 하는 탁월한 업적과 그에 기반한 발전에 초점을 맞추는 경향이 강하다. 개도국에서 주되게 일어나는 과학기술의 습득과 소소한 변화는 주된 관심 사항이 아니다. 국가별로 나타나는 과학기술에 대한 특유의 인식, 필요, 가치도 그다지 주목하지 않는다. 개도국의 과학기술은 독립적인 학문 분야는커녕 주된 연구 주제로도 여겨지고 있지 않다. 이는 과학기술이 지닌 지역 맥락적(locus-context) 성격을 적절히 파악하지 못하는 문제를 지닌다.[11] 다시 말해, 굳건하게 구축된 과학기술에 대한 서구 편향적 시각에서 그다지 벗어나지 못하고 있는 것이다. 이러한 사정으로 개도국 과학기술의 학문적 이해를 위한 방법론적 정합성, 이론적 근거, 조직적 체계성 등이 갖추어져 있지 않다.[12]

개도국은 과학기술이 지닌 특성과 가치 면에서 선진국과 상당히 다르다. 먼저, 과학과 기술의 상호 관계에서 많은 차이가 있다. 개도국은 과학과 기술을 별개의 존재가 아닌 하나의 실체로 여긴다. 다음으로는 과학기술의 생산이 아닌 소비(consumption)[13]에 치중하는 경향을 보인다. 과학기술 자체보다 그것이 지닌 사회적 유용성을 높이려는 의도에서다. 끝으로는 과학기술의 제도와 실행이 지닌 가치가 동일하지 않다. 선진국에서는 실행에 초점을 맞추나 개도국에서는 그보다 제도의 비중이 크다. 이처럼 서로 간에는 과학기술이 존재하는 모습과 행해지는 맥락이 크게 다르다.

과학의 급격한 변화를 체계적으로 설명한 가장 눈부신 업적은 토마스 쿤(Thomas S. Kuhn)의 '과학혁명론'이다. 그는 과학 발전이 누적적, 점진적 방식에 의해 진전된다는 기존 정설을 뒤엎고 단절적, 혁명적 방식으로 이루어진다는 파격적인 주장을 폈다. 그 과정은 특정 패러다임(paradigm)에 따라 이루어지는 문제풀이 방식의 정상과학(normal science)에서 변칙 사례가 발생하고 위기가 도래해 급기야는 새로운 패러다임에 따라 수행되는 다른 정상과학으로 급격한 전환이 일어나는 방식을 띤다는 것이다. 이 전환은 서로 간에 공약불가능성(incommensurability)이 존재하는 마치 게슈탈트 전환(Gestalt-switch) 내지 종교적 개종과 유사한 성격을 띠기에 이른바 과학혁명으로 불린다. 말하자면, 과학 발전은 근본적으로 다른 지식체계의 교체라는 혁명적 형태로 이루어진다는 것이다.[14]

구분	패러다임론	제도-실행 도약론
대상 국가	서구 선진국	한국(개도국 포함)
연구 주제	지식 생산	지식 유통+소비
발전 성격	방향 전환	수준 전환
혁명 구조	패러다임 교체	제도-실행 교체
변화 방식	혁명적 변화	급진적+점진적 변화
주도 세력	과학자사회	정치권력+과학자사회

〈표 1〉 쿤의 패러다임론과 제도-실행 도약론의 비교

이러한 쿤의 패러다임론을 한국의 사례에 그대로 적용할 수 있을까? 우선 한국에서는 과학(기술)의 변화를 획기적으로 불러일으킬 과학 지식을 내부적으로 활발히 생산하지 못했다. 오히려 과학 지식의 내재적인 생산보다 외부로부터 유입된 과학 지식의 유통과 소비에 치중하는 경향이 강했다. 또한 과학의 변화에서 새로운 패러다임에 따라 생산되는 과학 지식이 결정적이었는가도 매우 의심스럽다. 과학(기술)은 과학자사회의 내적 활동을 넘어 정치, 경제, 문화 등의 영향을 직접적으로 받았다. 변화의 방식도 급진적이고 점진적인 형태가 서로 뒤섞인 채 나타났다. 그러므로 과학자사회에서 창출한 지식(체계)을 가지고 한국의 과학(기술) 변화를 설명하는 것은 일면적이다. 이는 쿤의 패러다임론이 한국 사례에는 잘 맞지 않는다는 것을 말해준다.

현재 한국의 과학기술은 학계나 정책가들의 뜨거운 관심을 받고 있다. 국제적으로 과학기술 발전, 혁신, 정책 등을 다룬 거의 모든 책이나 논문에 한국 사례는 필수적으로 포함되고 있다. 한국을 제외하고 과학기술 발전의 세계적 추세, 국가들 사이의 비교 분석, 추격 성공의 사례 연구, 과학기술 정책의 새로운 함의를 논의하는 것은 적절치 않다는 판단에서다. 특히 국내보다 해외의 연구자들이 한국의 과학기술 발전에 훨씬 더 깊은 주목을 하고 있다. 일례로, 구글(Google) 학술 웹사이트에서 "과학, 기술, 한국(science, technology, Korea)"으로 검색을 해도 해외의 유수한 출판사나 저널에서 출간한 수많은 책과 논문이 뜰 정도로 그 양이 방대하다.[15] 그만큼 과학기술 분야에서 한국의 사례는 학문적으로나 정책적으로 매우 흥미로운 주제다.

이 연구들 중에는 한국 과학기술 발전을 바라보는 시각의 정립에 도움이 될 몇몇 성과가 주목을 끈다. 먼저, 초기의 주장으로 근대화이론에 기반하여 조지 바살라(George Basalla)가 제시한 서구 국가로부터 비서구 국가로의 '과학 확산 모델'이 있다. 비서구 국가는 서구 근대 과학의 확장, 식민지 과학, 독립적인 과학 전통의 확립이라는 세 단계를 거치며 과학을 발전시킨다는 것이다.[16] 바살라의 주장은 후발국에서 근대 과학이 유입되고 정착되는 과정을 거시적으로 기술하고 있다. 하지만 이 발전모델은 서구 과학의 답습에만 초점을 맞출 뿐 후발국이 벌이는 과학 발전을 위한 내재적이고 능동적인 노력을 소홀히 다루고 있다. 그의 주장에 따르면 후발국의 과학 발전은 서구 과학의 확산과 도입에 의해 일어나는 자연스러운 현상으로 여기나 실제로는 그렇지 않다.

이 연구를 기점으로 선진국을 모델로 삼아 후발국의 과학기술 발전을 탐구하는 논의가 활발히 전개되었다. 특히 역행적 엔지니어링(reverse-engineering)은 후발국에 적용되고 있는 대표적인 주장의 하나다. 이는 선진국으로부터 들여온 제품 및 공정을 통해 기술 학습을 하고 그에 따라 과학의 수요가 발생하는, 즉 생산에서 기술로, 다시 과학으로 진전되는 발전 순서를 밟아나간다는 것이다. 선형적(linear) 과학기술 발전을 따르되 선진국과는 반대 방향으로 그 전개가 이루어진다는 주장이다.[17] 이 발전모델은 후발국의 과학기술 발전에서 드러나는 독특한 특성의 단면을 잘 포착하나 적지 않은 한계도 지닌다. 예로서, 초기 발전 단계에의 치중, 일부 기술에 한정된 서술, 역동적 발전의 설명 부족, 과학과 기술의 연관 결여 등은 이 주장이 지닌 주요 문제들이다.

지금까지 국내외의 많은 연구자들이 한국 과학기술의 발전을 다루었다. 일부는 다른 개도국들의 과학기술 발전에 대한 연구를 통해 예리한 통찰력을 제공해주고 다른 이들은 한국의 사례를 직접 연구하여 새로운 주장을 펴기도 했다. 특히 한국에서 두드러지게 일어난 기술 발전에 대한 사례 연구는 비교적 풍부한 편이다. 한국의 과학기술 발전에서 드러나는 특정 측면이나 그에 영향을 미친 일부 중요 요인들에 대해서도 적지 않은 연구

성과가 얻어졌다. 그 덕분에 그동안 감추어져 있던 한국 과학기술의 내부가 점점 더 드러나고 있다.

한국 사례와 관련해서는 기술 발전에 대한 연구가 두드러졌다.[18] 이들 연구는 기본적으로 한국의 경제 발전을 설명하기 위한 목적을 가지고 그 중요한 일부로 기업 차원의 기술 혁신을 주목하고 있다. 대표적인 예로서, 김인수는 한국의 기술발전 단계를 복제적 모방, 창의적 모방, 혁신으로 구분하며 모방에서 혁신으로 나아갔다고 주장하고 있다. 비록 선진국의 기술을 모방하는 방식으로 시작했지만 그것에 머무르지 않고 혁신을 통해 한국의 기술이 비약적으로 발전하게 되었다는 것이다.[19] 이근은 한국의 기술 발전 유형을 경로추종형, 단계생략형, 경로개척형으로 구분하고 서로 다른 유형이 존재하면서 기업 차원에서 기술 추격이 이루어졌다고 한다. 한국에서 일어난 기술 혁신을 산업 및 기술별로 분석하여 그 특징을 구체적으로 밝히고 있는 것이다.[20] 김인수가 한국 기술 발전의 거시적 구도를 제시하고 있다고 한다면 이근은 기술 혁신의 미시적 방식을 밝히고 있다고 볼 수 있다.

이들의 연구는 한국의 과학기술, 그중에서도 기술 발전을 이해하는 데 큰 도움을 준다. 특히 기업 수준에서 이루어진 기술의 변동 궤적과 그 세부 특성을 잘 보여주고 있다. 시대 및 부문별로 기술 발전의 과정과 방식을 비교적 체계적으로 제시하고 있는 것이다. 그렇지만 이 연구들은 한국의 과학기술이 국가 수준에서 어떻게 비약적으로 발전하게 된 것인지, 그 본질적 구조가 무엇인지에 대해서는 여전히 적절한 해명을 하지 못하고 있다. 이전에 비해 과학기술 발전의 현상이 좀 더 체계적으로 설명되고 있기는 하지만 그 내부 구조는 드러나지 않은 채 베일에 싸여 있는 것이다.

새로운 연구 시각과 접근법

나는 이 책에서 한국에서 일어난 과학기술의 놀라운 발전, 즉 과학기술혁명(scientech revolution)[21]의 구조를 밝히고자 한다. 과학기술의 도약이라는 현상을 기술하는 것이 아니라 그 안에 내재되어 있는 본질을 간파하는 것이 주된 목표다. 특히 한국의 과학기술이 비약적으로 발전하게 된 내적 구조를 해명하려고 한다. 특정 시기나 분야의 일부 과학기술을 대상으로 하는 현상적이고 미시적인 분석을 수행하기보다 현대 시기 전반에 걸쳐 국가 차원에서 일어난 과학기술의 거시적이고 장기적인 변동을 추적해 그 본질적 구조를 밝히려는 것이다. 이 연구는 한국 사례에 대한 새로운 첫 시도로서 한국과 유사성을 지닌 다른 개도국들의 과학기술 발전을 이해하는 데도 유용한 시사점을 제공해줄 것이다.

연구의 대상 시기는 한국에서 과학기술 발전이 본격적으로 시작된 1945년 해방 이후부터 다룬다. 이전의 과학기술을 거론하기는 하지만 그것은 이후의 과학기술에 대한 이해를 돕기 위해 달라진 점들을 대비(對比)하는 차원이다. 이 연구가 다루는 대상 시기의 종료 시점은 기본적으로는 1990년대 중반까지다. 한국이 과학기술을 역동적으로 발전시키는 특정한 방식이 이 무렵이 되면 완결된다고 보기 때문이다. 물론 이후의 시기도 필요에 따라서는 부분적으로 논의될 것이다. 그러므로 이 연구는 한국의 과학기술이 가장 눈부시게 발전된 20세기 후반기 약 50년을 다루게 된다.

여러 연구자들이 사례 연구를 통해 한국 과학기술 발전의 주요 요인을 제기한 적이 있다. 몇몇 예로서 국가의 주도적 역할, 기술 개발 위주의 발전 전략, 역행적 엔지니어링 발전 방식, 대기업 중심의 연구개발, 높은 교육열과 우수 인력, 국제 과학기술과의 연관 등이 그 대표적인 것들이다. 그 각각은 한국이 과학기술 발전을 이루게 한 중요한 일면이다. 그렇지만 그것들의 일부 혹은 단순한 합으로 한국 과학기술이 극적으로 발전한 전체상을 일관되고 체계 있게 해명하기는 어렵다. 이로부터는 과학기술 도약의 일부 단면을 분리시킨 채 그것만을 단순하게 혹은 과도하게 부각시켜 조명할 뿐이다.

한국의 과학기술 도약은 비교적 간단한 구조를 가지고 있을 것으로 생각한다. 과학기술 수준이 아주 낮은 상태에서 매우 단기간에 놀라운 수준으로 올라섰는데, 그 과정을 보면 작은 성과와 변화만이 있었다. 이는 한국의 과학기술 발전이 비교적 단순한 구조로 전개되었을 것임을 시사한다. 또한 한국의 과학기술 도약은 단절과 연속의 단면이 교차해서 이루어졌을 것으로 보인다. 과학기술의 단기적 비약은 단절 없이는 불가능하고, 그렇지만 그 발전의 폭이 크지 않기에 꾸준한 상승도 동반되었을 것이다. 이에 나는 한국 과학기술혁명의 구조를 되도록 단순화시켜 그 이론적 틀을 제시하고자 한다.

먼저, 이러한 한국의 과학기술 도약을 이해하려면 과학기술에 대한 새로운 시각이 필요하다. 우리는 한국의 과학기술을 암묵적으로 서구의 과학기술과 동일시하는 경향이 있다. 과학기술이 지닌 보편성과 국제성을 강조한 나머지 지역적, 문화적 차이를 소홀히 여긴다. 하지만 특정 국가의 과학기술은 고유한 역사적, 사회적 맥락에서 파악해야 그 특성과 의미를 잘 포착할 수 있다. 개도국의 과학기술은 선진국의 그것과는 다양한 측면에서 커다란 차이를 보인다. 서구의 시각으로 한국의 과학기술을 바라볼 경우 상당한 왜곡이 일어나는 것은 불가피하다. 이처럼 한국의 과학기술 도약에 대한 이해를 저해하는 일차적 요인은 과학기술을 바라보는 서구 중심적 편향에 있다.

무엇보다 과학기술을 거시적 구도에서 바라보는 것이 중요한 출발점이 되어야 한다. 사회에서 과학기술 순환 사이클은 학문적 지식 생산에 그치지 않고 사회적 활용까지 이어진다. 그 가치도 다면적 측면을 고려하여 판단할 필요가 있다. 좁은 의미에서 과학기술은 흔히 성과에 해당하는 지식 및 사물에 한정하나 넓게 보면 제도, 실행, 성과가 복잡하게 얽혀 있다.[22] 개도국은 과학기술 성과만이 아니라 과학기술 지형(landscape)을 이루는 구성 요소들과 그들의 상호 관계 등이 근본적으로 다르다. 과학기술 성과는 제도와 실행의 영향을 직접 받으며 그 변형이 적지 않게 일어난다. 특유의 역사적 전통과 사회적 특성이 과학기술의 다양한 부분에 광범위하게 스며들어 있는 것이다. 예컨대, 과학기술 인식, 활동, 가치 등은 저마다 맥락 특이적 성격을 지닌다. 그러므로 개도국의 과학기술은 세부 구성 요소를 살펴보기에 앞서 그들이 사회에서 자리 잡고 있는 공시적(空時的) 지형을 적절히 파악하는 것이 필수적이다.

과학기술의 개념을 적절히 이해하는 것 역시 중요하다. 한국에서 과학과 기술은 흔히 과학기술로 불린다. 양자 간에는 그 표현이 다를 뿐 아니라 내용과 지향의 측면에서도 근본적인 차이가 존재한다. 한국의 과학기술은 도구적 관점, 기술 중심, 사회적 유용성을 강하게 띠고 있다. 한국의 과학기술자사회도 서구와 자못 다르다. 그 역사적 전통과 사회적 권위가 취약한 관계로 과학기술의 외연 확대는 물론 다른 세력과의 제휴도 중요하다. 과학기술 발전에서 경제적, 사회적 특성이 강하게 구현되는 일종의 정치적 연합전선(聯合戰線)이다. 특히 정치권력에의 의존과 국가적 목표의 추구는 정부 주도의 발전 전략이라는 결과를 낳는다. 이로써 한국의 과학기술 발전 방식도 서구와는 다르다. 서구의 과학기술을 모방하나 그대로 따라가지는 않는다. 자국의 사회 환경에 부합하는 다른 발전 방식을 추구하게 된다.

다음으로는 한국의 과학기술 도약을 잘 설명할 이론체계를 제시하는 것이 필요하다. 서구에서 과학기술의 역동성은 기본적으로 과학기술자들의 창의적 성과에서 찾으려고 한다. 쿤의 패러다임론이나 토마스 휴즈(Thomas P. Hughes)의 거대기술시스템론(large technical system)[23]은 공통적으로 지식이나 사물(기술)의 전환 혹은 극적인 돌파를 중시하고 있다. 다시 말해, 과학기술의 급진적 발전을 다분히 '지식이나 아이디어의 혁명'에서 찾고 있는 것이다. 이에 반해 한국의 경우는 과학기술의 변동을 과학기술자들의 활동에 초점을 맞추어 규명하는 것이 어렵다. 실제 역사를 보더라도 탁월한 과학기술자와 획기적인 성과가 잘 보이지 않는다. 오히려 한국의 과학기술 도약은 서구와는 다른 이론적 틀에 의해서만 밝혀질 수 있을 것이다.

혁신체제론(innovation system)은 선진국은 물론 개도국의 과학기술 이해에도 널리 적용되고 있다. 이 이론은 혁신의 핵심을 행위자들 사이에서 이루어지는 기술 및 정보의 학습 과정으로 보고 있다. 그 과정은 산업적 혁신을 주도하는 주체들, 즉 다양한 조직과 제도들의 네트워크로 이루어져 있다는 것이다. 그 단위는 국가, 산업, 기업, 지역 등 다양한 차원으로 구분될 수 있다. 혁신체제론은 혁신의 중요 일부를 차지하는 기술이 복합적 시스템에 위치해 있고 다른 사회적 요소들과 상호작용을 하며 조직 루틴에 따라 일정한 규칙성이 발현된다는 점 등을 제시하고 있다.[24] 하지만 이 이론은 한국 과학기술의 현재 상황을 설명하는 데는 유용하나 그 역동적 발전을 밝히는 부분에서는 한계가 크다. 무엇보다 과학기술의 역사적 변화를 설명할 특별한 단초를 제공하지 못하고 있다. 시스템의 안정성과 고착화를 강조하기에 과학기술의 변동을 놓친다. 게다가 시스템이라는 구조적 시각으로 바라보므로 과학기술자들의 실행이 상대적으로 중요하게 드러나지 않는다. 이처럼 혁신체제론은 한국이 만든 과학기술의 결과를 분석하는 데 치중할 뿐 그 발전의 과정에 대한 연구는 주된 관심 대상이 아니다.

이 책에서 나는 한국의 과학기술 발전을 설명할 대안으로 '제도-실행 도약론'을 제시하고자 한다. 우선은 과학기술을 제도와 실행을 포함하는 거시적 구도에서 바라보며 논의를 펼칠 것이다. 한국은 서구와 달리 과학기술 발전에서 제도가 선차적인 중요성을 지니고 있다. 과학기술자사회는 양적으로나 질적으로 역량이 낮아 과학기술을 급격하게 전환시킬 저력을 발휘하지 못한다. 대신에 과학기술자사회의 취약성을 보완할 방안으로 제도의 구축이 중요하다. 제도는 마치 뜀틀의 디딤판처럼 과학기술 도약의 기반이자 산실로 작용해 급격한 변동의 기회를 제공한다. 아울러 과학기술자들의 실행은 과학기술의 성과를 실제로 낳는다. 특히 제도가 안내하는 방향으로 과학기술 실행이 역동적으로 일어남으로써 집중, 효과, 단축 등의 이점이 발생한다. 한국이 특유하게 지닌 실행에 의해 과학기술의 압축 성장이 일어나게 된다. 이렇게 제도와 실행은 서로 연계되며 과학기술의 도약을 낳는다.[25]

그동안 과학기술자들의 행위에 초점을 맞춘 연구는 개도국에서 제도가 지니는 특별한 중요성을 제대로 이해하지 못했다. 선진국처럼 과학자사회의 활동으로 과학기술을 이해할 경우 제도가 부여하는 구조와 제약을 놓치게 된다. 개도국에서 과학기술자들은 과학기술 활동을 충분히 자유롭게 펼칠 수 있는 존재가 아니다. 반면에 과학기술 시스템에 중점을 둔 연구는 실행이 발휘하는 기민성과 활동력을 적절히 포착하지 못하는 문제를 지녔다. 제도가 개도국 과학기술의 구조로 기능하더라도 과학기술 실행은 그 효과를 다르게 나타낸다. 나라들마다 과학기술이 매우 다른 것은 제도 못지않게 실행의 고유한 특성에서 비롯된다. 그러므로 개도국의 과학기술은 그에 지대하게 영향을 미치는 두 측면, 즉 제도라는 구조와 실행이라는 행위의 연관 속에서 이해하지 않으면 안 된다.

끝으로, 한국의 과학기술 도약은 긍정적 측면과 동시에 부정적 측면도 지니고 있다. 무엇보다 과학기술의 급속한 발전은 제도에 기반한 실행을 통해 얻어진 남다른 성과다. 과학기술의 글로벌화에 적절히 대처를 하고 있는 점도 한국의 과학기술에서 보이는 장점의 하나로 꼽을 만하다. 한편, 한국의 과학기술은 제도에 의해 틀지어진 특정 방향으로 발전함에 따라 불균형이 심하게 드러난다. 예컨대, 기초연구의 상대적 낙후, 우수 연구 인력의 해외 의존, 대기업에 편중된 기술 역량 등의 문제가 여전히 지속되고 있다. 선도적이고 창의적인 연구개발의 부족은 현재 직면하고 있는 또 다른 중요 문제다. 앞선 선진국과의 격차는 좀처럼 좁혀지지 않고 대신에 중국과 같은 발전 중인 개도국들과의 격차는 빠르게 줄어들고 있다. 과학기술의 새로운 변화에 대한 압력이 커지고 있는 시점이다.

한국은 20세기 후반 개도국들 가운데 가장 뛰어나고 독보적인 과학기술 성취를 이룬 사례로 꼽힌다. 낙후한 개도국도 과학기술을 빠르게 발전시킬 수 있다는 점을 실제로 보여주고 있다. 그렇다면 한국은 다른 개도국들의 모델이 될 수 있을까? 한국의 과학기술 도약은 비교적 손쉽게 이루어진 것이라는 점에서 다른 나라들도 충분히 따라해볼 만하다. 즉, 제도의 구축과 효과적인 실행은 어느 나라에서나 비교적 수월하게 시도할 수 있는 간단한 방식이다. 물론 제도를 사회적 맥락에 적절히 안착시키고 실행을 역동적으로 벌이는 일은 저마다 다른 전통과 문화 속에서 풀어야 할 과제다. 제도와 실행의 내용, 과정, 효과 등은 과학기술의 발전 단계와 사회 문화적 환경에 따라 크게 다를 수 있다. 이런 점에서 한국 발전모델의 적용 가능성을 높이려면 앞으로 다른 나라들의 사례를 고려한 이론적이고 실증적인 연구가 추가로 이어져야 한다.

이 연구는 도전적이고 시론적(試論的) 성격이 강하다. 한국의 과학기술혁명 전체상을 상세히 묘사하기보다 그 안에 내재되어 있는 핵심 구조를 밝히는 것을 목표로 삼는다. 이 과정에서 새로운 이론적 체계를 제시하고 그것을 역사적 사실과 논리적 근거로 뒷받침하고자 하나, 그 구조를 최대한 단순하고 명료하게 제시하다 보니 불가피하게 다양한 변수들이 충분히 고려되지 않았다. 특히 여러 집단들 사이의 담론, 사회경제와의 관계, 국제적 연관 및 협력, 대중적 이해와 확산 등과 같은 요소들이 한국의 과학기술 이해를 위해 중요함에도 부분적으로만 다루어졌다. 또한 한국 사례를 잘 파악하기 위해 비교 상대로 삼은 선진국과 개도국이 국가별로 상당히 다름에도 그 특징과 차이를 과감히 사상(捨象)시키려고 했다. 우리가 과학기술 발전이라는 복잡한 현상의 핵심 구조를 이해하려면 부차적이고 보조적인 요소들은 과감히 제거하는 것이 필요하다는 판단에서였다.

한국의 과학기술 도약에 내재되어 있는 본질적 구조를 파악하려면 한두 분야의 학문적 지식이나 접근법만으로는 가능하지 않다. 아직까지는 어느 분야든 한국을 포함한 개도국의 과학기술 이해에 직접 도움을 줄 학문적 성과가 여전히 크게 부족하다. 그래서 이 연구는 다학제적(multi-disciplinary) 연구 방법을 적용하게 된다. 우선은 한국의 과학기술 발전 과정을 이해하고 그 속에서 드러나는 특징을 구체적으로 파악하기 위해 역사적 접근법을 중요하게 채택한다. 동시에 과학기술의 발전에 존재하는 구조를 밝히기 위해 그에 유용한 사회적 연구와 혁신연구(innovation studies)도 수시로 활용한다. 아울러 과학기술 발전 과정에서 얻어지는 다양한 성과를 분석하기 위해 정책적 접근법도 적절히 활용할 것이다. 이렇게 이 연구는 과학기술의 역사적, 사회적, 정책적 탐구 등을 복합적으로 적용하고 있다. 다시 말해, 한국 과학기술 발전의 역사-구조-성과의 삼위일체를 다루는 방식을 통해 그 핵심 구조에 가까이 다가가려고 할 것이다.

2장

서구
중심적
이해를
넘어

근대적 과학과 기술은 서구의 원천으로부터 흘러나와 세계 도처로 확산되었다. 서구가 과학과 기술의 공급자라면 비서구 국가들은 다분히 수용자의 위치에 있었다. 이로 인해 과학기술의 국제성, 나아가 보편성에 대한 인식이 생겨나게 되었다. 서구 중심적 이해로서 과학기술이 지역과 인종의 차이를 초월해 존재한다는 관념이 그것이다. 그런데 개도국들은 서구의 과학과 기술을 그대로 쫓아가는 것만은 아니었다. 과학기술 개념을 비롯해 발전 경로, 사회적 가치 등 다양한 측면에서 다른 점들을 지녔다. 특정 국가에서 과학기술이 사회문화와 연동되는 지점을 예리하게 파악할 국지적, 맥락적 이해가 필요하다. 개도국의 과학기술은 오히려 서구 중심적 이해를 넘어설 때 그 실체가 여실히 드러날 수 있다. 한국의 비약적 과학기술 발전도 그중의 하나다.

과학기술 개념

서구에서 근대 과학이 내적 혁명으로 탄생했다면 비서구 국가들에서 근대 과학은 '외적 정변'의 방식을 통해 자리를 잡았다. 과학혁명은 서구의 오랜 지적 전통을 뒤엎는 근본적 전환이 과학 내부에서 일어남으로써 성취되었다. 하지만 비서구 국가들에서는 새로운 근대 과학이 들어올지라도 전통 과학이 쉽게 와해되지 않았다. 오히려 근대 과학이 전통 과학 중심의 과학체계를 보강하거나 확장하는 방편으로 이용되곤 했다. 근대 과학이 불러일으키는 학문적, 사회적 충격이 서구와는 달리 부분적이고 제한적이었던 탓이다. 이로써 비서구 국가들에서 과학의 점차적인 전환은 서구의 과학 지식이 아닌 물리력을 동반한 세력 확장에 의해 불가피하게 일어난 측면이 강했다.

근대 이후 세계 과학과 기술의 거대한 수원지(reservoir)는 서양의 선진 국가들이었다. 근대 과학이 서구에서 본격적으로 등장하고 발전했을 뿐만 아니라 다른 지역의 국가들에서 일부 얻어진 과학적 성과들마저 서구의 국가들로 흘러들어갔다. 서구의 선진국들은 모든 과학과 기술을 확고히 주도하고 한편으로 그 방향을 규정하는 선도자이자 지배자였다.[1] 서구의 과학에 대한 보편성과 국제성의 관념이 전 세계로 널리 퍼지게 된 것은 이와 밀접한 관련이 있다.

수많은 인간 활동 중에서 과학과 기술처럼 서구의 주도권이 강력한 분야도 드물다. 과학과 기술에서 서구의 위상이 여전히 압도적인 것은 과학 지식 그 자체의 권위 때문만은 아니다. 그것이 순수한 과학 지식으로만 머물렀다면 서구의 과학기술 주도권은 쉽게 흔들렸을 지도 모른다. 오히려 그 배경에는 과학과 기술이 학문을 넘어 산업, 국방, 문화, 생활 등 모든 분야들로 확장되며 그 사회적 복합체를 강고히 형성하고 있다. 말하자면, 오랜 기간에 걸쳐 과학과 기술이 인간 사회의 형성과 변화에 폭넓고 단단하게 연관을 맺고 있는 것이다.[2]

서구에서 출현한 근대 과학은 지역의 경계를 뛰어넘어 전 세계로 시차를 두고 퍼져나갔다. 이때 비서구 국가들은 고유한 역사적, 문화적 전통과 특성을 지녔기에 근대 과학이 자연스럽게 유입되지는 않았다. 오랜 역사 과정에서 서로 다른 문명 사이에는 두터운 장벽이 존재했는데 군사적 침탈, 자원 쟁탈, 상품 판매, 기독교 전파, 문명개화 등이 그것에 균열을 일으키는 역할을 했다. 이렇게 근대 과학의 세계적 전파는 서구의 특정한 사회 문화적 의도와 가치가 복잡하게 결합되며 진행되었다.[3]

근대 과학이 전파되는 모습은 지역에 따라 달랐다. 이에는 일차적으로 다른 지역에 대한 유럽인들의 관심과 상호 간의 교류가 큰 영향을 미쳤다. 먼저 유럽인들이 다른 지역에 대해 가지는 호기심과 이해관계는 동등하지 않았다. 또한 교통수단이 발전해나가긴 했으나 유럽인들이 먼 거리에 위치한 지역으로 진출하는 것은 여전히 험난한 여정이었다. 이처럼 유럽인들의 타지에 대한 차별적인 시선과 국가들마다 다른 지정학적 위치는 근대 과학의 전파 시기와 강도를 좌우하는 중요한 요인이었다.

동아시아로 근대 과학이 유입되는 방식은 크게 두 가지가 존재했다. 하나는 경제적 목적을 가진 유럽의 상인들이 특정 지역으로 진출해 서구의 과학을 들여와 보급했다. 일본이 대표적인 사례로 16세기 중반부터 나가사키 지역에서 과학을 포함한 서구의 학문을 지칭하는 난학(蘭學)이 소개되었다.[4] 다른 하나는 종교적 목적으로 해외에 진출한 유럽의 선교사들이 서구 과학을 퍼트리는 메신저 역할을 했다. 중국이 그 일례로 16세기 후반부터 마테오 리치(Matteo Ricci)를 비롯한 선교사들이 기독교를 효과적으로 전도하기 위해 서구의 과학에 크게 의지했다.[5]

이와는 달리 한국에서는 상당 기간 유럽인들에 의한 근대 과학의 직접적 유입이 없었다. 한국은 지리적으로 동아시아의 외진 곳에 위치해 있는데다가 세력이 약한 작은 규모의 나라여서 서구에서 거의 관심을 두지 않았기 때문이다. 이러한 배경으로 한국은 일본이나 중국보다 근대 과학을 뒤늦게 접촉했고 그 경로도 상당 기간은 서구가 아니라 주로 중국을 거치는 간접적인 방식을 따랐다.[6] 결국 다른 인접 국가들과 다르게 한국의 경우는 근대 과학이 뒤늦게, 그리고 서서히 들어오게 되는 것이 불가피했다.

한국에는 서구의 근대 과학이 크고 작게 변형된 형태로 유입되었다. 중국을 통해 들어온 서양 과학서적은 중국에서 거칠게 번역된 한역서(漢譯書)들이었다. 번역이 정확하지 않았을뿐더러 다르게 해석될 여지도 컸다. 즉, 한국은 근대 과학의 유입에서 필수 통과의례라 할 '번역의 시대'[7] 없이 외국의 번역서를 들여와 의존함에 따라 근대 과학에 대한 자의적 이해의 소지가 강하게 열리게 되었던 것이다. 말하자면, 한국에서는 근대 과학의 국지화(localization)가 활발히 일어날 독특한 조건을 갖추었던 셈이다.

근대 과학이 한국에 자리 잡게 된 데에는 과학 지식 외에 다양한 요소들이 작용했다. 과학 지식은 그 자체만으로 생소한 환경에서 내재적 생존력을 지니기 어려웠다. 그 학문적 기반이 취약하고 사회적 갈등의 소지까지도 있었던 탓에 과학을 지지해줄 다른 우군(友軍)이 절실히 필요했던 것이다. 그 가운데서도 기술은 아주 든든한 동맹 세력의 하나였다. 기술은 과학보다 전통 사회에 더 친숙하고 그 사회적 유용성도 손쉽게 찾을 수 있었다. 이러한 이유로 기술은 과학을 외부의 반발로부터 보호해주는 울타리이자 동시에 과학을 사회와 이어주는 연결망이 되었다.

한국에서는 과학과 기술을 어떻게 이해했을까? 이는 한국의 과학기술 혁명을 제대로 이해하기 위한 중요한 선결 과제다. 왜냐하면 과학과 기술에 대한 이해에 따라 그 발전의 형태와 방향도 다르게 바라볼 수 있기 때문이다. 그러므로 시대별로 사회적 진화 과정을 거쳐 특히 한국에서 공식 용어로 자리 잡은 '과학기술' 개념에 함축되어 있는 남다른 의미를 예리하게 간파할 필요가 있다.

서구에서 등장한 과학(science)과 기술(technology)이라는 용어가 한국에 처음 모습을 드러낸 것은 20세기 들어서였다. 일본으로 신식 학문을 배우러 간 한국 유학생들의 소개로 과학과 기술 같은 새로운 번역어가 소개되기 시작했다.[8] 이때부터 그간 개별적으로 존재하던 분과 학문들이 과학과 기술이라는 통합된 이름을 가지게 되었다. 이와 동시에 이들 용어는 한국에서 만든 말이 아니었으므로 시대와 사람에 따라 그 내용과 의미가 적지 않게 달랐다. 의도했든 혹은 그렇지 않았든 이들 용어의 한국적 변형은 피할 수 없었다.

〈보첨 1〉 '과학기술(scientech)' 개념

과학과 기술의 관계를 바라보는 시각은 크게 두 가지로 구분된다. 하나는 양자가 기본적으로 분리되어 있다는 입장이고, 다른 하나는 갈수록 호응이 늘고 있는 양자가 밀접한 연관을 가지고 있다는 입장이다. 그렇더라도 이들 시각에는 아주 강한 공통점이 존재한다. 과학 지식을 중심으로 기술을 바라보고 있다는 것이다.

그러나 한국에서 널리 사용되고 있는 과학기술은 그 구조와 의미가 매우 다르다. 서구의 과학과 기술이 한국에서 적응을 하면서 양자의 관계까지 변형이 일어난 것이다. 과학과 기술의 연관을 강조하되 기술의 증진과 그 활용을 중심으로 서로의 관계가 형성되어 있다. 기술이 오히려 과학의 추구 배경, 주제 설정, 성과의 이용 등을 규정하며 다분히 '기술 의존적 과학(technology-laden science)'의 모습을 띠고 있는 것이다. 한국에서 강하게 드러나고 있는 목적기초연구와 개발연구의 강조, 그리고 정부출연연구소와 기업 연구소의 높은 비중 등이 그 단면이다.

이러한 과학기술 개념은 국가 차원에서 과학기술을 경제 발전과 연계시키는 데 매우 효과적이다. 과학기술이 정부로부터 깊은 관심을 받고 산업의 발전과 더 긴밀히 연결될 수 있다. 그 덕분에 과학기술도 많은 물적, 인적 자원을 제공받으며 빠르게 성장할 수 있다.

최근에는 한국을 넘어 개도국과 선진국까지도 scientech의 방향으로 급선회를 해가고 있다. 이를 통해 과학기술과 경제 발전 두 마리의 토끼를 잡을 수 있을 것이라는 기대 때문이다.

그러다가 과학기술이 과학과 기술을 대체하는 공용어(公用語)로 자리 잡은 것은 1960년대 후반부터였다.[9] 이때부터 과학과 기술 대신에 과학기술을 주되게 사용했다. 이는 단순히 과학과 기술에 관한 언어적 표현의 변화를 넘어 그들의 학문적 성격, 상호 관계, 사회적 연관 등 그 전반적 특성을 크게 바꾸는 근간이 되었다. 과학과 기술은 비록 학문적으로는 구분될지언정 사회에서는 독립적 존재가 아닌 동일한 범주로 묶이며 그들의 위상과 역할도 서로의 관련 속에서 이해하게 되었다.[10] 이렇게 과학기술은 그 표현과 더불어 의미까지도 서구와는 다른 한국적 특성을 지니게 되었다.

과학기술은 무엇보다 정치권력의 개입과 국가적 동원의 대상이 되었다. 과학자들은 독립적이고 자율적인 학문 공동체로서보다 기술자들과 한 묶음으로 엮이며 사회 현안을 해결하는 '실행 공동체'로서의 성격을 강하게 띠었다. 특히 경제개발이 정치권력의 가장 중요한 국정 목표로 떠오르며 과학기술은 그것을 뒷받침하는 주요 수단으로 인식되었다. 아울러 과학기술 내부를 보면 과학은 그 자체가 기술적 목표를 달성하기 위한 또 다른 도구로 여겨졌다. 어찌 보면, 과학기술은 국가의 당면 과제에 신속하고 효과적으로 동원하는 과학과 기술에 대한 언어적, 실천적 표현이었다. 과학자사회는 이를 국가로부터의 후원을 본격적으로 받는 새로운 기회로 삼고자 했다. 과학자들로서도 국가의 정책적 관심과 재정적 지원이 동반됨에 따라 과학의 지형 변화가 부정적인 것만은 아니었다.

기술은 물론 과학에서도 사회적 유용성이라는 원리가 국가정책의 지침으로 자리 잡았다. 오래전부터 과학과 기술에 대한 실용주의적 시각은 널리 이어져왔으나 분야, 내용, 활용 등 모든 측면에서 확고히 내재화된 것은 이때부터였다. 이들이 지닌 학문적 가치는 크게 줄어들고 대신에 경제적 가치가 그 중심을 차지했다. 자연스럽게 과학에서도 국가가 내건 '실용 지향성'이 과학계가 공유해온 학문적 아카데미즘을 대체해나갔다.[11] 이 시기에 널리 쓰인 연구개발(R&D)이라는 말은 과학과 기술이 공동으로 추구할 방향이 경제적, 산업적 가치에 있다는 점을 뚜렷이 했다. 당시의 연구개발은 한국적 맥락에서는 응용적 연구 혹은 개발연구(developmental research)였다. 과학기술이 사회와 관계를 맺는 주요 지점도 이 개발연구에 있다. 그러므로 연구개발이라는 용어는 한국의 과학기술 활동에서 드러나는 중요한 특성과 차이를 놓치고 무시하는 커다란 문제를 지닌다. 한국에서 많은 경우는 연구개발이 아닌 그 목적과 내용, 과정을 역전시킨 '개발연구'가 더 적절한 표현이다.[12]

이처럼 한국에서 과학과 기술은 과학기술이라는 새로운 실체로 탈바꿈했다. 과학기술은 과학과 기술을 기본적으로 포괄하되 이들의 상호 관계, 나아가 사회에서의 그 지형이 크게 달라졌음을 뜻한다. 과학과 기술이 내부적으로는 각각이 지닌 성격과 특성이 여전히 다를지라도 국가적, 사회적 차원의 시각으로 보면 서로 닮은 두 얼굴이었다. 이렇게 서구와는 다른 '한국적 과학기술'이 정착을 했고 그 발전 방식 또한 매우 다르게 나타나게 되었다.[13]

그렇다면 한국의 과학기술을 영어로 어떻게 번역할 수 있을까? 이 질문을 통해 우리는 과학기술 개념을 한층 더 잘 파악할 수 있을 것이다. 과학기술은 통상적으로 과학과 기술을 의미하는 Science & Technology로 번역하나 이는 정확한 표현이 아니다. 이 용어는 다분히 그동안 서구에서 논의되어온 과학과 기술에 대한 이해에 기반하고 있다. 과학과 기술은 특히 20세기 들어 긴밀한 관계를 가지게 되었지만 기본적으로는 각각 "자연 세계의 지적 탐구"와 "인간 생활의 물질적 개선"을 뜻하는 것으로 구분된다. 서구의 과학과 기술 전통을 보면 이들은 오랫동안 분리된 채 발전을 해왔고 서로 밀접한 연관을 가지게 된 것은 19세기 중반 이후의 일이다.[14] 이렇게 Science & Technology는 각자의 다른 전통과 특성을 인정하는 기반 위에서 그들의 관계를 파악하려고 하는 것이다.

연구자들 중에는 과학과 기술의 밀착에 초점을 맞춰 그들의 관계를 새롭게 규명하려는 시도를 벌이기도 했다. "거울 이미지의 쌍둥이(mirror-image twins)", "댄스 파트너(dancing pair)", "공생 관계(symbiosis)", "이음새 없는 그물(seamless web)", "동시 추구(concurrent pursuit)" 등이 그 대표적인 주장들이다.[15] 저마다 과학과 기술의 유사성, 연관성, 소통성 등을 강조하고는 있으나 그 중심에는 여전히 과학과 기술의 구분, 기술보다 과학의 우위 등과 같은 전통적 인식이 내재되어 있다. 과학과 기술은 내용, 방법, 가치 등의 측면에서 뚜렷한 차이를 지닌 근본적으로 서로 다른 영역이자 활동이라는 것이다.

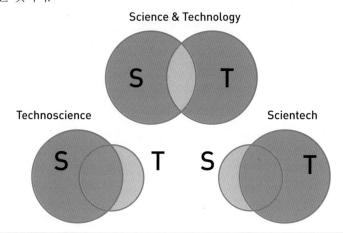

〈그림 1〉 과학과 기술의 관계 모형도

이와는 달리 최근에는 과학과 기술의 관계를 완전히 다르게 보려는 입장도 등장했다. 바로 서구의 과학기술학 연구자들을 중심으로 새롭게 통용되고 있는 Technoscience가 그것이다. 이전과 크게 달라진 점은 과학과 기술을 엄격히 구분하지 않으려 한다는 것이다. 과학은 기술과 구분이 어려울뿐더러 그 구분이 무의미할 정도로 아주 긴밀한 관계를 맺고 있다고 여긴다. 구체적으로, 과학은 기술과 뗄 수 없는 복합체를 이루며 서로 간에 혼연일체가 되어 있다는 것이다. 이를 적절히 표현하고자 신조어 Technoscience를 만들어 사용하고 있다.[16] 그런데 많은 Technoscience 연구자들 사이에서는 과학 중심의 사고, 사물보다 지식의 우위, 과학 맥락으로서 기술의 존재 등이 여전히 강하게 드러난다. 양자의 관계가 아무리 긴밀해도 과학과 기술의 위상까지 바뀐 것은 아니다. Technoscience가 과학을 본체로, 기술을 접두어로 구성한 것도 이와 관련이 있다.

그렇다면 한국의 과학기술 용어를 Technoscience로 표현하는 것이 적절한가라는 물음을 던질 필요가 있다. 과학과 기술이 불가분의 관계를 맺고 있다는 점은 서로 유사하다. 과학기술도 이 점을 강조하고 있다. 하지만 과학기술과 달리 Technoscience가 기술보다 과학에 중점을 두고 있는 것은 크게 다른 점이다. 전통적으로 지식의 생산에 초점을 맞추고 있는 시선도 한국이 지식의 소비에 치중한 모습과 매우 다르다. 아울러 그 핵심적 가치를 어디에 두고 있느냐도 한국의 과학기술을 Technoscience로 부르기 힘든 또 다른 이유다. 한국에서 과학기술은 서구처럼 그 자체가 목적이라기보다 사회적 유용성을 얻기 위한 수단으로서의 성격이 강하다.

최근 일부의 Technoscience 연구자들 중에는 과학기술과 매우 비슷한 의미에서 Technoscience를 사용하고 있기도 하다. 서구에서 급격히 변화하는 과학과 기술의 관계를 포착하기 위한 시도다. 즉, 과학과 기술은 사회경제적 목적을 달성하기 위한 도구로서 기술적 증진을 위해 오히려 과학이 이용되고 있다는 점을 강조한다.[17] 마치 한국의 과학기술을 닮아가는 모습이다. 그럼에도 전반적으로 볼 때 과학기술은 Technoscience의 매우 다양한 논의에서 일부분으로 존재하고 있다. 이는 혼란스럽고 상충하는 의미까지 담고 있는 Technoscience로는 과학기술의 고유한 특성을 잘 드러내기 어렵다는 것을 보여준다.

이처럼 한국의 과학기술을 정확히 표현할 적절한 영어는 현재 없다. 과학기술은 Science & Technology도 아니고 Technoscience도 아닌 것이다. 그래서 나는 한국의 과학기술을 적절히 표현할 영어로 Science와 Technology를 다르게 합성한 Scientech[18]라는 용어를 만들어 사용하고자 한다. 이 신조어는 과학과 기술이 밀접한 연관을 지니되 그 연관을 기술을 중심으로, 기술에 기반해서, 혹은 기술을 매개로 해서 이해하려는 것이다. 새로운 단어를 만들 때 Technology를 Science 뒤에 둔 것도 이 때문이다. 이로써 한국의 과학기술이 지닌 실용적 가치의 강조, 지식 소비적 성향, 사회와의 강한 연관 등도 Scientech 개념을 통해 잘 드러낼 수 있다.

과학기술자사회 특성

만약 개도국의 과학기술을 과학자사회의 프리즘으로만 이해한다면 그 주요 변화를 거의 감지하지 못할 수 있다. 서구에서 과학과 기술이 과학자사회의 자율적 활동에 크게 기반했다면 비서구 국가들에서는 그렇지 않았다. 한국을 비롯한 개도국들의 과학기술에서는 과학자사회는 물론 다양한 사회적 세력 및 요인들이라는 또 다른 변수가 매우 중요했다. 오히려 과학자보다 기술자들이, 내적 요소보다 외적 요소가 과학기술의 변화에 결정적으로 작용하는 경우가 많았다. 이는 개도국들의 과학기술을 서구에서 드러나는 과학자사회의 특성을 그대로 투영해서 이해하는 것이 적절치 않음을 보여준다.[19]

현대 과학기술에서는 과학기술자들의 집단적 활동이 중요하다. 바로 과학기술자들의 조직, 행위, 의식 등을 통칭하는 과학자사회(scientific community)가 그것이다. 이러한 과학자사회의 구성과 작동이 과학기술에 깊은 영향을 미친다. 그래서 과학자사회를 살피는 것은 특정 국가에서 이루어지는 과학기술을 이해하는 데 중요하다. 과학기술 활동은 한두 과학기술자가 아닌 과학자사회의 집단적 실천에 기반해서 이루어지기 때문이다.

서구에서 과학자사회는 비교적 오랜 역사적 전통을 가지고 있다.[20] 과학은 전문 직업화의 과정을 거쳐 일찍이 하나의 독립적인 학문이자 활동으로 자리 잡았다. 대학과 같은 제도화된 교육과정을 통해 전문적으로 훈련받은 과학자들이 양성되고 그들은 과학에 관한 전문성, 자율성, 독립성 등과 같은 특유의 규범을 공유하게 되었다.[21] 기술도 과학의 영향을 받아 공학에서 보듯 학문적 체계를 갖춘 전문 분야로 나아갔다. 이렇게 과학 활동은 동일한 전공 분야의 전문가들로 구성된 공동체에서 행해지는 독특한 시스템을 갖추게 되었다. 그 결과 과학자들 사이에는 외부의 간섭으로부터 자유로운 학문 공동체라는 의식이 강하게 형성되었다. 이는 과학자사회의 특성을 보여주는 다양한 측면들이다.

선진국일수록 과학의 주도권은 과학자사회가 쥐고 있다. 과학 전문가주의(professionalism)는 19세기에 과학자사회가 형성된 이래 서구의 과학자들 사이에서 자리 잡은 하나의 문화 양식이다. 사회적으로 강력한 힘을 가진 정치권력, 종교 세력, 군대 집단 등과 때때로 갈등을 빚기도 했으나 과학은 과학자들의 고유 영역이라는 사회적 합의가 만들어졌다. 물론 전쟁과 같은 국가의 위기 상황에서는 과학과 과학자가 정치권력에 의해 동원되고 그들의 지시에 따르도록 강요되기도 했다. 1차 세계대전과 2차 세계대전이 대표적인 사례들이다. 그렇더라도 과학에 대한 외부의 거센 개입과 주도는 불가피한 환경에서 벌어지는 일시적인 일탈로 여겨지는 경향이 강했다.

〈보첨 2〉 **'과학기술자사회(scientech community)'**

과학기술자사회는 독립적인 공동체를 형성하고 있을까? 개도국에서는 과학기술자만으로 과학기술이 진전되지 않는다. 과학기술이 자생력을 가지고 있지 못하기에 그를 전폭적으로 지지할 인간적, 비인간적 우군이 필요하다. 다시 말해, 과학기술은 개도국의 주요 사회 과제와 연계되고 그 추진을 이끌 힘 있는 다른 사회적 세력이 합세해야 발전의 동력을 얻게 된다.

과학기술자사회는 개도국에서 과학기술과 사회문화, 과학기술자와 다른 사회 세력의 상호 밀착 및 공존을 강하게 띤다는 점을 보여준다. 과학기술과 과학기술자의 사회적 확장인 동시에 사회문화와 다른 사회 세력의 과학기술로의 개입이다. 특히 정부나 기업이 가진 정치적, 경제적 관심과 요구는 과학기술자사회의 구조와 지향에 깊숙이 스며든다.

이러한 사정으로 개도국의 과학기술자사회는 차별화된 고유의 특성을 지닌다. 과학기술자사회에서 실용적 과학기술자들의 위상이 높고 그 활동이 다분히 정치 의존적 경향을 강하게 보인다. 과학기술자사회는 단일한 실체라기보다 다양하고 복잡한 이해관계가 작용하는 조합적 성격을 보여주는 것이다. 말하자면 과학기술자사회는 다양한 영역과 집단이 횡단하고 교차하는 교역지대(trading zone)다.

개도국의 경우는 과학자사회의 구성과 특성이 매우 다르다. 먼저, 과학자사회의 역사적 전통이 짧아 그 기반이 취약했다. 근대 과학이 서구의 경계를 넘어 퍼져나간 것은 비교적 긴 역사를 가지고 있으나 비서구 국가들에서는 오랜 기간 제대로 자리를 잡지 못했다. 더구나 비서구 국가들의 사람들이 과학을 그 자체로서 깊이 있게 학습하고 이해하는 것이 쉽지 않았다. 상당수의 사람들이 서구 국가들로 유학을 간 이후에야 전문 교육을 받은 과학자들이 속속 등장했다. 그럼에도 비서구 국가들에서 과학 활동이 안착될 정도로 과학자들의 규모, 조직, 활동 등이 갖추어지기까지는 더 많은 기간이 소요되었다. 개도국들에서 과학자사회의 형성은 뒤늦게 불안정한 형태로 이루어질 수밖에 없었다.[22]

　　다음으로, 과학자사회가 가진 조직적 힘과 사회적 권위가 허약했다. 과학자들의 권위는 기본적으로 학문적 수월성에서 나온다. 뛰어난 과학적 성취를 통해 학계에서 인정을 받은 다음 사회적 명성까지 얻게 된다. 또한 과학자들은 대규모의 인원을 규합한 단체를 만들어 조직된 힘을 발휘하기도 한다. 동일 분야의 전문가들로 구성된 일종의 동업 조직이자 압력단체다. 그런데 개도국에서는 과학자들이 사회적 영향을 행사할 정도로 학문적 내지 조직적 역량을 갖추지 못했다. 이들은 학문적 명성을 지니지 못한 채 소규모의 주변적 세력으로 존재할 뿐이었다. 그렇다 보니 과학자들이 자체의 힘으로 자신의 이해관계를 실현하는 것은 꽤나 힘겨웠다.

　　끝으로, 과학자사회에 대한 외부의 개입이 빈번하게 일어나 그들의 자율성과 독립성이 유지되기 어려웠다. 특히 가장 막강한 권력을 지닌 정치집단이 과학기술에 미치는 압력과 영향은 매우 거세다. 정치권력은 국가적, 집단적, 개인적 목적과 필요에 맞춰 과학기술을 전유 내지 활용하려는 경향을 지닌다. 과학기술이 국가 통치와 정치 활동에 효과적인 상징(symbol)이자 수단이 될 수 있어서다. 과학자들도 정치권력의 강력한 힘에 의지해 과학기술의 사회적 위상을 높이고 자신들의 요구를 실현할 기회를 얻게 된다. 권위주의적 정치권력은 과학자들이 의지하고 성장의 기반을 다질 강력한 울타리가 될 수 있다. 이렇게 과학자들과 정치권력은 서로의 권위와 위상을 효과적으로 높이기 위해 전략적 결탁을 하게 된다.[23]

개도국들에서 보이는 과학자사회의 이러한 특성은 한국에도 고스란히 드러난다.[24] 후발국가로서 과학기술이 처한 상황과 맥락이 비슷했던 탓이다. 과학적 전통이 취약한 가운데 그 활동에 필요한 인력, 조직, 재원, 설비 등이 현저히 부족했다. 이는 과학자들의 독자적인 힘만으로는 열악한 현실을 헤쳐 나가기가 버거웠음을 보여준다. 이에 한국에서는 과학의 위상과 권한을 높이려는 새로운 방향의 움직임이 일어났다. 과학의 외연 확대와 다른 세력과의 협력이 그것이다. 가장 두드러진 현상의 하나는 일종의 과학기술 합작(合作)이었다. 이로 인한 반대급부로 과학의 정체성은 심대한 변화를 겪게 되었다.

첫째로, 기반(base)의 측면에서 과학은 기술과 긴밀한 연관을 맺었다. 각각은 지식, 인력, 활용 등에서 서로 공유하는 지점들을 급속히 넓혀갔다. 세계적으로 낙후된 처지에 있던 한국은 산업 및 국방의 발전을 국가적 과제로 삼아 그 방안을 모색했다. 이 과정에서 과학은 나라를 부강하게 만들 원천으로 인식되고, 마찬가지로 기술도 그 유력한 수단으로 관심을 끌었다. 과학자나 기술자도 허약한 기반을 서둘러 개선하려고 서로 힘을 합쳐 공동으로 대처했다. 과학과 기술은 비록 다른 교육, 활동, 가치를 내포하고 있을지라도 차이점보다 유사성이 부각되었다. 한국에서 널리 사용하게 된 '과학기술'과 '과학기술자'라는 말이 이러한 특성을 잘 반영하고 있다.

한국에서 근대적 과학과 기술의 구분은 엄격하지 않았다. 그에 대한 뚜렷한 전통이 존재하지 않은 상황에서 외부로부터 유입된 과학과 기술은 한국적 맥락에 따라 재해석되었다. 더구나 과학자나 기술자 집단이 상당 기간 형성돼 있지 않아 과학과 기술을 차별화하려는 내적 움직임도 존재하지 않았다. 드디어 과학자와 기술자가 늘어나면서 서로 독립된 조직, 활동, 의식을 갖추기 시작한 것은 1945년 해방 이후부터였다.[25] 일제의 식민지 지배에서 벗어나 조직 결성과 의사 표현의 기회가 열리자 이들은 저마다 각양각색의 단체를 만들어 자신의 주장을 적극 펼쳤다. 나아가 이들은 과학과 기술의 낮은 사회적 위상과 역할을 높이려 서로 연합하여 공동 대응하는 노력도 주저하지 않았다. 특히 초기 엔지니어들은 대학에 주로 속해 있으면서 학계의 과학자와 현장의 기술자를 잇는 가교 역할을 맡았다. 과학자와 기술자는 서로 다른 집단을 형성하면서도 유대 관계를 맺어나 갔던 것이다.

과학기술자사회가 한국에 확고히 자리 잡은 것은 1960년대였다. 국내외에서 과학자, 기술자들이 대대적으로 양성되어 학문 분야별로 학술단체들이 급격히 증가했다. 그중에서도 공학, 농학, 의학과 같은 응용 분야의 성장이 두드러졌다. 이러한 학술단체들에 기반하여 과학자와 기술자들의 연합 조직인 한국과학기술단체총연합회가 1966년에 결성되었다. 과학자와 기술자들은 별개의 조직을 가지고 있음에도 연합 조직으로 서로 묶이게 된 것이다. 이 연합 조직을 통해 과학자와 기술자들은 공동의 이해관계를 관철하려는 노력을 적극 기울였다. 전국과학기술자대회를 정기적으로 개최하고 그들의 요구 사항을 담은 결의문을 채택해 정부에 요구하기도 했다. 과학기술자들은 과학기술을 그들이 지닌 전문성에 바탕해 운용되는 독립적이고 자율적인 영역으로 만들고자 했다.[26] 이 시기에 공학 분야는 정부의 적극적인 육성 정책에 힘입어 크게 팽창했고 엔지니어들은 대학과 산업을 포함한 다양한 영역으로 진출했다. 과학과 기술을 잇던 엔지니어들이 자신의 정체성을 기술자를 향해 움직인 것도 이때부터였다. 이 때문에 과학기술자사회는 과학을 포함하되 그 방향은 기술에 기울어진 목표, 활동, 가치 등을 추구하게 되었다.

둘째로, 파워(power)의 측면에서 과학기술은 정치권력에 크게 의존했다. 과학과 기술이 사회에 확고히 자리 잡으려면 그를 지지하거나 후원하는 세력이 반드시 필요했다. 그 제도적 기반이 취약할수록 막강한 권한을 가진 세력의 개입 및 견인이 요구되었다. 한국에서 가장 강력한 권력을 가진 집단은 대통령을 비롯한 정치 세력이었다. 이들이 국가의 정책, 재원, 인프라 등에 대한 운용의 권한을 가지고 있었던 것이다. 과학기술자들은 이 점을 이용해 자신의 위상을 단숨에 높이려 했고 정치권력도 국가 통치와 국민들의 지지 획득을 위해 과학기술을 절실히 필요로 했다. 이렇게 과학기술과 정치권력은 서로 다른 이유로 긴밀한 연계를 적극적으로 맺게 되었다.[27]

과학자와 기술자들은 일찍부터 정치권력의 관심을 끌기 위해 애썼다. 낙후한 과학과 기술의 수준을 빠르게 벗어날 지름길이 국가의 전폭적인 지원에 있다고 보았기 때문이다. 정치권력도 과학자나 기술자들이 본격적으로 등장하기 이전부터 국가의 발전이나 통치자의 이미지 쇄신을 위해 과학기술이 필요하다고 인식했다. 그렇더라도 과학기술자와 정치권력의 이해관계는 한동안 서로의 접점을 찾기 어려웠다. 각자의 기대와 요구가 다르고 설령 유사하더라도 그것을 충족할 역량이나 방법이 충분하지 못했던 까닭이다. 게다가 한국은 식민지, 분단, 전쟁 등과 같은 격심한 소용돌이에 휘말려 국가정책을 안정적이고 일관되게 펼칠 수도 없었다. 1950년대까지도 정치권력은 과학기술이 가져다줄 교육과 같은 일부의 효과에만 관심을 가지고 부분적인 지원을 해줄 뿐이었다. 양자 사이에는 서로에 대한 호감 어린 시선이 생기긴 했지만 이들의 관계는 다분히 동상이몽(同床異夢)과 같았다.

과학기술과 정치권력이 실질적으로 연계된 것은 1960년대부터였다. 과학기술의 규모와 활동이 급속히 확대되고 이에 발맞춰 정치권력도 과학기술을 관리하고 지원할 역량을 갖추게 된 것이 주요 요인이었다. 그 직접적 계기는 한국과학기술단체총연합회와 더불어 1967년 과학기술처라는 정부 부처의 등장이었다. 과학기술계를 대표할 조직이 탄생하고 과학기술을 관장할 전담 부처가 생김으로써 양자의 만남이 실현되었다. 과학기술과 정치권력의 밀착은 이 두 조직을 매개로 활발하게 일어났다. 당시는 정치권력이 절대 권한을 지니고 있었으므로 양자의 관계는 사실상 일방적이었다. 정치권력이 과학기술에 대한 주도권을 쥐고 과학기술자들은 그 정책 방향에 부응하는 방식이었다. 과학기술은 정치권력의 울타리 안에서 그 순응의 대가로 각종 지원과 혜택을 받는 '우산 효과(umbrella effect)'를 누릴 수 있었다.[28] 이로써 과학기술과 과학기술자의 사회적 위상과 역할이 급속히 달라지게 되었다.

셋째로, 가치(value)의 측면에서 과학기술은 경제적 활용에 초점이 맞추어졌다. 과학기술은 학문, 산업, 국방, 교육, 의식 등에서 다양한 가치를 지닐 수 있고 실제로 이들과 크고 작은 관련을 맺었다. 그런데 한국에서 과학기술은 이들 가운데서도 유달리 산업적 유용성이 가장 중요하게 강조되었다. 과학이 기술 위주로 연관을 가지고 경제적 수단으로 그 가치가 부각되었던 탓이다. 이로써 기업이 산업 발전의 원천으로 과학기술에 관심을 기울이고 개발연구를 적극 추진하게 된 중요 배경이 되었다. 나아가 과학기술의 산업적 활용은 그 수준이 올라갈수록 장기적으로는 다른 가치도 동반하고 부추기는 효과를 낳았다.

과학자들과는 달리, 정부가 과학기술 진흥에 열의를 보인 것은 무엇보다 그것을 통해 경제 발전을 이루기 위한 목적이 컸다. 이러한 경향은 일찍부터 주류적 움직임으로 등장했다. 그렇지만 과학기술이 산업 발전에 실제로 기여하는 역할은 상당 기간 동안 극히 적었다. 과학보다 기술에 중점을 두더라도 그 산업적 성과는 기대에 미치지 못했다. 과학기술은 경제발전에 뚜렷한 흔적을 남기지 못하고 제한적이고 미미한 효과만을 보일 뿐이었다. 오히려 한국의 산업적 변화는 오랫동안 고도의 과학기술과는 직접 관련이 없는 조립 가공과 값싼 노동력 같은 다른 요인들에 힘입었다. 과학기술의 경제적 기여가 저조했음에도 그에 대한 관심이 지속된 것은 특이한 현상이었다.

과학기술과 산업 발전이 전면적으로 결합한 것은 매우 뒤늦은 1980년대 들어서였다. 과학기술 인프라가 체계적으로 갖추어져 그 활동의 성과가 수준 높게 얻어진 한편, 산업이나 기업도 빠르게 성장해 실용적 개발연구를 자체적으로 수행하게 되자 양자 사이에 실질적 연관이 나타났다.[29] 과학기술과 산업 발전이 서로 밀착될 수 있는 복합적 조건이 적절히 갖추어진 결과였다. 이전과 달리, 이때부터 과학기술의 개발연구 성과가 경제발전의 핵심 요소로 작용하게 되었다. 특히 대기업은 개발연구의 주도자로 떠오르며 과학기술을 산업과 연계시키는 중심 공간으로 자리 잡았다. 즉, 과학기술이 산업 발전과 긴밀한 관련을 가지기 위해서는 양자가 직접적이고 구체적으로 조우할 접점 지대가 필요했던 것이다. 그 덕분에 한국의 과학기술은 그 발전의 동력을 더 강력하게 확보할 수 있었다.

이렇게 과학기술은 기반, 파워, 가치 등을 순차적으로 갖추면서 사회적 중핵(中核)으로 이동했다. 과학이나 기술이 그 자체의 내적 동기와 논리에 따라 발전하게 된 것이 아니라 사회와의 연관 속에서 발전의 활력을 얻은 것이다. 이 과정에서 과학자와 기술자는 단일한 집단으로 묶여 과학기술자로 불리고 과학기술자사회를 형성했다. 두 그룹이 하나로 합쳐 세력을 확대한 동시에 기술 위주로 방향을 잡아 국가적 가치와 직결되었다는 의미를 지닌다. 말하자면, 과학기술 내면과 외연을 포괄하는 '이중의 확장 전략'이었다. 뿐만 아니라 한국의 과학기술자사회는 자신의 허약한 위상과 권한을 서둘러 보완할 기회도 얻었다. 바로 국가적으로 막강한 권한을 가진 정치권력과 급속한 성장의 가도를 달리던 기업의 후원을 받게 된 것이다. 과학기술자사회가 취약함에도 과학기술이 국가적으로 중요한 위상과 역할을 가지게 된 것은 정치권력과 기업의 파워가 가세한 덕분이었다. 이는 과학기술자사회가 변화하고 인정받게 되는 주요 요인이 되기도 했다.

그 결과 한국의 과학기술자사회는 독특한 특성을 지니게 되었다. 첫째는 정치적 의존성이다. 과학기술자들은 정부에 순응하는 태도를 취하며 필요할 때마다 정책적 관심과 재정적 지원을 요청했다. 둘째는 학문적 리더와 권위의 취약성이다. 과학기술자들은 학문적 수준과 성과보다 다분히 연공서열(年功序列)과 특히 정치적 연관에 따라 권한을 지녔다. 셋째는 주어진 과학기술 과제의 충직한 수행이다. 이른바 중인(中人) 의식으로 불리는 이러한 태도는 제시된 과업을 열성적으로 추구하고 조기에 달성하는 결과를 낳기도 했다. 넷째는 선진 과학기술에 대한 민감성이다. 해외 유학 출신자들이 과학기술계를 주도함에 따라 선진국과의 강한 지적, 인적, 제도적 연계를 지녔다.[30] 이처럼 한국 과학기술자사회는 정부 주도의 추격형 과학기술 발전 전략에 잘 부합하는 방향으로 안착을 하게 되었다.

과학기술 발전 방식

역설적이게도, 개도국의 과학기술은 선진국에 비해 그 발전 양상을 판단하는 것이 더 어렵다. 과학기술이 단순함에도 그것의 발전에 대한 이해는 꽤나 복잡하다. 무엇보다 개도국은 과학기술 발전이 내포하는 내용과 의미가 선진국과는 크게 다르다. 선진국에서 중요한 과학기술이라고 해서 그것이 개도국에 그대로 적용될 수 있는 것은 아니다. 또한 개도국에서는 소수의 과학기술자들이 특정 조건에서 뛰어난 성과를 낼지라도 그 효과와 가치는 제한적일 수 있다. 왜냐하면 그들의 과학기술 성과가 개도국의 사회문화나 과학기술과 유리(遊離)될 경우 그것이 지닌 의미는 크다고 볼 수 없기 때문이다.[31]

세계의 과학기술 발전 과정에서 나타나는 두드러진 특징의 하나는 불균등 현상이다. 일차적으로는 선진국과 개도국 사이의 과학기술 격차가 심하게 벌어져 있다. 과학기술에서 중요한 발견은 예외 없이 선발국에서 이루어지고 후발국은 그로부터 크게 벗어나 있다. 아울러 선진국 혹은 개도국 내에서도 과학기술 발전이 국가별로 다르다. 시간이 지날수록 앞서 가는 나라가 있는가 하면 뒤처지는 나라도 생긴다. 이 과정에서 아주 드물긴 하나 개도국 중에 과학기술 발전에 상당한 성공을 거두는 국가도 등장한다.

20세기에 과학과 기술은 선진국 주도로 가속적인 발전을 이루었다. 그 연구 영역이 엄청나게 확대되고 활동의 성과가 폭발적으로 늘어났다. 세계의 주요 나라들이 앞다투어 연구 인력, 연구비, 연구 논문, 특허 등 모든 측면에서 놀라운 변화를 보였다. 거침없는 '과학기술 폭주'의 시대라 부를 만하다. 단적으로 인류 역사상 존재했던 과학자 전체의 80~90%가 생존해 있고 이들의 활동으로 과학저널이 기하급수적으로 증가했다.[32] 이에 힘입어 세계의 사회경제도 엄청난 변동을 겪었다. 이러한 변화의 선두주자는 과학기술 강국으로 불리는 소수의 선진국들이었다.

단기적으로 보면 국가별 과학과 기술의 수준은 쉽게 변하지 않는다. 수준이 높은 나라들은 계속 앞서 나가고 반면에 낙후된 나라들은 여간해서 그 처지를 벗어나지 못한다. 그 이유는 과학과 기술이 지닌 고유의 특성과 관련이 있다. 우선, 과학과 기술은 근대 이래로 아주 오랜 지적 축적에 기반해 있고 서로가 복잡하게 연결되어 있다. 이러한 지적 체계의 동반 상승 없이 그 일부만을 분리시켜 발전시키는 것은 거의 불가능하다. 다음으로, 과학과 기술은 다양한 인프라를 적절히 갖추어야 한다. 잘 갖춘 인프라의 구축이 과학과 기술의 발전에 필수적이다. 끝으로, 과학과 기술은 막대한 인적, 물적 자원을 필요로 한다. 고도의 장비와 대규모 전문 인력, 막대한 재원은 연구개발의 필수 조건이다. 이로써 과학과 기술은 쉽게 발전하지 않지만 그렇다고 해서 쉽게 낙후되지도 않는 속성을 지닌다.

하지만 장기적 안목으로 보면 국가들 사이에는 과학과 기술의 변동이 끊임없이 일어난다. 선진국들 중에는 과학과 기술이 상대적으로 더디게 발전해 어려움을 겪는 나라도 생긴다. 유럽의 몇몇 나라들에서 발생하고 있는 과학기술 침체 현상이다. 이와는 반대로 개도국들 가운데는 과학과 기술의 발전이 가파르게 일어나는 나라도 등장하고 있다. 동아시아의 네 마리 용을 필두로 몇몇 나라들이 여기에 속한다. 과학과 기술의 발전 내지 침체가 누적되어 장기적으로 보면 그 차이가 국가별로 뚜렷이 드러나는 것이다.

그러면 과학기술의 발전 여부는 어떻게 판단을 내릴 수 있을까? 흔히 과학기술의 발전은 오직 한 가지 방식으로 이해하려는 경향이 존재한다. 바로 선진국의 과학기술 발전을 파악할 때 가장 중요한 척도로 삼는 연구 성과가 그것이다.[33] 유명 과학자들을 거론할 때도 학문적 성취가 판정의 핵심 기준이 되고 있다. 그런데 과학기술의 발전은 성과(product)를 중심으로 판단할 경우에도 그 유형은 학술만이 아니라 산업, 교육, 문화 등의 측면에 이르기까지 매우 다양하다. 그러므로 모든 시대와 국가의 과학기술 발전에 대한 척도로 특히 학문적 성과를 일률적으로 적용하는 것이 적절한가는 의문이다.

과학기술 발전을 논의하는 것은 그리 간단하지 않다. 사람마다 혹은 국가마다 과학기술의 어떤 점을 중시하느냐에 따라 그것의 발전을 바라보는 의견이 크게 갈릴 수 있다. 실제로 과학기술은 그 보편성에 대한 널리 퍼진 인식에도 불구하고 나라마다 매우 다양한 모습을 보이고 있다. 이에 따라 과학기술 발전을 둘러싼 시선은 저마다 분분할 수밖에 없다. 더구나 과학기술 발전을 평가하는 방법이 명확하거나 단일하지 않은 현재 상황에서는 더 그렇다.[34]

선진국과 개도국의 과학기술에서 보이는 가장 큰 차이의 하나는 그 발전의 목표와 방향에 있다. 선진국이 과학기술의 '지적 생산'에 중점을 두고 있다면 개도국은 대체로 '지적 활용'에 치중한다. 개도국은 과학기술 발전을 그 자체가 아닌 사회 전반의 수준 향상과 연계하거나 혹은 그 일부로 추구하고 있다. 과학기술의 연구개발보다 다양한 개선과 활용에 도움이 될 인프라 및 서비스가 중요한 일부를 차지한다. 선진국에서 유입된 과학기술의 습득, 소화, 개량 등은 이러한 맥락에서 이루어진다. 그러므로 과학기술을 발전시키려는 내용과 그 방식이 적지 않게 다르다. 물론 과학기술 수준이 높아질수록 개도국에서도 지적 생산이 점차 관심을 끌고 중요해지기도 한다.

또한 개도국의 과학기술 발전은 그 지적 수준만을 가지고 판단하는 것은 부적절할 수 있다. 실례로 아무리 낙후한 나라일지라도 선진국에서 유학한 소수의 과학기술자들에 의해 우수한 연구 성과가 일시적으로 얻어질 수 있다. 그런데 이것이 한 나라의 과학기술 발전에 미치는 영향은 단기적이고 제한적인 경우가 많다. 이보다 개도국에서는 다른 점들이 과학기술의 안착과 발전에 장기적으로 더 필요할 수 있다. 선진국으로부터의 지속적인 과학기술 유입, 과학기술 제도의 안정적 정착, 과학기술 인력의 저변 확대 등이 그 대표적 요소들이다. 이처럼 당장의 과학기술 지식의 창출보다 그 장기적 발전에 필요한 다양한 요소들을 시의적절하게 갖추는 것이 개도국의 과학기술 발전에 더 중요할 수 있다.[35]

개도국의 과학기술 발전을 측정하는 방식은 크게 세 가지 측면을 고려할 수 있다.[36] 첫째는 과학기술의 연구 성과를 중심으로 그 지적 수준의 변화를 중요하게 인식하는 것이다. 이는 논문과 특허 등을 포함한 '학문적 성과'가 주된 잣대로서 선진국에서 과학기술 발전을 이해하는 방식이다. SCI 논문 편수나 이와 긴밀히 관련된 연구개발 역량의 평가가 여기에 속한다.[37] 다분히 과학기술의 보편성에 입각한 시각이다. 둘째는 과학기술 활동으로 얻어지는 다양한 성과들을 지칭한다. 학문은 물론 산업, 교육, 문화, 의식 등과 관련된 '사회적 활용'까지를 의미하는 것이다. 혁신(innovation) 혹은 과학기술혁신(science, technology, & Innovation) 지표 평가가 대표적인 예들이다.[38] 개도국에서는 과학기술의 이러한 모든 성과들을 거의 동등하게 필요로 한다. 셋째는 과학기술의 성과와 더불어 '제도의 확충' 등도 중요하게 포괄한다. 특히 개도국에서 과학기술은 제도와 함께 진전될 뿐만 아니라 그것을 계기로 도약이 이루어진다. 국가혁신체제론(national innovation system)은 이와 부분적으로 관련이 있다. 과학기술의 국지적 특성을 가미한 시각이다. 결국 개도국의 과학기술 발전은 '좁은 의미로는 과학기술 성과'에 한정해서, '넓은 의미로는 과학기술 성과와 제도' 등까지도 포괄하는 것으로 볼 수 있다.[39]

따라서 개도국의 과학기술 발전은 어떤 시각으로 바라보느냐에 따라 그 이해가 근본적으로 달라진다. 대부분의 국가에서 과학기술의 학문적 성과, 특히 연구 결과를 위주로 보면 그 발전은 매우 더디고 침체된 것으로 나타난다. 불리한 환경에서 눈에 띄는 연구 성과를 단기간에 거두는 것이 매우 어려운 탓이다. 더구나 선진국의 과학기술과 비교하면 발전 수준이 극히 미미할 뿐이다. 그 대신에 과학기술과 관련한 제도를 함께 고려하면 개도국들에서 과학기술은 당장에 가시적 성과를 거두지 못하더라도 꾸준한 변화의 움직임을 보이기도 한다. 과학기술에서 크고 작은 변동이 다양하게 일어나는 지점들이 곳곳에서 포착된다. 이렇게 적지 않은 개도국들에서 과학기술은 표면적으로는 정체성을 띠고 있지만 내면적으로는 역동성을 지니고 있는 것이다.

개도국의 과학기술 발전은 단선적으로 진행되지 않는다. 과학기술에서 우수한 성과가 나오려면 지식, 인력, 설비, 제도 등 다양한 조건을 갖추어야 한다. 바로 연구 성과를 창출하기 위해서는 그에 필요한 여러 요소들이 일정 수준으로 올라가야 하는 '과학기술 임계점(critical point)'이 존재한다.[40] 그 이전까지는 비록 과학기술 활동이 활발히 일어나도 가시적 성과가 좀처럼 나타나지 않는다. 이른바 '과학기술 지체 현상'이다. 실제로는 과학기술이 꾸준히 진전되고 있음에도 그 연구 결과가 겉으로 드러나지 않는 것이다. 과학기술 활동과 성과 사이의 이러한 괴리 문제로 개도국의 과학기술 발전을 잘 파악하는 것이 어렵다.

물론 개도국의 과학기술은 선진국이 지나온 경로를 매우 비슷하게 밟아나간다. 선진국의 뛰어난 과학기술 발전 선례를 보고 그것을 적극적으로 따라가려고 한 결과다. 언뜻 보면 마치 계통발생(phylogenetic)의 과정을 거의 그대로 거쳐나가는 모습이다. 선진국과 유사하게 과학기술을 발전시키려면 그에 필요한 요소들도 함께 갖추어야 한다. 연구소와 같은 인프라, 체계적으로 교육받은 연구 인력, 최신의 지식 정보, 사회경제적 활용 기반 등이 그 중요한 사항들이다. 말하자면, 어느 국가든 현대적 과학기술은 다양한 구성 요소들을 두루 갖추어야 하는 시스템적 활동인 것이다. 개도국도 이러한 시스템을 적절히 구축하지 않고서는 과학기술을 발전시킬 수가 없다.

이는 개도국이 과학기술을 진흥하려면 선진국에 대한 모방이 어느 정도 불가피하다는 점을 보여준다. 실제로 개도국들 중에 과학기술을 빠르게 발전시킨 나라는 한결같이 선진국의 과학기술을 적극적으로 도입한 경우였다. 반면에 선진국과는 크게 다른 대안적 과학기술을 추구한 개도국들은 모두가 커다란 어려움을 면치 못했다.[41] 그들이 추구한 새로운 시도가 무의미한 것은 아니나 그것을 과도한 명분으로 삼을 때는 심각한 걸림돌이 되었다. 이렇게 선진국의 모방이 개도국의 과학기술 발전을 자연적으로 보장해주지는 않더라도 그 필요조건이었던 것은 분명하다.

이와 함께 개도국은 선진국을 무조건 뒤따르는 방식으로 과학기술을 발전시킬 수만도 없다. 과학기술의 모방이 복제를 의미하는 것은 아니다. 무조건 모방할 경우 과학기술의 사회적 수용에 문제가 생기고 그 수준의 차이가 더 심하게 벌어질 가능성이 크다. 그러므로 개도국은 열악한 상황에서도 과학기술을 빠르게 발전시켜 격차를 근본적으로 줄일, 선진국과는 다른 방안을 찾아야 한다. 그 방식은 과학기술의 요소들을 근본적으로 달리할 수는 없으니 그것들의 구성, 전개, 활용 등을 다르게 하는 데 있다. 이른바 과학기술 발전 방식, 즉 '스타일의 차이'다.[42] 예컨대, 선진국의 과학기술을 동시다발적으로 받아들여 소요 시간을 단축하거나 세부 경로의 우선순위를 바꾸어 그 발전의 효율을 높이는 방식 등이 그것들이다. 결국 저마다 과학기술 발전을 효과적으로 추구할 적절한 경로를 찾아내는 것이 실제 현실에서 매우 중요하다.

국가별 과학기술의 스타일은 크게 두 측면으로 구분해 살펴볼 수가 있다. 하나는 과학기술의 물적 기반에 속하는 제도이고, 다른 하나는 과학기술 활동의 양식이라 할 실행이다. 특히 개도국의 경우 이들 양자의 차이에 따라 과학기술 발전이 매우 다르게 나타난다. 과학기술에 필요한 제도가 어떤 순서로 갖추어지는가, 그것들의 연관이 어떤 방식으로 이루어지는가 등은 나라에 따라 다르다. 그 결과로 과학기술의 기반이 일찍 잘 갖추어질 수 있고 그렇지 않을 수도 있다. 그리고 과학기술이 실제로 수행되는 실행은 과학기술자사회의 특성과 결부되어 생산성과 효율성에 차이를 가져다준다. 실행 방식에 따라 단기적 추격에 효과적일 수 있고 그와는 달리 장기적 선도에 유리할 수도 있다. 이처럼 제도와 실행이 어떻게 차별화되고 상호 연계되느냐에 따라 과학기술 발전의 실제 방향과 속도가 상당히 달라질 수 있는 것이다.

실제로 한국의 근현대 과학기술 역사를 보면 그 발전 단계를 몇 시기로 나눌 수 있다. 과학기술의 제도와 성과가 엮어내는 역동적 변화에 따른 구분이다. 무엇보다 두드러진 점은 일찍부터 과학기술 제도의 변화가 크게 부각되고 지속적으로 이어졌다는 사실이다. 반면에 과학기술 연구 성과는 상당 기간 눈에 띄지 않다가 뒤늦게 폭발적으로 나타났다. 즉, 초기에는 과학기술 제도의 변화가 주되게 이루어지다가 나중에 제도와 성과가 연계되면서 연구 결과가 증폭되는 현상이 일어났던 것이다. 이렇게 한국의 과학기술 발전은 제도를 중심으로 진행되다가 제도적 기반이 안착한 다음에야 비로소 연구 성과가 비약적으로 얻어지는 방식으로 전개되었다.[43]

한국에서 과학기술이 진전될수록 그 발전은 성과에 초점이 맞추어졌다. 특히 우수한 연구 성과들이 얻어져야 경제개발을 위시한 사회발전에도 직접적으로 유용하게 활용될 수가 있었다. 어찌 보면 과학기술 발전에서 제도는 필수적인 조건이지만 그 자체가 성과가 지니는 역할까지 대행해 주는 것은 아니다. 뿐만 아니라 과학기술이 발전할수록 개도국들은 선진국과의 경쟁을 불가피하게 겪는다. 개도국의 과학기술은 선진국과 격차를 줄여야 그 학문적, 사회적 가치를 인정받을 수 있다. 이로써 과학기술 활동의 최종 산물이라 할 성과, 그 가운데서도 연구 결과는 한국의 과학기술 수준이 높아질수록 더 중요해졌다.

지금까지 보았듯이 개도국의 과학기술 발전을 일률적으로 바라보는 것은 적절치 않다. 특히 선진국처럼 연구 성과를 중심으로 과학기술의 발전 여부를 판단하는 것은 적지 않은 문제를 지닌다. 과학기술의 발전 과정을 보지 못하고 지나치게 최종 산물에 치중할 우려가 있다. 오히려 개도국들은 과학기술의 수준이 낮을수록 혹은 그 발전의 초기 단계일수록 제도의 형성과 변화에 주목할 필요가 있다. 제도적 기반은 과학기술 발전의 필수 전제 조건이자 중요한 전환점이 될 수 있기 때문이다. 과학기술의 성과, 특히 우수한 연구 결과는 제도가 체계적으로 갖추어진 후에 본격적으로 얻어진다. 결국 개도국에서 과학기술 발전은 제도와 성과가 서로 맞물리며 직조되는 '복합적 산물'이다.

따라서 단기간에 과학기술의 비약적 발전을 이룬 한국에서는 인식의 딜레마가 존재한다. 좁게 연구 성과를 중심으로 보면 지나온 발전의 특유한 궤적을, 넓게 제도에 치중해서 보면 얻어진 발전의 주요 결과를 시야에서 놓치게 된다. 과거와 현재의 과학기술 발전이 보여주는 불연속과 불일치다. 이에 한국의 과학기술 발전을 실제 그대로 파악하려면 제도와 성과가 어우러지는 중층성(重層性)을 잘 포착할 필요가 있다. 그것을 간파할 때에만 한국을 포함한 많은 개도국들의 과학기술 발전은 제대로 이해되고 설명할 수 있을 것이다.

3장

얼마나
혁명적인가?

한국의 과학기술 발전은 세계사적 사건이다. 이는 오랫동안 깊은 침체에 빠져 있던 개도국들의 과학기술을 뜨겁게 각성시키는 신호탄과 같다. 20세기 후반 이래 세계 과학기술의 주요 흐름 하나가 개도국들의 과학기술 전진이라면 그 최전선에 한국이 위치해 있다. 현재 아시아, 중남미, 아프리카 등지의 많은 나라들에서 진행 중인 과학기술을 향한 빠른 발걸음은 한국의 성공과 관련이 있다. 한국의 발전모델은 개도국들이 과학기술에 관심을 갖도록 자극하고 실제로도 유용한 참고자료로 활용되고 있다. 비록 과학기술 지식 그 자체를 바꾼 것은 아니지만 새로운 발전 방식을 제시함으로써 개도국, 나아가 세계 과학기술의 지형을 뒤흔들고 있다.

한국 성공의 세계적 의의

20세기 중반 이래로 과학기술의 시대가 열렸다. 과학기술 분야에서 제2의 혁명이 일어나고 그 성과가 거대한 사회경제적 파장을 몰고 왔다. 2차 세계대전은 새롭게 개발된 첨단무기에 의해 판가름 났고 과학기술적 성취는 많은 나라들이 열렬히 추진한 경제성장의 엔진이 되었다. 세계 지역을 양분한 미국과 소련의 체제 대결은 핵무기, 원자력, 우주 개발 등과 같은 불꽃 튀는 과학기술 경쟁으로 이어졌다.[1] 선진국들 주도로 과학기술을 향한 질주가 일어나며 그것은 경제 발전, 군사 강국, 선진 문화를 잉태하는 근원으로 여겨졌다.

이 시기에 과학기술은 현란한 희망과 낙관으로 채색되었다. 근대, 성장, 풍요 등은 과학기술이 상징하고 보증하는 시대적인 구호였다. 과학기술이 때로는 전쟁, 환경오염, 인간소외의 주범으로 곤혹을 치르기도 했으나, 전반적으로 볼 때 과학주의(scientism)는 지역과 인종을 뛰어넘어 시대를 풍미하는 사조가 되었다.[2] 과학기술에 대한 열망과 기대가 한껏 넘쳐나고 세계의 많은 나라들이 그 발전을 향한 대열에 속속 가세했다. 과학기술은 국가 발전을 새롭게 이끄는 최고의 견인차(牽引車)로 간주되었다.

개도국들도 저마다 이러한 세계적 조류에 편승하려고 부단히 애썼다. 많은 나라들이 빈곤의 극복, 문맹의 탈피, 전통문화의 개선, 질병의 퇴치 등을 위한 근대화 장정에 뛰어들었다. 미국과 소련을 필두로 세계 차원에서 이념, 경제, 과학기술 등의 경쟁이 본격적으로 펼쳐지는 이른바 세계체제(world system)에 합류한 것이었다. 이때 근대화의 유력한 수단으로 부각된 것이 새롭게 떠오른 과학기술이었다. 과학기술은 개도국이 근대화를 위해 서둘러 갖추어야 할 필수 요소로 인식되었다. 과학기술의 발전은 늦추어서는 안 되는 국가적 과제이자 시대적 사명으로 떠올랐다.

그러나 과학기술의 발전은 간단하지 않았다. 개도국들은 과학기술을 자체적으로 진흥할 내적 기반을 갖추고 있지 못한 데다가 그것을 위한 사회적 자원을 동원하는 능력도 크게 떨어졌다. 국가 전체적으로 관심을 쏟아야 할 난제들이 수두룩했던 탓이다. 이미 현대 과학기술은 전문 인력, 복잡한 장비, 사회적 지원 체제, 국제 교류 등 복합적인 시스템에 의해 이루어지는 활동으로 바뀌었다. 게다가 개도국이 과학기술을 효과적으로 추구할 정책적 이론체계나 실행 방안도 아직 정립되어 있지 않았다. 개도국의 입장에서는 그동안 선례가 없는 과학기술의 추격과 도약이라는 새로운 과제를 부여받게 되었던 것이다.

당시 개도국들이 직면한 장벽의 하나는 선진국과 극심하게 벌어져 있는 과학기술의 격차(gap)였다. 과학기술의 축적된 지식은 물론 사회적 인프라의 측면에서도 서로 간에 엄청난 차이가 존재했다. 이러한 점은 개도국이 선진국의 과학기술을 받아들인다고 해서 저절로 해소될 수 있는 것이 아니었다. 사실 선진국의 과학기술은 아주 오랜 기간 이어져온 인간적, 사회적 노력의 산물이었다. 그만큼 과학기술 발전에는 지식의 누적성과 기간의 장기성이 필수적이었다.[3] 그러므로 개도국들이 짧은 기간에 고도의 지적, 사회적 산물을 요령 있게 소화하고 흡수한다는 것 자체가 불가능에 가까웠다.

또한 개도국은 과학기술이 내포한 불확실성을 다루는 것도 크게 미숙했다. 과학기술 여건이 부실하다 보니 국가 및 집단 차원에서 열정을 쏟는다고 해서 그 수준이 기대만큼 높아지지 않았다. 인적, 물적 자원을 많이 투여한다고 그에 비례해서 과학기술이 곧바로 발전하는 것은 아니었다. 동시에 과학기술의 성과가 사회적 효과로 직접 연결되지도 않았다. 과학기술이 기대와는 달리 속 빈 결과만을 빚어내는 경우가 많았다. 수많은 개도국들이 과학기술에서 그다지 성공적이지 못했던 것이 이를 잘 보여준다. 과학기술은 처음 걷는 어두운 험로(險路)처럼 불확실성을 지녀 그 관리를 효과적으로 하려면 자체적으로 축적한 암묵적 노하우(tacit knowhow)가 상당히 필요했다.

그렇더라도 과학기술의 화려한 전망을 외면할 수는 없었다. 많은 개도국들은 과학기술에서 두 가지 선택의 기로에 서게 되었다. 하나는 선진국의 과학기술을 모델로 삼아 그대로 쫓아가며 그 발전 속도에 치중하는 '과학기술 중심의 전략'이었다. 과학자사회가 형성되어 있고 이들의 세력이 강할수록 보편적 과학기술을 추구하려는 경향이 강했다. 다른 하나는 과학기술을 국가가 처한 사회 현실에 밀착시켜 그 발전 방향에 관심을 기울이는 '사회경제 중심의 전략'이었다. 정치권력이 과학기술에 개입하는 강도가 강할수록 국지적(local) 과학기술을 선택하려는 경향을 지녔다.[4]

물론 선진국의 과학기술은 개도국이 중요하게 의지할 원천이었다. 개도국은 스스로의 힘으로 과학기술 지식을 창출할 능력을 전혀 가지고 있지 못했다. 그에 비해 선진국에는 축적해놓은 수준 높은 과학기술의 성과가 있었고 그것들은 인간 사회를 위한 유익한 자산이었다. 더구나 과학기술 지식은 객관적이고 보편적 성격을 지니고 있다고 여겨졌기에 선진국에서 얻어진 성과를 근간으로 삼으려는 태도가 널리 퍼졌다. 그러므로 개도국은 선진국의 과학기술에 의존하는 한편 그것을 변형하면서 과학기술의 발전을 추구하게 되었다.

대부분의 개도국들에서 과학기술은 정체와 퇴보의 늪에서 헤어나지 못했다. 선진국과의 과학기술 격차는 오히려 더 벌어졌고 과학기술에 대한 부푼 기대는 신기루처럼 일시에 무너지기도 했다. 무엇보다 과학기술 발전은 개도국의 열악한 처지로서는 감당하기 벅찬 과제였다. 그럼에도 극히 일부의 개도국 중에는 오랜 침체의 굴레에서 벗어나 과학기술의 놀라운 변화를 불러일으키는 나라들도 있었다.

20세기 후반의 세계 과학기술 역사는 과학기술을 비약적으로 발전시킨 몇몇 개도국들, 그중에서도 한국을 빼놓고 적절히 서술하기란 어렵다. 만약 서구의 국가들로만 쓴다면 그 역사적 서술은 협소하고 편협하다는 평가를 받을 만하다. 이 시기에 일어난 과학기술의 세계적 확장에서 보이는 중요하고도 흥미로운 변화를 놓치기 때문이다. 바로 수많은 개도국들로의 과학기술 확대, 그 가운데서도 일약 선진국 수준으로 올라선 한국을 비롯한 일부 국가들의 놀라운 도약이 그것이다.

세계 차원에서 전개된 과학기술 역사는 과학기술의 지역적 전파와 그 중심지의 변동으로 특징지을 수 있다. 유럽에서 발원한 근대 과학기술은 지리적, 문화적 경계를 넘어 세계 각 지역으로 널리 퍼져나갔다. 그 전파와 순환의 속도가 갈수록 빨라지며 근대 과학기술의 대열에 합류하는 나라들이 늘어났다. 이와 동시에 과학기술의 주도권을 차지하려는 국가들 사이의 경쟁이 치열하게 전개되며 그 중심지가 계속 바뀌는 현상이 일어났다. 그간의 세계 과학기술 역사는 한 나라의 과학기술 독주가 오래 지속되지 못한다는 사실을 보여주고 있다.[5]

현재 미국의 과학기술 주도권은 여전히 확고하나 그 지위가 약화되고 있다는 주장이 여러 곳에서 제기되고 있다. 세계 전체에서 차지하는 미국의 논문 편수, 피인용도, 탁월한 연구 성과, 특허 건수, 첨단기술제품 수출 등의 비율이 전반적으로 꾸준히 하락하고 있기 때문이다.[6] 이렇게 세계 과학기술에서 미국이 차지하는 비중이 떨어짐과 동시에 과학기술의 중심 지대가 북미, 서유럽, 동아시아로 다극화되는 추세를 보여준다. 특히 동아시아의 일본, 한국, 중국의 부상이 아주 눈부시다. 일본과 한국의 산업기술 수준, 중국의 연구 인력과 논문 편수 등은 미국의 지위를 위협할 정도로 급속히 성장하고 있다.[7]

또한 개도국 중에서도 과학기술을 빠르게 발전시키고 있는 나라들이 점차 늘고 있다. 이러한 현상이 특정 지역에 한정되지 않고 전 세계의 대륙으로 확대되어가고 있는 중이다. 예컨대, 동남아시아의 인도, 태국, 말레이시아, 인도네시아, 서남아시아의 터키, 이란, 중남미의 멕시코, 브라질, 아르헨티나, 칠레, 아프리카의 남아프리카공화국 등이 과학기술 신흥국으로 떠오르고 있는 대표 주자들이다.[8]

역사적으로 볼 때 후발국이 과학기술을 선진국 수준으로 발전시킨 사례는 드물지만 꾸준히 이어져왔다. 과학기술 선진국의 앞선 궤적을 많은 나라들이 부지런히 뒤쫓고 있는 형국이다. 20세기를 보더라도 초반의 일본, 소련, 후반의 한국, 대만, 싱가포르, 홍콩 등을 그 사례로 들 수 있다. 이전의 시대와 달라진 점은 그 지역적 경계가 서부 유럽을 넘어 다른 지역으로 확대되었다는 것이다. 이는 흔하지는 않더라도 후발국이 과학기술을 민첩하게 발전시킬 경로가 실제로 존재한다는 점을 보여준다. 선진국과 개도국의 과학기술 격차는 현저히 벌어져 있으나 이 구도를 깨뜨리는 나라들이 놀랍게도 지속적으로 등장하고 있는 것이다. 때로는 전혀 예상치 않은 나라들 중에서 이러한 과학기술 발전에 성공하기도 한다.[9]

더구나 20세기 후반부터는 후발국이 선진국의 과학기술을 추격할 또 다른 기회가 열리고 있다. 세계 차원에서 이루어지는 글로벌화의 급속한 진전으로 과학기술 순환이 역사상 유례없을 정도로 활발히 일어나고 있다. 새로운 정보통신 기술의 발전으로 그 교류의 범위와 속도가 근본적으로 달라지고 있는 것이다. 또한 선진 국가들의 다원화는 지식 정보의 수원지가 다양해지는 이점을 제공해준다. 과학기술의 국제적 이동, 한편으로는 특정 국가의 습득 기회가 이전과는 비교할 수 없을 정도로 높아지고 있다.[10] 이로써 후발국 중에서 중진국, 나아가 선진국 수준으로 과학기술의 사다리를 오르는 나라들이 갈수록 늘어날 전망이다.

한국과 일본의 비교

지금까지 후발국의 처지에서 과학기술 발전에 가장 성공한 나라로는 일본을 꼽는다. 비서구 국가들 중에서 근대 과학기술을 앞서 정착시키고 세계 수준으로 올려놓은 첫 번째 국가이다. 16세기 과학혁명 이래 근대 과학기술은 서구의 국가들이 주도했을 뿐만 아니라 그 지역의 경계 안에서 이루어지는 활동이었다. 이러한 서구 중심적 과학기술 체제를 가장 앞서서 변화시킨 나라가 일본이었고, 그 성공 사례는 선진국은 물론 개도국 사이에서도 뜨거운 주목을 받았다. 이에 비하면 한국의 과학기술 발전은 일본을 뒤쫓은 또 다른 후발주자 내지 아류(subtype)로 여기는 경향이 존재한다. 비서구 국가의 선두주자라 할 일본의 남다른 지위에 가려져 있는 것이다.

한국의 과학기술이 일본의 경험과 성취에 크게 자극받고 도움을 받은 것은 사실이다.[11] 세계에서 후발주자로 과학기술에 가장 성공한 일본이 이웃에 위치한 덕택에 가까이에서 주의 깊게 지켜볼 수 있었다. 만약 일본의 발전모델이 없었다면 한국의 도전은 더 많은 시행착오를 겪었을 가능성이 크다. 일부의 학자들은 식민지 시기에 일본의 지배가 한국의 사회 발전에 중요한 계기가 되었다는 식민지근대화론을 제시하나 그것은 과도한 주장으로 보인다. 식민지 한국이 일부 영역에서 근대적 개선을 이루긴 했으나 사회 전반적으로는 여전히 낙후성을 면치 못했다. 특히 과학기술은 일본의 주도로 그 활동이 이루어지고 한국인들의 참여가 극히 제약된 분야였다.[12] 이보다는 오히려 1960년대 이후 한국이 일본의 발전모델을 주체적으로 수용하고 변형한 점이 과학기술 발전에서 훨씬 더 중요하다.[13] 일본처럼 선진국의 과학기술을 적극 수용하여 산업기술 위주로 추격을 펼쳤던 것이다. 이는 그동안 많은 학자들이 한국과 일본의 과학기술 발전 양상이 유사하다고 여긴 주된 이유다. 마치 서구의 사람들이 동아시아 국가들을 뭉뚱그려 보는 시선과 비슷하다. 그렇지만 한국은 과학기술 발전의 배경, 과정, 경로, 효과 등의 여러 측면에서 일본과 현저한 차이를 지니고 있다.

우선, 한국과 일본 사이에는 과학기술을 본격적으로 발전시킨 시대 상황이 근본적으로 달랐다. 일본에서 그 분기점이라 할 메이지유신이 추진된 19세기 후반은 서구에서 현대적 과학기술이 등장하는 시점이었다. 독일과 뒤이어 미국에서 과학이 대학에 제도적으로 정착하며 연구(research)가 부각되는 한편 과학이 기술과 연관을 맺으며 산업적 가치를 새롭게 획득하고 있었다. 근대 과학에 뒤졌던 일본도 비슷한 시기에 현대 과학기술의 기반이라 할 대학, 연구소, 학술단체 등과 같은 조직적 구조와 이를 이끌 전문 인력 집단을 갖추었던 것이다.[14] 반면에 한국은 일본보다 무려 1백년 가까이 뒤늦은 1950~60년대에 들어서야 현대적 과학기술을 서둘러 모색하기 시작했다. 이미 일본을 포함한 선진국들이 후발국과는 엄청난 과학기술 격차를 벌려놓고 있을 때였다. 선진국들이 과학기술 질주를 벌이고 있는 상황에서 한국이 그 뒤를 따라가야 했으므로 매우 힘들 수밖에 없었다.

다음으로, 한국과 일본은 근대 과학기술의 전통에서 차이가 많이 났다. 일본은 메이지유신 이전에 근대적 요소가 가미된 과학기술 전통이 오랜 기간 이어져오고 있었다. 난학(蘭學)이 들어온 16세기 중반과 뒤이은 도쿠가와 시대(1603~1867)에 이르기까지 약 3백년에 걸쳐 과학기술이 진전되며 메이지유신의 지적, 물적 기반이 되었다. 번역의 유행과 전문 분야의 발전, 기술적 개선 등이 그 중요한 일부다. 메이지유신은 근대적 지식과 기술의 역사적 축적이 있었기에 급격한 과학기술 전환을 이룰 수 있었던 것이다.[15] 이에 반해 한국은 지리적, 문화적 차이로 인해 근대 과학기술의 전통이 상대적으로 희미했다. 1876년 개항을 맞을 무렵에도 근대적 과학기술은 중국에서 전해진 한역서(漢譯書)에 의존해 극히 소수의 사람들 사이에서 논의되고 있을 뿐이었다.[16] 오히려 개항에 따른 국가 위기를 맞아 1880년대부터 근대 과학기술의 필요를 인식하고 그 전통을 새로이 세워나가게 되었다. 어찌 보면 일본에서 근대적 과학기술 전통이 이어진 16세기 중반부터 19세기 중반까지는 한국의 19세기 후반부터 20세기 중반까지와 유사하다고 말할 수 있다. 그만큼 한국은 일본에 비해 근대적 과학기술 전통이 길지 못했고 그것도 혼란스런 정세 속에서 뒤늦게 생겨났던 것이다.

끝으로, 한국과 일본은 과학기술 변화에서 상당히 다른 점을 보였다. 일본은 이미 19세기 후반에, 한국은 그보다 훨씬 늦은 20세기 후반에 현대적 과학기술의 진흥에 본격적으로 나섰다. 이는 한국과 일본이 과학기술을 다르게 발전시키는 배경이 되었다. 근대 이후 일본의 과학기술은 오랜 전통과 함께 선진국에서 획득한 지식 정보에 힘입어 넓은 저변과 더불어 자생성(自生性)을 뚜렷하게 보였다. 일본의 내재적 기술이 서구의 근대 과학과 결합하여 그 기반을 광범위하고 탄탄하게 형성했다.[17] 이로 인해 과학기술의 발전도 장기간에 걸쳐 상대적으로 연속적이고 점진적인 방식을 띠었다. 반면에 한국의 과학기술은 짧은 전통으로 말미암아 선진국에 의존하는 외생성(外生性)을 지녔다.[18] 과학기술의 내재적 기반이 허약하다 보니 뒤늦게 외부에서 유입된 서구의 과학기술에 크게 기대게 되었다. 그 결과 과학기술 추격을 단기간에 이루기 위해서는 더 빨리 속도를 내야 하는 단절적이고 급진적인 방식이 불가피했다.

구분	한국 모델	일본 모델
시대 배경	20세기 후반기	19세기 후반기
추격 시점	늦은 추격(100년)	비슷한 추격(10~20년)
초기 기반	전통과 단절	전통과 연속
중점 분야	산업기술/개발연구	개발연구+기초연구
발전 원천	해외 의존	내적 자립
소요 기간	단기 도약	장기 발전
모델 의미	개도국 최고 성공 사례	비서구 최초 성공 사례

〈표 2〉 한국과 일본의 발전모델

한국과 일본은 과학기술 후발 주자에서 선진 수준으로 올라선 공통점이 있으나 그 발전 방식에서는 상당한 차이점을 보인다. 양자를 단순화시켜 비교하면, 첫째로 과학기술을 추구한 기간에서 단기성 대 장기성으로 구분되고, 둘째로 과학기술의 원천에서 외생성 대 자생성으로 대비된다.

셋째로 과학기술 경로에서 단절성 대 연속성으로 나뉘고, 넷째로 과학기술 범위에서 특정성 대 포괄성으로 나타난다. 결론적으로, 일본은 서구 열강이 확장하던 19세기 제국주의 시대에 내재적 과정을 밟아 순차적 발전을 이룬 '장기 성장 모델'이라면, 한국은 지구촌으로 불린 20세기 글로벌 시대에 외부와의 밀접한 연관 속에 단절적인 발전을 이룬 '단기 도약 모델'이다.[19]

이러한 이유로 현재의 개도국들에게는 일본보다 한국의 사례가 훨씬 더 적합하다고 볼 수 있다. 한국은 수많은 개도국들이 공통적으로 겪고 있는 아주 낙후한 처지에서 과학기술을 도약시킨 경우다. 이 과정에서 한국은 기간의 단축과 재원의 절약 등의 측면에서 효과적인 과학기술 발전을 추구했다. 특히 과학기술 발전이 가져다주는 사회경제적 효과의 직접성에 중점을 두었다. 한국의 개발연구는 일본에 비해 분야 한정, 응용 지향, 타깃 맞춤, 규모 기반, 기간 단축 등의 특성을 지녔던 것이다.[20] 한국은 이후 몇몇 산업 분야에서 일본과 대등하거나 능가하는 수준으로 그 효율성을 높이고 있다. 이는 다시 과학기술을 강력히 발전시키는 학문적, 사회적 동기로 작용하는 선순환 구조를 형성해준다.[21] 한국의 과학기술 발전은 최근의 변모하는 국제 환경에서 이루어졌기에 현실 적합성에서도 확실한 장점을 가지고 있다. 과학기술이 급변하고 그 경쟁이 치열한 조건에서는 과학기술의 단기 도약 방안(leapfrog tactics)이 요구된다. 아울러 한국은 과학기술 발전의 구조와 체계가 비교적 단순해 개도국들이 학습해서 본받기에 수월하다는 이점도 지닌다. 과학기술의 몇몇 측면에 대한 인위적인 노력을 통해 과학기술의 도약 가능성이 열릴 수 있는 것이다. 그러므로 한국 사례는 개도국 과학기술 발전모델의 최신 버전이라고 할 만하다.

한국이 개도국의 과학기술에 미치는 영향은 점차 커지고 있다. 상당수의 개도국들이 과학기술을 추진할 때 한국 사례를 본보기로 삼을 대표 사례로 여기고 있다.[22] 많은 개도국들이 최근에 내걸고 있는 캐치프레이즈는 '한국의 과학기술로부터 배우자'다. 실제로 아시아의 인도, 인도네시아, 말레이시아, 캄보디아, 베트남, 필리핀, 방글라데시, 네팔, 라오스, 스리랑카, 몽골, 파키스탄, 터키, 이란, 우즈베키스탄은 물론 남아메리카의 브라질, 아르헨티나, 칠레, 콜롬비아, 엘살바도르, 에콰도르, 페루, 볼리비아, 파라과이, 그리고 아프리카의 가나, 나이지리아, 에티오피아, 우간다, 르완다, 모잠비크, 카메룬, 콩고, 탄자니아, 튀니지, 수단, 세네갈 등의 국가들이 한국과의 과학기술 교류 협력에 적극적이다.[23] 이렇게 한국은 개도국들이 과학기술에 더 관심을 가지고 그 발전을 추동하게 하는 중요한 진원지가 되고 있다. 많은 개도국들이 한국의 성공에 자극받아 과학기술 도전에 훨씬 더 적극적이고 과감하게 뛰어들고 있는 것이다.

이와 함께 한국은 선진국들의 과학기술에도 역으로 영향을 미치고 있다. 얼마 전까지만 해도 선진국들은 한국의 과학기술을 전혀 안중에 두지 않았다. 경쟁 상대가 되지 않았을뿐더러 그로부터 어떤 유용한 시사점도 얻을 수 없다고 여겼다. 하지만 현재는 한국을 비롯한 아시아 국가들의 놀라운 과학기술 발전에 선진국들도 전향적으로 관심을 갖고 대응하고 있다. 당장 이들의 과학기술이 위협적인 데다가 그를 통해 의미 있는 새로운 정책 방안도 도출할 수 있다고 보기 때문이다. 특히 과학기술의 효율적인 발전과 그 성과의 발 빠른 사회경제 활용 등은 선진국들도 크게 주목하고 있는 부분이다.[24] 갈수록 선진국들은 한국만이 아니라 중국을 포함하는 많은 후발국의 거센 과학기술 추격에 직면할 전망이다. 한국 사례는 선진국들이 과학기술 발전을 새로이 모색할 때 특별한 관심을 끄는 대상이 되고 있다.

선진국들을 필두로 한 세계 차원의 과학기술 경쟁은 더욱 가열되고 있다. 그 일원으로 한국도 어느 사이에 합류 중이다. 정보통신 분야에서 한국의 기업들이 일본의 기업들을 따돌리고 세계적 글로벌 기업들과 선두 경쟁을 치열하게 펼치고 있다. 조선 및 철강 분야에서는 중국이나 인도, 브라질의 기업들이 한국의 기업들을 거세게 추격하고 있다. 특히 중국의 과학기술은 유럽은 물론 미국에도 위협적인 존재로 떠오르고 있다. 이렇게 21세기 세계의 과학기술은 그 추세를 진단하기 힘들 정도로 곳곳에서 격렬한 지각 변동을 일으키고 있다.

다른 유형의 과학기술혁명

근대화에 가장 뒤져 있던 한국이 이룩한 과학기술의 발전은 그야말로 놀랍다. 역사상 한국만큼 단기간에 과학기술을 선진 수준으로 올려놓은 나라는 아직까지 없다.[25] 그 단면을 1950년과 2000년으로 나누어보면 반세기만에 달라진 변화의 정도를 단적으로 엿볼 수 있다. 과학기술 최빈국에서 선진국으로, 기능공 중심의 기술인력체제에서 산학연 개발연구체제로, 농업 및 가내공업에서 첨단산업 위주의 산업구조로, 유학생을 보내는 나라에서 받는 나라로, 원조에 의존하던 처지에서 원조를 제공해주는 나라로 바뀌었다. 짧은 기간에 완전히 변모한 한국의 자화상이다. 세계적으로 유례가 없는 과학기술의 대전환이 어느 누구도 눈길을 주지 않던 한국이라는 변방의 나라에서 일어났던 것이다.

이러한 과학기술의 변화를 사람들은 저마다 기적(miracle), 압축 성장(leapfrogging), 혁신(innovation) 등으로 부른다. 최근 학계에서는 혁신이라는 말을 많이 쓰고 있는데 그중에서도 특히 기술 혁신이 아주 널리 사용되고 있다. 혁신은 새로운 지식과 기구, 방법의 창출 및 그것들의 효과적인 사용을 의미한다.[26] 특히 기술 혁신의 의미는 한국의 과학기술 발전에서 보이는 두드러진 일부 특성을 잘 표현하고 있다. 그렇지만 혁신이라는 용어는 한국 과학기술의 발전 방식, 전개 경로, 파급 효과 등의 전체 발전상을 온전히 이해하는 데는 뚜렷한 한계가 존재한다.

〈보첨 3〉 **'한국 과학기술혁명(scientech revolution in Korea)'**

한국이 과학기술을 비약적으로 발전시켰다고 해도 그것을 혁명으로까지 부르는 것에 대해서는 많은 사람들이 주저한다. 무엇보다 한국은 과학기술의 지적 전환을 주도하지 못했고 새로운 과학기술 영역을 창출하지도 않았다. 게다가 최상위 선진국들과는 과학기술 격차가 여전히 벌어져 있다. 그래서 과학 혹은 기술혁명은 서구에서 일어난 과학기술의 지적 대전환에만 붙이는 아주 특별하고 고유한 것으로 여긴다.

내가 한국의 비약적 과학기술 발전을 혁명이라고 부르려는 것은 크게 두 가지 이유 때문이다. 하나는 수많은 개도국들 중에서 한국의 사례가 가장 '혁명적인 사건'이었다는 점이다. 낙후한 후발자가 아주 짧은 기간 안에 과학기술을 획기적으로 발전시키는 것은 불가능한 일로 여겨왔다. 이 널리 퍼진 오래된 정설을 한국이 여지없이 깨뜨렸다. 다른 하나는 한국이 서구의 과학기술과는 완전히 '다른 발전 유형'을 창출했다는 점이다. 과학기술에서 혁명의 '대상', '방식', '결과' 등이 크게 달랐다. 이처럼 한국 과학기술혁명은 서구와는 다르게 일어난 과학기술의 대변동을 주의 깊게 포착하려는 시도다.

이러한 한국 과학기술혁명을 뒷받침하기 위해 차별적인 연구 접근을 시도하려고 한다. 우리가 아무 거리낌 없이 받아들여오던 낯익은 것들에 강한 의문을 제기하며 그 새로운 대안을 찾고자 한다. 구체적으로 '과학기술' 개념, '과학기술자사회' 특성, '개발연구' 체제, '단속상승형' 발전, '제도-실행 연계', '소폭다량 혁신' 등은 이 책에서 최초로 제시하는 개념, 방법, 이론이다. 이는 생소해 보이나 세계의 대부분을 차지하는 개도국의 과학기술을 이해하는 데 새롭고 적절하면서도 유용할 것이다. 과학기술혁명처럼 그에 대한 논의도 파격적일 필요가 있다.

나는 한국의 놀라운 과학기술 변화를 '과학기술혁명(scientech revolution)'이라는 말로 표현하고자 한다. 한국의 과학기술혁명은 이중적 의미를 지니고 있는데, '한국 과학기술'의 혁명과 한국의 '과학기술혁명'이 그것이다. 혁명은 대개 근본적인 변화, 대전환, 전면 교체 등의 의미를 담고 있다. 과학혁명의 단적인 사례는 16~17세기 유럽에서 일어난 과학의 지식과 방법, 그와 관련한 제도와 사상, 나아가서는 사회적 영향 등에 이르기까지 과학과 사회 전반의 거대한 변화를 일컫는다.[27] 이에 비춰볼 때 한국의 과학기술 변화를 이와 유사한 혁명으로 부르는 것은 지나치다고 말할 수도 있다.

과학기술의 거대한 변화를 대개는 과학혁명 아니면 기술혁명이라는 말로 표현한다. 기본적으로 과학과 기술을 구분하고 그것들의 전환이 다른 배경에 의해서 다른 방식으로 일어난다고 보기 때문이다. 특히 과학혁명은 학문적 지식의 생산에 초점을 맞추는 데 비해 기술혁명은 혁신적 사물의 창출에 중점을 둔다. 실제 역사에서도 과학혁명과 기술혁명은 서로 다른 시기에 다른 형태로 일어난 것을 볼 수 있다. 이러한 점에서 볼 때 과학 기술혁명은 여전히 잘 사용하지 않는 낯선 용어다.

사실, 혁명이란 용어는 세계적으로 다양한 영역에서 사용되어왔다. 주체나 분야 그리고 국가에 따라 서로 다른 의미를 지닌 다양한 변화를 혁명이라는 이름으로 불렀다. 어떤 경우는 세계적 성격을 띠지만 많은 사례는 국지적 성격에 머무름에도 저마다 혁명으로 명명되었다.[28] 특히 정치 분야는 역사에 수많은 혁명이 빼곡히 기록되어 있으며 한국도 예외가 아니다. 그런데 과학과 기술에서는 혁명이라는 말의 사용을 극도로 자제하는 분위기다. 근대 이래로 그 보편성과 국제성을 강조한 나머지 세계적 차원에서 일어난 몇몇 거대한 변화에 한정되어 있다. 과학과 기술의 단일성, 획일성을 지나치게 강조하는 시각이다. 이렇다 보니 과학혁명은 16~17세기 서유럽에서, 기술혁명은 20세기 서구 지역에서 일어난 특정 사건을 지칭하는 고유명사처럼 사용되고 있다.

하지만 과학과 기술도 지식, 방법, 활용, 제도, 문화 등 다양한 측면을 지니고 있다. 그 안에는 성격이 다른 수많은 분야들이 존재하고 있고 그것들이 사회에 미치는 영향도 매우 다르다. 과학과 기술이 사회의 여러 부문들과 연관을 맺는 방식 역시 다양하다. 그것을 발전시키고 사회적으로 활용하는 방향도 단일한 경로만 있는 것이 아니다. 예컨대, 과학과 기술의 발전은 지식 주도로만 이루어지지 않고 사회경제와의 연계가 훨씬 중요할 수도 있다. 그 발전의 계기는 과학자, 기술자만이 아니라 정치가나 기업인, 대중에 의해 주어지기도 한다. 기초연구가 과학과 기술에서 주도적인 역할을 하기도 하나 때로는 응용연구가 남다른 활력을 불어넣는다. 개도국처럼 후발 주자들은 선진국과 달리 선도적 연구개발이 아닌 모방적 연구개발이 과학기술 발전에 효과적이다. 이러한 것들은 지적 발견이나 사물의 발명에 중점을 둔, 그간 명명된 과학혁명 혹은 기술혁명으로 적절히 이해되거나 포괄

될 수 없다. 과학과 기술은 과학 지식의 변화, 산업기술의 혁신, 과학기술 제도의 개선, 개도국의 과학기술 추격 등처럼 그 변화의 양상이 다양하다.

과학기술혁명은 과학혁명 혹은 기술혁명과 구분되는 점들을 지니고 있다. 과학과 기술의 상호 관계와 성격, 과학기술의 압축적 발전 방식, 그것이 사회경제에 미치는 영향 등을 주시할 필요가 있다. 과학기술이 전반적으로 훨씬 늦게 추진되었더라도 산업기술의 경제적 활용에 치중한 개발연구 시스템이 선진국들보다 일찍 정착됨으로써 과학기술과 사회경제의 발전을 동시에 역동적으로 이끌게 되었다.[29] 그 특징은 기술 위주의 지식 소비, 정부 주도에 의한 제도의 선행, 과학기술자사회의 소폭다량 혁신, 사회경제 발전과의 밀착 등을 중요하게 내포하고 있다. 다시 말해, 과학과 기술의 관계와 성격이 근본적으로 바뀌고 소폭다량 혁신을 통해 산업을 비롯한 인간 생활에 커다란 변동을 불러일으킨 것이다. 무엇보다 한국이 서구의 선진국과 가장 크게 다른 하나는 과학기술에서 소비적 활동이 중심을 차지하고 있다는 점이다. 과학기술을 발전시키는 방식도 달라서 과학자사회만이 아니라 정치권력이 전면적으로 가세해 제도를 앞세워 빠른 도약을 이룰 수 있었다. 이렇게 과학기술혁명은 과학기술의 지형 변화부터 사회경제적 변동에 이르기까지 새로운 변화를 포함하고 있다.

그러므로 한국의 과학기술 발전은 어떤 시각으로 바라보느냐에 따라 그 이해가 달라질 수 있다. 선진국의 입장과 학문적 측면에서 보면 한국 사례는 부분적이고 제한적인 변화에 그친다. 특히 과학 지식의 독창성과 기술의 획기성이라는 시선으로 볼 경우 한국의 과학기술은 사소하고 주변적이다. 한국이 서구를 뛰어넘고 대체하고 있는 과학기술을 찾기란 힘들기 때문이다. 오히려 한국의 과학기술은 모방, 추격, 문제풀이 등으로 표현하는 것이 더 적절하다. 이와는 달리, 후발국의 입장과 사회경제적 측면에서 보면 한국 사례는 그야말로 단절적이고 혁명적이다. 그동안의 정설과 상식을 깨뜨리는 과학기술 발전에서의 이상 현상(anomaly)이 불가사의하게 일어나고 있기 때문이다. 이런 점에서 한국 사례는 다른 특성을 지닌 과학기술혁명이라고 부를 수 있을 것이다.

먼저, 일국적 차원에서 보면 한국은 내부적으로 거대한 과학기술 변동을 겪었다. 첫째로, 과학기술 자체가 단기간에 근본적으로 달라지며 새롭게 변신을 했다. 과학기술 지식이 재래적인 것에서 첨단적인 것으로, 그와 관련된 제도는 단편적 형태에서 복합적 시스템으로 바뀌었다. 과학기술 활동은 기초적인 교육 중심에서 첨단 연구 중심으로, 인력은 소규모 학사 주도에서 대규모 박사 주도로 완전히 달라졌다. 과학기술의 성과에서도 수준 낮은 조사나 보고가 주축을 이루다가 국제 수준의 논문과 특허가 대량으로 생산되는 반전이 일어났다. 그 결과 한국은 단숨에 국제 과학기술계의 중요한 일원으로 떠올랐다. 여기서 특기할 점의 하나는 이 과정이 점진적, 연속적이 아닌 급진적, 단절적으로 이루어졌다는 점이다.

둘째로, 과학기술 발전에 힘입어 사회경제도 두드러지게 변모했다. 과학기술이 사회와 긴밀히 연관을 맺으며 그 파급 효과가 전면적으로 나타났던 것이다. 주요 산업 분야가 농업과 광업 및 가내 수공업에서 대규모 공업과 서비스업으로 달라졌다. 특히 과학기술에 기반한 첨단 공업이 산업의 핵심적인 지위를 차지했다. 의료 건강에서는 인간의 신체, 수명, 심지어 외모에 이르기까지 엄청난 변화가 일어났다. 교통수단은 도보나 자전거, 부분적으로 버스나 기차에서 승용차, 고속열차, 비행기 등으로 크게 바뀌었다. 문화 예술에서는 영화, 음악, 공연, 전시 등이 대중적인 것으로, 일상생활도 가상공간이 삶의 중요한 일부를 차지하는 형태로 새로워졌다. 한국 사회가 완전히 다르게 변모를 했으며 그 변동의 범위와 속도가 세계에서 가장 앞설 정도로 가히 혁명적이다. 그 중심에 현대적 과학기술이 위치해 있고, 컴퓨터, 인터넷, 스마트폰, 로봇 등이 그 중요한 일부다.

셋째로, 한국에서 현대 시기는 다른 역사 시대와 뚜렷이 구분될 만큼 역동적이다. 유사 이래로 최고의 과학기술 부흥기를 맞고 있다. 그동안 한국에서 과학기술이 가장 발전한 시대로 흔히 15세기 전반의 세종대를 꼽는다. 당시 세계 중심지의 하나인 중국에 근접하고, 일부 분야는 그를 뛰어넘는 과학기술 수준으로 올라선 덕분이다.[30] 6백 년 전에 일어난 전통 과학기술혁명의 시대라고 부를 만하다. 그런데 현대 시기의 한국은 세종대 못지않거나 능가하는 과학기술 발전을 보여주고 있다. 일부 지역이 아닌 세계 각지에서 펼쳐지는 전면적인 과학기술 경쟁에서 선진 수준으로 올라선 현재가 더 우월한 위치에 있다고 볼 수 있는 것이다. 이를 앞선 시기와 구분하여 현대 과학기술혁명이라 이름 붙일 수 있으나 여기서는 과학기술혁명으로 부르고자 한다. 왜냐하면 한국 역사에서 과학기술이 가장 발전한 시대가 현대 시기이고 선진 과학기술을 근접해서 쫓아간 그 주요 성격과 특성이 다른 시대와도 상당히 유사하다는 판단에서다. 현대의 과학기술을 알면 과거의 과학기술에 대한 이해의 지평도 한층 넓어질 수 있을 것이다.

다음으로, 세계적 차원에서 보면 한국의 사례는 20세기 중반 이후 세계 과학기술의 급격한 변동과 맞물려 있다. 첫째로, 한국은 이 시기 개도국들 중에서 과학기술 발전에서 커다란 성공을 거둔 선도적인 나라다. 이때는 선진국의 과학기술 독주로 그들과 개도국 사이의 격차가 극심하게 벌어지던 시기였다. 그런데 뜻밖에 과학기술이 가장 낙후되어 있던 한국이 단기간에 선진국 수준으로 올라서는, 굳건한 세계 과학기술 지형에 균열을 일으키는 일대 사건이 벌어졌다. 물론 한국과 더불어 동아시아의 용으로 불린 대만, 싱가포르, 홍콩도 과학기술을 도약시킨 나라들이나 출발 단계의 수준, 국가 규모, 주력 산업 분야, 연구개발 역량, 발전의 속도 등에서 커다란 차이가 존재한다.[31] 다시 말해, 개도국들 가운데 과학기술을 비약적으로 발전시킨 대표 사례가 한국이었던 셈이다.

둘째로, 한국의 과학기술은 수많은 개도국들로부터 깊은 관심을 끌고 있다. 사실, 대부분의 개도국들은 1980년대에 들어서야 선진적 과학기술의 추격에 적극 나섰다. 그 이전까지만 해도 선진국의 우수한 과학기술에 대해 자신의 현실과는 괴리가 크다고 여겼다. 일찍이 과학기술 발전에 성공한 일본의 사례가 있지만 그것을 본보기로 삼기에는 격차가 너무 벌어져 있었다. 오히려 일부 개도국들은 과학기술의 낮은 수준, 열악한 연구 여건, 사회경제적 낙후 등과 같은 처지를 고려한 적정기술, 자립 노선을 주목하기도 했다. 그러던 중 사회주의 국가들의 붕괴로 서방 선진국들의 과학기술이 지닌 위력이 새롭게 실감되고, 실제로 개도국에서 한국과 같은 성공 사례가 나타나면서 인식의 변화가 나타났다. 그 방향은 과학기술에서 지식 진보보다 부의 창출, 기초연구보다 산업기술, 학문적 진리보다 실용적 가치를 강조하는 방식으로의 전환이었다.[32] 한국 사례는 많은 개도국들이 과학기술을 새롭게 추진할 유력한 동기 및 근거가 되었다. 개도국들에게 커다란 자신감을 불어넣었을 뿐만 아니라 일부에서는 모델로 삼을 만하다고 여기게 되었던 것이다.

셋째로, 한국을 비롯한 후발국은 세계 과학기술에 거대한 변동을 불러일으키고 있다. 그동안 몇몇 선발국들이 주도하던 세계 과학기술의 안정적인 구도에 역사상 유례없는 균열이 일어나기 시작했다. 설령 이전에 변동이 있었더라도 그것은 선발국들 사이에서 일어난 국지적인 성격을 띠었다. 대부분의 후발국들은 세계 과학기술에 감지되지 않는 미미한 파장만을 주었을 뿐이다. 그런데 20세기 후반기에는 점점 더 많은 개도국들이 과학기술을 빠르게 발전시키며 세계 과학기술의 지형을 흔들고 있다. 과학기술의 중심 지대가 다원화되고 있고, 개도국들 사이의 변동도 커지고 있다. 현재는 후발국의 과학기술이 선발국에게도 영향을 미친다. 미국을 비롯한 주요 선진국들도 산업기술의 개발연구에 중점을 두는 한국의 과학기술 발전모델을 닮아가고 있다.[33] 이는 글로벌화를 더 역동적으로 진전시키는 중요 변인(變因)이다. 한국의 과학기술 성공 사례는 그 주요 배경의 하나이고, 거센 파고가 중국과 그 뒤를 잇고 있는 여러 개도국들에서 세차게 밀려오고 있다.

이와 함께, 과학기술혁명에 따른 문제와 혼란도 매우 크고 근본적이다. 한국의 과학기술은 급격한 변동을 겪으며 특정 방향으로의 발전을 강하게 추구했다. 그 여파로 인해 정치, 경제, 문화를 비롯한 사회 전반의 변화도 갑자기 뒤따랐고 동시에 각 부문들 사이의 편차도 크게 생겨났다. 과학기술 발전으로 뜻밖의 다양한 문제들이 새로이 불거지고 있는 것이다. 예로서, 과학기술 수준이 높아질수록 그 발전 방향에 대한 논란은 더 거세질 전망이다. 과학기술의 급변에 따라 이전의 사회문화가 급속히 바뀌며 그 정체성이 흔들리는 현상이 일어나고 있다. 시대의 급격한 변동을 맞아 새로운 사회질서가 요구되고 있는 것이다. 어찌 보면, 과학기술의 여파로 세계에서 가장 급변하는 나라의 하나가 한국이다. 이처럼 과학기술혁명은 반대급부로 과학기술은 물론 사회 전반의 또 다른 소용돌이를 배태시키는 원천이 되고 있다.

그럼에도 지금까지 세계 과학기술에 대한 논의는 주로 선진국 중심의 시각에 의해 주도되어왔다. 거의 모든 과학기술을 선도하고 그것을 세계적으로 파급시킨 주도 국가들도 이들이다. 이 과정에서 개도국들은 극히 주변적 존재로서 별다른 주목을 받지 못했다. 설령 개도국들이 탐구의 대상이 되더라도 일방향적 수혜자로서의 입장이 강조되거나 그들이 관련된 일부 지엽적 주제에 한정되었다. 오래된 이러한 관성은 지금도 여전히 그대로 이어지고 있다. 하지만 앞으로 과학기술의 세계적 변동을 적절히 이해하려면 한국을 비롯한 후발국들의 부상을 시야에 담을 필요가 있다. 이들이 세계 과학기술에 미치는 영향은 갈수록 직접적이고 강력할 것이다. 이런 이유로 세계 과학기술의 변화를 후발주자의 시각에 의해 새롭게 바라보는 것도 필수적이다.[34]

이때 한국의 과학기술혁명은 상당히 가치 있는 시사점을 제공해줄 수 있다. 한국의 사례는 개도국들의 과학기술 발전 가능성뿐만 아니라 대안적 발전모델의 예시로 여길 수 있다. 그 기반이나 수준이 열악한 개도국들이 단기간에 과학기술을 발전시킬 좋은 사례가 될 수 있는 것이다. 또한 한국의 과학기술혁명은 후발국의 과학기술 발전이 선진국에 영향을 미치는 새로운 모습을 보여주는 선례이기도 하다. 개도국들의 과학기술 발전으로 인해 초래될 세계의 과학기술이 변동하는 방향을 앞서서 보여주고 있다. 장차 선진국들이 이러한 파장에 더 민감하게 반응할 것이기에 세계 차원에서는 다양화된 과학기술이 더 밀접히 상호작용하는 방식으로 전개될 것이다. 아울러 과학기술의 급격한 발전에 따른 반대급부로 등장한 새로운 사회문제에 어떻게 대처할지 그에 대한 혜안도 타산지석(他山之石)으로 얻을 수 있다.

이렇게 한국에서 일어난 과학기술혁명은 한 나라의 국지적 현상임과 동시에 수많은 다른 나라들에도 영향을 미치는 세계적 현상이 되고 있다. 개도국들 사이에서 과학기술에 대한 새로운 움직임이 일어나고 있고 그것은 선진국들에도 적지 않은 반향을 불러일으키고 있다. 개도국들로 급속히 퍼져나간 과학기술 파장이 마침내 선진국으로도 거꾸로 밀려드는 조용한 역습(逆襲)이 벌어지고 있는 것이다. 대안적 과학기술 발전모델의 등장, 일부 개도국들의 비약적 과학기술 발전, 새로운 과학기술 중심 지대의 부상, 세계 과학기술 지형의 변동, 새로운 사회문제들의 등장 등이 그 중요 일부이다. 과학기술혁명이 세계 무대로 확장되며 새롭게 전개되는 징후들이 곳곳에서 나타나고 있는 것이다.

4장

과학기술 지형의 기초

만약 과학 교과서처럼 과학기술이 단순 명료하다면 세계 어디에서나 그 모습은 유사하게 자리를 잡았을 것이다. 근대 과학에 서구의 경제적, 군사적, 문화적 권위가 덧씌워졌으니 과학적 보편성에 대한 믿음은 아주 강렬했다. 그렇지만 세계 도처에서 실제로 전개된 과학기술에는 수많은 변형과 굴절이 뒤따랐다. 근대 과학에 사회가 반응을 해야 했듯 과학도 사회에 적극 적응을 해야만 했다. 이 과정에서 외부로부터 유입된 과학기술에 나라마다 다른 사회적 지향과 인간의 가치가 다양하게 스며들었다. 세계 곳곳에서 과학과 사회가 함께 만들어내는 파노라마가 다채롭게 펼쳐졌다. 그중에서도 한국은 색다른 풍경이 연출된 대표적인 나라였다.

과학의 사회 연계적 이해

서구의 근대 과학은 한국에 이질적인 존재였다. 오랜 역사를 지닌 전통 과학과 근본적으로 달랐을 뿐만 아니라 독특한 사회문화와도 관련을 갖지 못했다. 심지어 근대 과학은 그 전파를 우려한 기독교 사상과 혼재되어 있었고 일본을 비롯한 열강들의 침탈 도구로 여겨지기도 했다.[1] 국가 차원이나 개인 차원에서 근대 과학을 수용하려는 노력이 있었으나 초기일수록 그 성과가 극히 미약했다.

개도국에서 근대 과학은 자연발생적으로 진전되지 않는다. 외래의 과학이 새로운 사회에서 자리를 잡으려면 그 근거지를 적절히 확보해야 한다. 서구의 나라들은 긴 역사 과정에서 과학이 그 자체로도 번창할 기반을 갖추었지만 개도국은 전혀 그렇지 않았다. 비서구의 사회에서 근대 과학은 그 동기와 가치가 새로이 발견되어야 했고 과학 자체도 크고 작은 변화가 필요했다. 역설적이게도, 근대 과학의 보편화보다 국지화(localization)가 개도국에서 새로운 근거지를 확보하고 생명력을 얻는 지름길이었던 셈이다.[2]

사실, 한국에서 근대 과학의 보편화와 국지화는 미묘한 관계를 형성하고 있다. 한국 과학의 원천은 과거는 물론 현재도 선진국이다. 미국을 비롯한 과학 선진국이 주요 과학 지식의 수원지이자 궁극적인 목적지다. 한국은 아직도 새로운 패러다임의 과학 지식을 독자적으로 창출하지 못하는 처지에 있다. 그렇지만 과학 발전의 방식과 경로는 앞선 나라들과 다른 독특성을 지니고 있다. 오히려 근대 과학이 새로운 모습으로 자리 잡고 특유한 방향으로 추구됨으로써 그 발전의 기회가 열리게 된 것이다. 이처럼 한국 과학에는 세계 차원의 보편화와 국가 차원의 국지화가 복잡하게 얽혀 있다.

그런데 대부분의 사람들은 과학을 그 자체로만 보려는 경향이 강하다. 독립적인 과학자사회의 구축과 그 속에서 이루어지는 과학 지식의 축적적 발전에 중점을 둔다. 서구에서 근대 과학이 고유한 연구 방법과 제도화를 기반으로 내적 전통을 형성하며 발전해오고 있기 때문이다. 이로 인해 과학 발전은 내적 연속성에 따라 비교적 일관된 흐름으로 설명된다. 즉, 과학이 사회와 분리된 채 독자적 세계를 구축하고 있는 것이다. 이러한 점은 개도국의 과학을 바라보는 시선에도 강한 영향을 미치고 있다. 과학이 마치 시대와 지역을 초월한 보편적 존재로 간주된다.

이상(理想)으로서의 서구 과학에 대한 이미지는 근대 과학이 확산되는 과정에서 생긴 부산물이다. 다른 국가로 서구 과학이 유입되는 것은 문명과 야만, 근대와 전통, 발전과 저발전 등과 같은 이분법적 대비 속에서 그 가치를 정당화하는 과정이었다. 근대 과학을 동반한 서구 세력은 다른 문명권의 국가들에게 자신의 경제적, 군사적, 문화적 위력을 근대 과학과 등치(等値)시키곤 했다. 근대 과학은 서구와 비서구를 구분 짓는 핵심 기준으로서 개도국의 발전은 근대 과학을 통하지 않으면 안 된다는 인식을 심어 주었다.[3]

이러한 점은 한국인들이 공유하는 '표준적 과학관'에 그대로 반영되어 있다. 어릴 적부터 과학 지식, 즉 과학의 원리와 법칙에 초점을 맞춘 학교 교육을 받음으로써 과학은 객관적이고 보편적 지식이라는 인식이 강하다. 학생들이 배우는 과학 교과서는 서구의 과학과 과학자로만 채워져 있기에 과학의 전형은 서양이고 그것을 본받아야 한다는 관념을 가지게 한다. 보편적 지식으로서의 과학과 그 본보기로서의 과학 선진국은 그간 한국 사회에 뿌리 깊게 퍼져 있는 주류적 과학 이해 방식이다. 이러한 과학관은 과학 지식을 넘어 과학 활동과 정책 등에도 그대로 투영되어 과학을 바라보는 강력한 표준을 형성하고 있다.

어떤 면에서 볼 때 이 입장은 그리 틀리지 않다. 서구의 과학은 한국이 좇아야 할 전형이고 최대한 닮고자 한 모체다. 한국은 실제로도 선진국의 과학에 의지하여 그것을 본보기로 삼아 과학을 발전시켜오고 있다. 해외에서 유학하고 돌아온 과학자들이 주류를 형성하고 첨단 과학 분야에서 선진국들과 경쟁하고 있으며 연구 성과는 세계적 수준에서 차지하는 위치로 평가받는다. 한국의 과학을 둘러싼 논의에서 정책가 및 정책연구자들이 가장 즐겨 쓰는 용어의 하나가 추격(catch-up)이다.[4] 선진국의 과학을 준거로 삼아 속도를 높여 얼마나 그에 근접해가는가를 중요하게 살피고 있다.

하지만 개도국에서 펼쳐진 실제 과학은 서구처럼 과학자사회의 내부 활동으로는 설명되지 않는다. 과학이 독자적인 지적 전통을 형성하지 못해 내적 연속성으로는 그 발전 과정을 파악하기가 매우 힘들다. 개도국에서는 근대 과학의 전통이 약하고 과학이 발전을 해도 그 원천은 계속 선진국에서 비롯되기에 과학의 지적 단절성이 두드러지게 나타난다.[5] 그러므로 개도국의 경우는 과학 발전의 핵심 동력(動力)을 다른 곳에서 찾지 않으면 안 된다. 과학 내부가 아닌 과학 외부, 즉 과학이 맺는 '사회와의 연관'이 그것이다.

과학을 바라보는 시각은 다양하다. 그 가운데 대중들에게 가장 널리 퍼져 있는 입장은 아래 〈표 3〉의 유형 I이다. 과학은 평면 위에서 오로지 수준의 문제로만 인식하고 모든 면에서 서구의 과학을 철저히 본받으려는 경향을 지닌다. 이것을 약간 변형한 유형 II는 수준이 중요하되 그 경로가 다양할 수 있다는 점을 인정한다. 후발국이 자신에게 적합한 방식을 택해야 발전의 동력을 얻을 수 있다는 태도를 지닌다. 이들과는 달리, 유형 III은 과학이 삼차원의 복합적 체계로 이루어져 있다는 사실을 중요하게 강조한다. 유형 III이 과학 내부로 시선을 집중하는 데 비해 유형 IV는 그 외부와의 관계까지도 총체적으로 보려고 한다는 점에서 차이가 난다.

구분	전체상	발전 경로	비유
유형 I	평면 구조	단일 경로	육상 트랙
유형 II	평면 구조	복합 경로	등정 노선
유형 III	입체 구조	내부 축조	건축 공정
유형 IV	입체 구조	총체 구성	지형 형성

〈표 3〉 과학을 바라보는 주요 시각

서구의 국가들이 학문적 전통으로 과학의 터전을 마련한 데 비해 개도국은 다른 방식으로 확보했다. 과학은 이질적 실체로서 그 자체만으로는 사회적 배제나 고립의 대상이 되기 쉬웠다. 변화된 거주 환경에서 과학이 자리를 잡으려면 사회와의 관계 속에서 자신의 존재 가치를 획득하는 것이 급선무였다. 과학 발전에는 다양한 계기가 있으나 그 활력은 과학이 사회적 동기, 목표, 가치 등과 밀접한 연관을 맺을 때 크게 생겨났다. 그럴지라도 과학의 초기 발전은 불가피하게 국소적, 일시적, 단편적 양상을 자주 보였다. 과학이 자신의 니치(niche)를 제대로 확보하지 못해 주변 환경의 변화에 민감하게 반응해야 했기 때문이다.

한국에서 근대 과학은 오랫동안 사회에 적절히 자리를 잡지 못했다. 처음 소개된 17세기 조선시대 이래로 실학사상의 일부로, 뒤이어 문명개화의 일부로 그 터전을 확보하고자 했으나 불안한 더부살이를 면하기가 어려웠다. 서구 과학은 다분히 개인적이고 일시적인 관심에 머물렀다. 그에 대한 관심이 생기더라도 얼마 못 가 급격히 사라지곤 했다. 또는 과학에 대한 동경이 다른 곳으로 이동을 해 과학은 좀처럼 연속성과 누적성을 가지지 못했다.[6]

근대 과학의 빠른 정착은 국가 차원의 노력을 통해서야 수월하게 이루어질 수 있다. 개항이후 특히 19세기 후반은 과학이 외세로부터 국가를 지킬 부국강병(富國强兵)의 중요한 일부로 여겨지며 정치권력으로부터 호응을 얻은 때였다. 근대 과학이 국가적 목표와 연계를 맺으며 특정 제도의 설치와 전문 인력의 배출 등으로 이어졌다. 대중을 대상으로 하는 과학 계몽도 이 시기부터 적극 펼쳐졌다. 역사상 처음으로 정부의 주도로 근대 과학이 제도에 기반해서 추진되었다. 그럼에도 과학의 안정성과 지속성은 아직까지 담보되지 못했다.[7]

국가 차원에서 과학이 우선순위로 고려된 것은 1945년 해방 이후부터였다. 과학 시스템의 중요 요소가 갖추어지고 무엇보다 과학이 국가적 필요와 긴밀히 연결되기 시작했다. 주요 정권이 국정 목표로 내세운 인력 양성, 근대적 개조, 경제개발, 첨단산업 등과 같은 국가적 어젠다의 수행에 과학이 불가결한 요소로 인식되었다. 과학 발전에 긴요한 다양한 제도적 기반이 갖추어지고 아울러 재정적 지원도 갈수록 늘어났다. 이로써 과학이 스스로 살아갈 생명력을 부여받으며 그 근거지가 대학, 정부기관, 기업 등에서 마련되었다.[8]

과학은 지극히 인간적이고 사회적인 활동이다. 과학은 자연 세계를 묘사하는 것임과 동시에 인간 사회와 긴밀히 얽혀 있는 자연-인간 복합체인 것이다. 한국과 같은 개도국에서 근대 과학은 그 자체로서보다는 사회의 중요한 요소와의 관계 속에서 그 존재 가치를 찾는 경향이 강하다. 개도국에서 근대 과학은 마치 사회라는 숙주에 의지해서 자신의 근거지를 마련하는 기생체와 흡사하다. 이로 인해 한국에서는 과학 내부의 지적 전통보다 과학과 사회의 연계적 이해를 통해 그 실체를 잘 드러내게 된다. 이때 과학이 사회와 관련을 맺는 방식은 다양한데 그중에서도 기술과의 연관은 특별히 중요하다.

과학기술 용어와 실용 지향

한국에서 과학의 사회적 지형이 서구와 다른 점은 용어 사용에서 두드러진다. 과학(science)이라는 말은 19세기 중반 서구에서 등장한 후에 과학 지식의 세계적 확산과 더불어 곳곳으로 전파되었다. 이후 2백 년 가까이 시간이 흘렀지만 서구에서는 과학이라는 용어가 여전히 그대로 사용되고 있다. 과학이 기술(technology)과 뚜렷이 구별되고 있는 점도 예전과 동일하다. 이에 반해 한국에서는 독특하게도 '과학기술'이라는 말이 훨씬 널리 사용되고 있다.

오래전부터 한국에서도 과학과 유사한 용어가 사용되어왔던 것은 사실이다. 전통적으로 자연의 이치나 까닭을 궁리한다는 뜻을 지닌 격치(格致), 리(理) 등이 널리 쓰였다. 개항 이후부터는 중국이나 일본에서 사용하고 있던 과학 전반을 지칭하는 서학(西學), 학문(學文), 이학(理學) 등과 더불어 특정 분야를 일컫는 화학, 박물학, 생리학, 전기학, 지리학 등이 사용되었다. 기술도 비슷한 의미를 지닌 용어가 오래전부터 사용되어왔는데, 기예(技藝), 기기(機器), 기계 등이 그 예들이다.[9]

과학이란 말이 한국으로 들어와 사용되기 시작한 것은 20세기 직후부터였다. 1870년대 일본에서 변역된 이 단어는 전통적으로 존재해오던 관리 등용의 시험제도인 과거지학(科擧之學)의 약어 '과학'을 채택해, '분과의 학문'이라는 뜻으로 사용한 것에서 비롯되었다. 이후 일본에서는 학문, 실학, 이학, 과학 등 다양한 번역어가 혼란스럽게 사용되다가 20세기 접어들 무렵부터 과학으로 통일되었다. 이 시기에 일본으로 유학을 간 한국 학생들이 공부를 하고 돌아와 계몽 잡지에 글을 쓰면서 한국에서도 과학이라는 용어가 소개되기 시작했다.[10]

하지만 과학은 한국에서 번역한 말이 아니므로 사용하는 사람에 따라 그 범위와 의미가 적지 않게 달랐다. 고등교육기관에서 과학을 전공한 사람도 1920년대부터 서서히 등장하기 시작했다. 한국에서 과학에 대한 사회적 요구가 시대별로 달라지며 과학의 의미 변화에 영향을 미쳤다. 게다가 독특한 한국어 표기법으로 인해 과학을 표현하는 방식이 달라지기도 했다. 이에 따라 과학이라는 용어에 대한 맥락적 이해가 뒤따랐다.

1897년 대한제국이 선포되며 국가 차원에서 과학과 기술 진흥을 위한 노력이 일어났다. 이때 정부는 극히 단기적 실용성에 중점을 두고 실업, 그중에서도 공업의 일환으로 과학과 기술을 여겼다. 예컨대, 과학과 기술을 가르치는 대표적인 교육기관의 명칭이 관립상공학교였다. 이곳 출신들이 만든 단체의 이름이 공업연구회였고 이들이 발간한 잡지도 『공업계』였다.[11] 이렇게 이 시기에는 공업이 과학과 기술을 포괄하는 의미로 사용되는 경우가 많았다.

일본의 식민지가 된 한국에서 조선총독부는 철저히 기술 위주의 정책을 폈다. 일제의 식민지 지배는 산업적 개발을 부분적으로 동반했기에 기술을 그 주요 수단으로 동원하려고 했다. 교육기관은 기술계 학교 위주로 설립되었고 시험연구기관도 공업과 광업을 중심으로 설치되었다. 즉, 기술을 내세워 식민지 경영을 효과적으로 도모하고자 했던 것이다. 이에 대한 대응 논리로 한국인들은 과학을 강조하는 경향을 보였다. 김용관을 비롯한 경성고등공업학교 출신의 한국인들은 과학지식보급회를 만들었다. 이들은 과학에 기반해 나라를 세우자는 의미에서 『과학조선』이라는 대중잡지를 발간했다. 매년 개최한 행사도 과학데이로 불렀다. 말하자면, 기술이 일제의 식민지 지배와의 연관을 내포하고 있다면 과학은 한국인들이 품은 근대적 기대를 상징했다.[12]

과학기술이라는 말이 처음 사용된 것도 이 무렵부터였다. 일본에서는 이전부터 과학기술이 사회에서는 물론 과학자사회에서도 종종 사용되고 있었다. 초기에는 과학과 기술을 손쉽게 부르기 위한 편의적인 이유에서였다. 한국에서도 1930년대부터 신문에 과학기술이라는 말이 등장했다.[13] 그런데 당시에는 과학기술이 드물게 쓰였고, 아울러 그 의미는 다분히 '과학과 기술'을 축약한 것을 뜻했다. 말하자면, 과학과 기술을 편의상 줄여서 표현한 것이었다. 과학과 기술은 여전히 분리된 채 각기 다른 특성을 지닌 존재로 여겨지고 있었다.

해방 후에도 식민지 시기 한국인들이 이끈 과학 위주의 담론이 우세했다. 과학을 홀대한 식민지 잔재의 청산과 선진의 이미지를 지닌 과학에 기반한 국가의 건설이라는 시대적 요망에 따르기 위해서였다. 1948년 이승만 정부에서 처음 설치한 관련 행정기구의 이름이 과학교육국이었다. 최초로 세워진 종합연구소의 명칭도 국방부과학연구소였다. 전쟁 때는 전시과학연구소가 세워지고 『전시과학』이라는 잡지를 발행했다. 이와 관련한 국가정책도 기초과학을 전공한 과학자들이 주도했다. 당시 발간된 잡지들도 시대의 유행을 따라 과학이라는 이름을 붙였다. 『대중과학』, 『현대과학』, 『과학시대』, 『과학나라』, 『어린이과학』 등이 그 예들이다. 정부가 주도한 전람회도 우리과학전람회로 불리다가 몇 년 후에는 과학전람회로 자리 잡았다.

과학을 전공한 사람들이 몰린 곳은 대학이었다. 학문적 명예와 가치를 존중하는 오랜 전통에 따라 과학자들은 자신들을 사회적 존중을 받는 학자로 위치시키고자 했다. 미국의 영향을 받아 대학에 설치된 문리과대학[14]은 과학자들에게 안성맞춤의 근거지였다. 그 장소가 학문의 전당인 대학에 위치할 뿐만 아니라 전통적으로 중시된 문과의 학문 분야와 어깨를 나란히 하기 때문이었다. 이러한 이유로 과학은 기술보다 인문학, 사회과학과 한층 가까운 사이가 되었다. 기술과 같은 세속적 실행이 아니라 상아탑적 학문으로 그 위상을 정립하고자 했던 것이다. 기술은 다분히 지식수준이 낮거나 현장의 생산기술을 지칭하는 의미로 제한되게 쓰이는 경향이 짙었다.

물론 과학과 기술을 포괄하는 의미의 과학기술이라는 말은 이때도 종종 사용되었다. 화학자 이태규는 국가적으로 과학과 기술을 전담할 행정기구이자 종합연구소를 아우를 과학기술부의 설치를 제시했고,[15] 또 다른 과학자들은 과학기술계의 인사를 망라하는 진보적 단체로 조선과학기술연맹을 만들었다. 어찌 보면, 과학기술은 허약한 과학을 그간 분리되어 있던 기술과 합세하여 그 규모와 세력을 키우려는 전략적 제휴의 성격이 강했다. 과학과 기술은 기본적으로 독립된 실체를 뜻하는 것으로 사용된 경우가 많았지만 때로는 국가 차원의 전담 부서에, 혹은 종합 단체에 과학기술이라는 명칭을 붙이기도 했다.

시간이 지날수록 과학과는 별개로 기술이라는 용어의 사용도 늘어났다. 산업의 발전과 관련해서 기술에 대한 사회적 관심과 수요가 꾸준히 높아진 결과였다. 특히 1950년대부터는 해외의 원조가 기술 형태로도 들어왔다. 이에 힘입어 현대식 공장의 건설, 인력의 해외 연수, 해외 전문가의 초빙 등과 같은 기술적 사업이 활기를 띠었다. 과학교육국의 명칭이 기술교육국으로 바뀌고 실업기술교육 5개년계획이 수립되었다. 정부는 산업기술전람회를 새로이 열었다. 기술자들이 주축이 되어 대한기술총협회라는 연합 단체를 만들고 전국기술자대회를 매년 개최하기도 했다.[16]

1961년에 박정희 정부가 등장하며 과학과 기술의 지형이 크게 바뀌었다. 이들은 이전 정권이 강조한 과학을 뒤로 밀쳐내고 경제개발과 연관된 기술 위주의 정책을 펼쳤다. 국방부과학연구소는 하루아침에 폐지되고 문교부의 과학과 기술 담당 부서도 국에서 과로 대폭 축소되었다. 정부의 담당 기구는 과학을 배제한 기술관리국이라는 이름이 붙었고 종합계획도 제1차 기술진흥5개년계획으로 불렸다. 과학은 쓸모없는 지적 유희(遊戱)로 여겨진 탓에 국가 차원에서 그 사용을 극히 꺼리는 분위기가 형성되었다. 반면에 기술은 사회적 현안의 해결에 필요하고 유용한 생산적 도구로 여겨져 깊은 주목을 받았다. 이러한 분위기에 편승해 과학자보다 공학자와 기술자가 국가정책의 실질적인 파트너로 떠올랐음은 물론이다.[17]

드디어 과학기술이 주류적인 용어로 뚜렷이 자리 잡게 된 것은 1960년대 후반부터였다. 그 결정적인 계기는 정부 부처로 과학기술처가 등장하면서였다. 이 부처는 국가 차원에서 과학과 기술을 전담할 뿐만 아니라 그것을 국가적 어젠다에 직결시키는 임무를 수행했다. 과학기술이라는 용어는 정부 주도로 과학과 기술을 구별하지 않고 경제성장과 조국 근대화와 같은 국가적 목표에 본격적으로 복속시키는 의미를 지녔다. 과학기술은 국가의 기술 위주 정책으로 말미암아 그 핵심은 산업 발전과 연관된 기술에 두어져 있었다. 과학은 오랜 기간 낮은 위치에 머물러 있던 기술의 사회적 위상을 높이고 그 발전을 뒷받침하는 수사적(修辭的)이고 보조적인 역할을 부여받았다.[18]

과학이 기술과 관계를 맺는 구체적인 방식은 몇 가지로 구분된다.[19] 첫째는 기술의 사회적 지위를 높인 의식 및 이미지 측면이다. 과학은 기술이 중요하고 가치 있는 학문 분야라는 점을 효과적으로 인식시켰다. 이른바 '기술의 과학화'다. 둘째는 연구개발에 종사할 우수한 인력을 제공하는 측면이다. 과학 교육을 통해 수준 높은 과학 지식을 갖춘 고등 인력을 양성했던 것이다. '과학적 인력의 공급'이다. 셋째는 새로운 기술 및 산업의 진입에 요구되는 최신의 기초적 지식 정보를 생산하는 측면이다. 사회 발전의 수준이 높아질수록 최신의 선진 동향과 기초연구의 성과가 지니는 중요성이 커졌다. 바로 '기술 능력의 고도화'다.

이때부터 과학과 기술은 하나의 범주로 여겨졌다. 과학이 진리 추구라는 학문 그 자체로는 사회적 힘을 얻기 힘듦에 따라 기술과의 연관 내지 기술적 가치를 강하게 내세우게 되었다. 이 시기에 세워진 한국과학기술단체총연합회는 과학자들만이 아니라 기술자들도 대거 규합하고 자신의 사회적 위상과 역할을 높이기 위해 기술 활동에 관여하는 것도 주저하지 않았다.[20] 문리과대학에 있던 과학이 인문학 및 사회과학과 결별을 하고 이과대학이나 이공대학으로 개편되기 시작했다.[21] 대학에서 과학기술, 특히 공학의 비중이 다른 선진국들에 비해 월등히 높아졌다.[22] 과학계 리더들은 과학과 기술을 구분하지 않고 과학기술이라는 말을 즐겨 사용했다. 때로는 과학을 기술이 포함된 혹은 기술과 연관된 과학기술을 줄여서 표현하는 말로도 썼다. 오히려 이전의 과학이라는 용어는 자신의 성격을 명확히 하기 위해 순수과학이나 기초과학으로 특정해서 부르는 경우가 많아졌다.

이처럼 과학과 기술은 한국에서 과학기술이라는 형태로 새롭게 자리를 잡았다. 과학기술은 과학과 기술을 포괄하는 의미를 기본적으로 포함하되 사회에서의 그 지형이 크게 달라진 것이었다. 과학과 기술이 학문적으로는 고유의 성격과 특성이 여전히 다를지라도 사회와의 관계에서 보면 그 공통적 지반이 확대되며 서로의 지향점이 닮아갔다. 이로써 서구와는 다른 '한국적 과학기술(scientech)'이 정착을 하게 되었다.

기초연구의 대외 의존

과학은 인간 사회의 오랜 역사적 산물이다. 이 속에서 과학은 끊임없는 진화를 거듭해왔다. 그 전개의 단면은 독자적인 영역을 구축하려는 전문화와 독립화를 추구해온 한편, 사회와의 연계를 유기적으로 맺기 위해 유용성과 실용성을 찾는 것이었다. 과학 내적으로는 자신의 독자적인 세계를 세우고 과학 외적으로는 그 존재 가치를 입증해야 했다. 즉, 과학은 서로 다른 배경에서 그 전개가 이루어졌다.

과학의 전문 직업화와 그 사회적 유용성의 추구 사이에는 팽팽한 긴장 관계가 존재한다. 과학자들은 과학 활동에 몰두하여 전문적 업적을 내고 싶은 데 비해 위정자(爲政者)와 대중들은 그것에서 유용한 사회적 가치를 얻고자 한다. 과학자들이 상아탑주의적 속성을 지니고 있다면 외부인들은 실용주의적 접근을 취하는 경향을 지닌다. 과학을 바라보는 서로 엇갈린 두 개의 시선이다. 상아탑주의 대 실용주의의 이러한 논란은 과학이 지닌 피할 수 없는 숙명 같은 딜레마다.[23]

과학의 상아탑주의는 서구에서 오랜 전통을 지니고 있다. 근대 과학의 지적 전통이 아주 길고 과학자사회가 확고히 형성되어 있는 덕분이다. 특히 대학은 과학을 위한 과학을 열성적으로 좇는 아성이라 할 만하다. 이에 반해 개도국에서는 과학에 대한 실용주의적 접근이 상대적으로 강한 편이다. 과학의 상아탑주의를 방어할 과학자 세력이 미약한 상태에서 과학에 대한 국가주의적 시선이 강한 까닭이다. 이로 인해 개도국들은 과학의 사회적 가치에 민감한 반응을 보이는 경우가 많다.

2차 세계대전이 끝날 무렵에 미국의 바네바 부시(Vannevar Bush)는 과학의 사회적 위상을 부각시켜 국가로부터 많은 지원을 안정적으로 얻어내고자 했다. 그가 대통령에게 제출한 보고서에서 내세운 전략은 기초연구→응용연구→산업으로 이어지는 선형모델(linear model)이었다. 즉, 새로운 과학지식을 창출하는 기초연구(basic research)를 미국이 주력해야 할 국가적 부의 가장 중요한 원천이자 핵심으로 위치시켰던 것이다. 이에 과학자들에 의해 관리되는 새로운 지원 기구를 정부가 만들어 기초연구를 국가 차원에서 진흥해야 한다는 주장으로 이어졌다.[24]

실제로 미국을 비롯한 서구의 선진국은 과학과 공학을 포함한 기초연구를 통해 상당한 성과를 거두기도 했다. 학문적 측면은 물론 산업의 발전에도 지대한 기여를 한 과학연구 사례가 많다. 서구의 선진국이 기존 산업을 주도해나갈 뿐 아니라 새로운 산업을 앞서서 창출하고 있었기에 기초연구는 크게 도움이 되었다. 아울러 선진국에서는 산업이 빠르게 성장을 하고 있기에, 그것이 역점을 기울인 기초연구의 결과라는 착시현상도 다분히 있었다. 사실은 산업 발전에 기초연구보다 응용연구나 개발연구가 더 유익했다고 할지라도 당시는 이 점을 눈여겨보지 않을 때였다.

과학 강대국으로 떠오른 미국의 주도로 펼쳐진 이러한 기초연구 중심의 과학기술 발전전략은 개도국에도 깊은 영향을 미쳤다. 특히 이와 이해관계가 맞닿아 있는 대학의 과학자들은 사회 발전에서 기초과학이 행하는 역할을 크게 강조했다. 초기에는 정부도 그들의 주장을 따르는 경향이 있었고 과학자사회가 독자적인 세력을 갖춘 경우에는 그 위력이 더 강해졌다. 개도국에서도 과학기술은 물론 사회경제 발전을 위해 그 원천으로 여긴 기초연구를 중시하는 정책을 펼치곤 했던 것이다.[25]

한국도 비슷하게 1950년대에는 기초과학에 중점을 둔 과학기술 발전을 추구했다. 많은 사람들이 국내외에서 기초과학을 전공으로 선택했다. 그중에서는 선진국과 마찬가지로 입자물리학, 물리화학, 생화학, 유전학 등과 같은 과학 분야가 인기를 끌었다. 대학에는 기초과학을 다루는 학과들이 대거 설치되고 국방부과학연구소나 원자력연구소에서도 기초연구를 중요한 일부로 다루었다. 정부의 과학기술 정책을 이끈 주도적 인물들은 대학에 재직하고 있던 기초연구 종사자들이었다.[26]

그런데 개도국에서는 기초연구에 역점을 둔 과학기술 발전이 금방 한계에 부딪혔다. 더 정확하게는 다른 방향으로 과학기술을 발전시키려고 했더라도 그 사회적 효과는 기대하기 어려웠을 것이다. 왜냐하면 과학을 통해 당장의 유용한 성과를 거두기에는 여러 여건이 매우 부실했다. 예를 들어, 연구인력의 풀, 연구 인프라, 연구지원 시스템, 개발연구 경험, 양산능력 등 어느 하나 갖추어져 있지 않았다. 기업의 입장에서는 기술 도입이나 플랜트 수입과 같은 방식이 짧은 기간에 더 효과적이었다.[27]

일본은 서구와는 다른 방식으로 과학기술 발전을 추구해 1960년대부터 성공적인 결과를 거두고 있었다. 기초연구가 상대적으로 뒤떨어져 있었음에도 기술개발과 경제발전에서 놀라운 도약을 이루었다. 특히 일본의 전자공업, 철강공업, 자동차공업 등은 미국을 비롯한 선진국들을 위협하는 수준으로 빠르게 발전했다. 서구에서는 일본이 기초과학에 대한 노력 없이 그 결실만을 챙긴다는 무임승차론(free-riding)을 제기했지만 과학기술의 새로운 발전 방식과 사회적 활용을 보여주기에 충분했다.[28]

하지만 일본은 한국을 비롯한 다른 개도국들과는 과학기술의 전통과 수준이 많이 달랐다. 근대 과학이 현대적 형태로 전환하던 19세기 중후반에 일본도 과학기술을 본격적으로 발전시켰다. 현대 과학이 등장하는 시기에 일본도 과학기술의 진흥에 적극 나섰던 것이다. 그에 반해 다른 개도국들은 나라마다 차이가 있기는 하나 일본보다 훨씬 뒤늦게 과학기술에 관심을 기울였다. 이로 인해 일본과 개도국 사이에는 기초연구의 수준이 현저하게 차이 나 있었다. 정확히 말하면, 일본은 기초연구가 없었던 것이 아니라 서구 선진국에 비해 상대적으로 뒤처져 있었을 뿐이다.

그렇더라도 일본의 과학기술 발전 사례는 개도국에게 많은 시사점을 주었다. 무엇보다 기초연구 없이 산업기술의 개발과 그 적용에 집중하더라도 과학기술이 주는 산업적 성과를 충분히 달성할 수 있다는 인식을 확산시켰다. 이는 개도국의 산업 발전에 유용한 효과적인 과학기술 발전 방식으로 간주되었다. 한국의 경우도 낮은 과학기술 수준에도 불구하고 빠른 산업화에 성공한 데에는 외국 산업기술의 효율적인 모방이 있었다. 그러나 이는 한국의 과학기술 발전 과정에 대한 일면적인 이해다. 한국이 과학기술을 급속히 발전시켜온 것에는 또 다른 중요한 사실이 숨겨져 있다. 바로 전통 산업을 넘어 첨단산업의 발전을 위해 기초연구와 원천기술도 수준 높게 습득해 과학기술의 기반으로 삼았다는 점이다.

사실 한국은 산업의 돌파에 핵심이 되는 주요 기초연구와 원천기술을 자체적으로 개발하지 못하고 있다. 우수한 연구 인력은 여전히 미국을 비롯한 해외에서 대거 배출되고 있으며 많은 기술을 파생하는 근간이 되는 원천기술은 독자적인 개발에 어려움을 겪고 있다. 이에 요구되는 창의성,

도전 의식, 장기 연구 지원, 실패의 용인 등이 부족한 것과도 관련이 있었다. 그럼에도 한국에서 첨단산업을 발전시킬 때는 어김없이 수준 높은 연구 인력과 새로운 원천기술을 적절히 확보했다. 삼성전자의 메모리 반도체와 이동통신 CDMA 기술 개발 등은 이 점을 잘 보여준다.[29] 어찌 보면 한국이 첨단산업까지 발전시킬 수 있었던 것은 원천기술의 확보와 그에 기반한 개발연구의 성과 덕분이었다.

그럼 한국은 첨단산업의 근간이 되는 기초연구와 원천기술을 어떤 방식으로 습득할 수 있었을까? 이것을 자체적으로 연구개발하지 않더라도 확보할 수 있는 방법이 있다. 과학기술이 전 지구적으로 확산되고 그 교류가 활발히 이루어진다는 점은 외국의 연구 성과를 얻을 수 있는 길이 넓어지고 있다는 것을 의미한다. 그 주요 경로는 연구 인력, 기술 특허, 개발 협력, 공장 설비 등의 도입 및 유치처럼 다양하다. 한국은 이러한 방법들을 이용해 습득한 기초연구와 원천기술을 토대로 기존 산업을 개선하거나 새로운 산업을 창출했다.[30]

이때 외국의 중요 기초연구와 원천기술에 의지해 산업을 발전시키기 위해서는 몇 가지 전제 조건이 필요했다. 한국의 경우 가장 중요한 것의 하나는 해외에서 수준 높은 교육과 연구 경험을 쌓은 우수한 인적 자원이 풍부했다는 점이다. 이들은 적절한 시기에 연구개발의 정보, 기법, 실행의 주도자로 활동할 수 있었다. 다음으로는 정부가 해외로부터 인력, 설비, 노하우 등을 자유롭게 들여올 수 있도록 정책적 조치를 취한 점도 중요했다. 과학기술 유입의 문턱을 낮추는 역할을 정부가 효과적으로 했던 것이다. 끝으로, 기업이 개발연구에 적극적으로 나서고 그간 축적한 기술 능력을 잘 활용한 점도 중요했다. 결국은 우수한 인력과 정부의 적절한 정책이 기업의 활발한 개발연구와 결합하여 좋은 효과를 거두었던 것이다.[31]

이는 결과적으로 한국이 과학기술의 불균등 발전 전략을 추구했다는 것을 뜻한다. 한정된 재원을 과학기술 전반이 아닌 산업 발전과 직결된 개발연구에 집중적으로 투자하는 정책을 폈다. 학문적 성격이 강한 기초연구보다 실용적 성격이 두드러진 기술 개발에 치중해 단기적 효과를 거두고자 했다. 산업기술 가운데서도 원천기술은 연구 역량과 소요 비용 등을 고려해 자체 개발보다 해외에 의존하는 모습을 보였다. 전반적으로 산업적 유용성이 큰 개발연구에 인적, 물적 자원을 집중하는 발전 방식이었다.

물론 한국이 기초연구를 수행하지 않은 것은 아니다. 실제로 대학, 정부 출연연구소, 나아가 기업도 뒤늦게 기초연구를 적지 않게 수행하고 있다. 시간이 지날수록 특히 대기업은 기초연구에서도 막대한 재원을 발판으로 점점 더 중요한 몫을 차지하고 있다. 다만, 전체 과학기술에서 차지하는 비중이 낮았고 획기적인 성과가 부족했으며, 그 성격이 기술개발과 연관된 목적 지향성을 강하게 띤다는 특징이 있다. 역설적이게도 과학의 연구 능력은 기술 수준이 올라가면서 그와 연동하여 빠르게 진전되고 있다.[32]

이처럼 개도국이 첨단산업을 발전시키고 새로운 산업을 육성하려면 선진국과 마찬가지로 기초연구와 원천기술이 중요하다. 연구 역량의 부족으로 개도국이 기초연구와 원천기술을 자체적으로 연구개발하는 것은 어렵지만 그것을 습득하는 방법은 분명 존재한다. 해외로부터 기초연구와 원천기술을 다양한 형태로 습득하는 방식이다. 서구의 선진국과는 다른 전략이지만 개발연구만이 아니라 기초연구까지 포괄함으로써 과학기술의 발전과 경제성장을 동시에 이룰 수 있었던 것이다.

국가 주도 총력 체제

개도국에서 과학기술을 발전시키는 것은 결코 쉽지 않다. 무엇보다 근대 과학은 오랜 기간에 걸쳐 축적된 지적 복합체여서 그 지식의 습득이 상당히 까다롭다. 서구의 국가들조차 근대 과학을 발전시키는 데는 많은 우여곡절과 장기간 소요 등의 과정을 거쳤다. 하물며 개도국은 근대 과학과 아주 뒤늦게 접촉하고 그에 대한 경험이 부족한 탓에 더 많은 시행착오를 거치게 되는 것이 불가피했다. 더구나 초기일수록 근대 과학을 개도국의 역사적 전통과 사회적 맥락에 맞춰 이해하고 활용하려고 했으니 그 정착이 극히 어려울 수밖에 없었다.

한국이 근대 과학기술을 받아들인 것은 20세기에 집중되었다. 이 시기는 서구의 과학기술이 현대적 형태로 전환하는 때였다. 과학 내적으로는 실험실, 팀 조직, 학술 정보 등이, 과학 외적으로는 제도 설치, 지원 체제 구축, 사회적 활용 등이 중요하게 대두되었다. 즉, 과학기술을 발전시키려면 종합적인 과학-사회 복합체가 적절히 갖추어져야 했던 것이다. 이로 인해 현대적 과학기술 활동에는 인력, 설비, 재원 등의 대대적인 확보가 요구되었다. 그만큼 개도국 입장에서는 과학기술을 발전시키는 것이 한층 더 어려웠다.

이렇게 어려운 과학기술 발전을 개도국이 이룰 수 있는 방안은 무엇일까? 선진국의 과학기술 발전이 놀라운 속도로 이루어지다 보니 개도국은 과학기술을 발전시키더라도 아주 빠르게 진전시켜야 했다. 과학기술 발전은 어찌 보면 상대적이어서 개도국이 그 방향을 달리하더라도 속도 역시 더 내야 하는 문제였다. 이는 개도국에서 과학자사회의 자발적인 노력만으로는 과학기술 발전이 어렵다는 것을 말해준다. 자연스럽고 점진적인 발전이 아니라 인위적이고 혁신적인 발전이 필요했다. 개도국에게는 과학기술 발전에 대한 새로운 접근이 절실히 요구되었다.

해방 직후 한국에서 주도적 과학자들은 과학기술이 빠르게 발전하려면 정부가 적극 나서야 한다고 생각했다. 과학기술을 전담할 행정부서를 설치하고 교육기관과 연구기관을 대폭 확대하며 과학자에 대한 대우를 개선할 것을 요구했다. 그럴지라도 과학기술은 전문 영역이어서 과학계가 그 주도권을 쥐고 있어야 한다는 확고한 믿음을 가지고 있었다. 과학기술이 국가의 지원을 받되 과학자사회의 독립적인 고유 영역이라는 생각은 여전히 강했다. 정부의 행정부서에서 활동한 과학계 인사들조차 그들은 자신을 행정 관료가 아닌 과학자로 여겼다.[33]

하지만 정부의 과학기술 이해는 과학계와는 근본적으로 달랐다. 그들은 과학기술 그 자체를 위해 지원을 하려고는 하지 않았다. 국가적 필요와 긴밀히 관련이 있는 과학기술의 일부만이 관심의 대상이 되었다. 과학계가 보편적, 학문적 가치를 추구한 데 반해 정부는 과학기술에서 국소적, 실용적 가치를 찾고자 했던 것이다. 이는 한편으로 과학기술 주도권을 누가 쥐는가의 문제와 연결되었다. 바로 이 점은 정부와 과학자사회가 서로의 의견이 완강하게 대립하는 접점 지대였다. 자신의 전문 영역을 지키려는 과학자사회의 태도가 강력할수록 그들과 정부 사이에는 치열한 헤게모니 다툼이 벌어졌다.

한국에서 과학기술에 대한 정부의 개입은 두 가지 방향으로 진행되었다. 하나는 과학기술을 정부의 정치적 과제와 긴밀히 연계시키는 것이었다. 과학기술이 국가적으로 중요하다는 정부의 인식은 그것에서 특정한 정치적 가치를 찾아내는 과정이었다. 다른 하나는 정부의 과학기술 개입에 대해 과학기술계로부터 인정을 얻어내는 것이었다. 과학자사회의 동조가 있어야 정부가 기대하는 과학기술 활동이 실질적으로 가능하기 때문이었다. 이렇게 정부의 활발한 과학기술 개입은 과학기술의 사회적 가치를 새롭게 정립하고 과학계를 그 방향으로 몰입시키는 과정이었다.

서구의 국가들에서도 정부가 과학기술에 전격적으로 개입하는 경우가 있었다. 특히 전쟁과 같은 비상 상황은 정부가 과학기술을 특정한 국가적 목표에 대규모로 동원하는 환경을 조성해주었다. 2차 세계대전 시기에 미국에서 원자탄을 만들기 위해 추진한 맨해튼프로젝트가 그 대표 사례였다. 특수한 환경 조건에서 정부는 과학기술에 대한 주도권을 쥐고 많은 과학기술자들을 국가적 현안에 참여시켰다. 이때 과학기술자들은 과학자 사회의 연구 자유를 일시적으로 제약받고 국가적 강제를 불가피하게 따랐다.[34]

그런데 한국이 서구와 다른 중요한 차이는 정부의 과학기술 개입이 지속적으로 일어났다는 점이다. 정부는 과학기술을 특정 방향으로 끊임없이 강제했다. 이는 과학기술을 국가 발전을 위해 적절히 활용한다는 명분으로 정당화되었다. 국민들 역시 과학기술 그 자체보다 활용에 관심을 가졌으므로 과학기술의 도구적 사용은 정치적 지지를 널리 얻는 효과적인 방식일 수 있었다.[35] 더구나 과학계의 세력이 허약했던 데 비해 정부의 권력은 막강했다. 이러한 점은 과학기술 주도권을 정부가 손쉽게 확보할 수 있는 유리한 국면을 만들어주었다. 정권마다 자신의 정치적 야심을 강렬히 추구하고자 했기에 과학기술은 언제든 그를 위한 좋은 소재였다.

정부는 과학기술 개입을 상시화(常時化)하려고 노력했다. 정부의 뜻대로 과학기술을 추진하기 위해 정책을 펴고 그것을 과학기술에 구조화시켰다. 정부 주도의 과학기술에 관한 장단기 계획, 다양한 국가적 제도, 각종 국책 사업 등은 과학기술에서 정부의 주도권을 강화하는 결과를 빚었다. 이 과정에서 과학기술의 중심지로 여겨져왔던 대학은 그 위상이 떨어지며 과학기술 지형에서 주변부로 밀려났다. 결과적으로 과학기술 활동이 주되게 벌어진 공간은 대학이 아닌 다른 곳으로 이동했다. 갈수록 과학기술자들은 정부의 관심과 지원에 의지하지 않고는 과학기술 활동을 수행하는 것이 쉽지 않았다.

또한 정부가 과학기술에 개입하는 과정에서 과학기술계의 세력 재편도 자연스럽게 일어났다. 이전부터 과학기술자들은 저마다 자신의 세력을 규합해 다양한 과학기술 요구를 내세우곤 했다. 그렇지만 정부는 모든 과학기술자들의 목소리에 귀를 기울이지는 않았다. 소수일지라도 학문적 가치보다 국가적 가치를 중시하는 과학기술자들이 정부의 주목을 강하게 끌었다. 이들은 정부의 과학기술 정책 결정에 참여하고 주요 사업의 책임자로 임명받는 등 과학기술계의 주도 세력으로 부상했다. 정치권력이 파트너로 여길 과학기술 권력이 만들어진 것이었다. 정부가 과학기술에 대한 주도권을 쥐려면 그 권력을 과학기술에서 실질적으로 관철할 새로운 과학기술자 세력이 필요했다고 볼 수 있다.[36]

1960년대에 과학기술을 전담할 과학기술처가 등장하면서 한국에서 과학기술에 관한 총력 체제가 형성되었다. 정부의 주도권을 행사할 과학기술처를 비롯하여 과학기술계의 대표로 위임받은 소수의 과학기술자 집단이나 종합적 과학기술단체, 새로운 과학기술 활동의 공간이 된 KIST 등이 이 시기에 만들어지며 서로 연계를 맺었다. 즉, 과학기술에서 '국가 주도의 총력 체제'는 전담 행정부서-과학기술자 주도 집단-제도적 활동 공간이라는 삼위일체가 확립됨으로써 갖추어졌다. 이에 힘입어 한국에서는 서구와 달리 평상시에도 국가 차원의 총력적인 과학기술 추진이 이루어졌다.[37]

한국에서 국가 주도의 과학기술 총력 체제는 사회 속에 확고히 구조화되었다. 서로 긴밀히 연계된 담론-제도-실행의 체제가 그것이다. 담론을 통해 형성된 과학기술에 관한 국가적 어젠다는 그것을 실현할 매개체로 새로운 과학기술 제도를 창출하고 그 안에서는 특정 방향을 띤 과학기술 실행이 대규모로 이루어졌다. 이 중에서 제도는 과학기술 활동의 니치임과 동시에 국가 개입의 장치이기도 했다. 마치 생명현상에서의 센트럴 도그마(central dogma)처럼 담론의 지시는 제도적 장치를 매개로 해서 실행으로 옮겨졌던 것이다.

과학기술 총력 체제의 정점에는 최고 통치자가 위치해 있었다. 대통령의 권력이 강할수록, 과학기술에 대한 그의 개입이 클수록 과학기술은 대통령에 의해 좌우되는 일들이 빈번히 발생했다. 일부에서 과학기술 대통령으로 부르는 박정희는 이러한 점을 잘 보여준다.[38] 인간 사회를 이끈 대통령의 정치적 권력이 자연 영역을 통괄하는 과학기술에도 그대로 투영된 사례가 많았다. 절대 권력을 가진 통치자일수록 자신의 권위를 인간 세계를 넘어 자연 세계로까지 확장하려는 경향을 지녔다. 이를 잘 알고 있던 과학기술계는 대통령을 통해 자신의 요구를 관철하려는 태도를 자주 보였고 일부는 상당한 성공을 거두기도 했다.

따라서 한국 과학기술에서는 국가 주도의 총력전이 일상(日常)이 되었다. 서구에서 과학기술이 과학자사회의 자율적 활동에 크게 기댔다면 한국의 경우는 국가의 제도에 기반한 견인이라는 형태를 띠었다. 과학기술에서 그야말로 비상 체제가 조성되었고 과학기술자들은 국가의 역군(役軍)으로 활동했다. 국가가 제시한 과학기술의 특정 목표는 총력전을 펼쳐 반드시 성취해야 하는 엄중한 과제로 여겨졌기 때문이다.

제도 기반의 역동적 실행

흔히 과학은 지적 전통에 따라 발전해온 것으로 이해되고 있다. 서구의 과학 역사를 보면 과학의 거장들이 무수히 존재했고 그들의 어깨 위에서 새로운 지적 조류가 돌출되어 나왔다. 이전의 과학 지식에 대해 때로는 계승, 드물게는 반역이 일어나며 과학 발전의 서사시가 씌어졌다. 토마스 쿤은 과학이 누적적이 아닌 혁명적인 방식으로 발전한다는 사고의 전환을 가져 왔으나 그것도 주류적 패러다임을 벗어난 것은 아니었다. 그간의 과학 발전에 대한 이해는 지적 전통의 흐름으로 파악하는 단일한 방식이었다.

그런데 개도국은 과학 지식 중심의 시각으로 과학기술 발전을 설명하는 것이 매우 어렵다. 한국만 해도 과학 지식의 발전 사이에 연속성과 연계성이 크게 떨어진다. 과학 지식의 수준 높은 개선 및 전환을 이끈 과학자도 좀처럼 찾아볼 수 없다. 과학에서 지적 전통은 그다지 뚜렷한 실체로 존재하거나 두드러진 진전을 보이지 않았던 것이다. 한국에서는 기껏해야 과학 지식의 부분적인 증진에 머물렀고, 그 지속성도 찾아내기 어려운 실정이었다. 오히려 과학 지식의 주된 원천은 국내가 아니라 해외로부터 지속적으로 제공되었다.

한국은 과학기술이 사회적 연관 속에서 그 발전의 동력과 방향을 획득하게 된 사례다. 사회적 요소들 가운데는 제도, 정책, 기술, 산업, 해외 등이 중요했다. 예컨대, 제도와 정책은 과학기술 활동의 주된 근거지를 제공해주었고 기술과 산업은 과학기술 발전의 방향을 특정하게 이끌었으며 해외는 주요 과학 지식을 수시로 제공해주는 수원지 역할을 했다. 쉐일라 자사노프(Sheila Jasanoff)가 주장한 과학과 사회의 '공동생산'(co-production)[39]은 한국의 과학기술 발전을 이해하는 데 도움을 줄 수 있다. 다만, 자사노프도 서구의 과학 지식 창출에 초점을 맞추고 있을 뿐 개도국의 과학기술을 진지하게 고려하고 있지는 않다. 이렇듯 한국의 과학기술 발전에는 고유한 지적 전통 대신에 사회 연계적 전통이 더 강하게 드리워져 있는 것이다.

개도국의 과학기술은 대체로 오랜 침체의 늪에서 벗어나지 못하고 있다. 세계적으로 과학기술 발전에 성공을 거두고 있는 개도국은 극소수다. 무수히 많은 나라들 중에서 동아시아의 한국, 대만 그리고 중국 정도만이 예외로 꼽힌다. 이는 개도국이 서구의 국가들을 그대로 뒤따라가는 것도, 새로운 발전 방식을 추구해가는 것도 쉽지 않다는 점을 여실히 보여준다. 어느 방식이든 개도국이 과학기술을 발전시키려면 그에 필요한 조건과 역량을 적절히 갖추어야 한다. 과학기술이 번창할 생명력이 저절로 생기지 않기 때문이다.

한국의 과학기술이 보이는 가장 두드러진 점은 역동성이다. 과학이 기술과 연계를 맺으며 짧은 기간에 놀라운 발전을 이룩했다. 사실 국제적으로 내세울 만한 과학자와 기술자, 그들이 이룬 창의적 성과가 그리 없었다고 해도 틀리지 않는다. 한국에서는 뛰어난 과학자와 기술자 없이 과학기술이 빠르게 발전한 역설적인 현상이 일어났다. 이러한 일이 어떻게 가능했을까? 그 주요 메커니즘은 제도의 설치와 개편, 그리고 실행의 강도와 속도에서 찾을 수 있다. '제도와 연계된 실행'이 한국의 과학기술 발전을 이끈 원동력이었다.

과학기술 제도는 과학기술 활동의 기반을 제공해준다. 개도국이 연구개발의 여건을 빠르게 확보할 수 있는 방법의 하나가 적절한 과학기술 제도를 갖추는 것이다. 제도를 통해 과학기술에 필요한 복합적 요소가 일시에 확보될 수 있다. 즉, 지식, 인력, 설비, 문화, 가치 등을 단기간에 종합적으로 갖추고 서로를 긴밀히 연계할 수 있는 것이다. 활발한 과학기술 활동을 위해 서구의 나라들에 과학자사회가 중요하다면 개도국엔 제도에 기반한 과학기술이 불가피하다. 이로 인해 개도국에서는 과학기술이 포괄적인 지적 지향성보다 제한적인 임무 지향성을 강하게 띤다.

그렇지만 제도는 과학기술의 새로운 도약과 전환을 제약하기도 한다. 과학기술의 안정화와 경로의존을 낳아 그 유동성과 혁신성이 크게 줄어든다. 아울러 제도는 자신의 권한을 강화하기 위해 그 실체나 특성을 복제하고 확장하려는 속성을 지니고 있다. 다른 변화나 혁신이 등장하거나 유입되는 것을 결과적으로 저지하는 방어적 역할을 한다. 더구나 개도국에서는 제도가 정부의 개입 장치로 작용해 과학기술 활동의 자율성과 독립성을 저해하는 경우도 종종 벌어진다.[40] 제도가 과학기술에 미치는 부작용이다.

한국은 제도가 주는 장점을 잘 살리고 단점을 보완하는 내적 기제를 가졌다. 과학기술의 변화와 전환에 필요한 제도의 개편과 신설을 지속적으로 추진하고 그들 사이의 연계와 융합을 확대하고 강화하는 방식이었다. 이는 정권 교체와 맞물려서 일어났다. 새로이 등장하는 정권마다 기존 제도를 대대적으로 개편하거나 새로운 제도를 창출하는 노력을 기울였다. 정권 교체가 과학기술 제도의 교체를 낳았던 것이다. 이에 따라 정권이 바뀌는 시대별로 과학기술의 전환을 새롭게 이끄는 제도가 탄생했다.[41]

제도는 한국에서 과학기술 도약의 중심 기반이 되었다. 이전의 과학기술이 대대적으로 변화를 꾀하게 된 원천은 제도의 변신에서 나왔다. 예컨대, 시대별로 대학은 고등 인력을, 정부 출연 연구기관은 연구개발을, 대기업 연구소는 첨단기술 개발을 새롭게 추동했다. 제도는 과학기술의 침체와 둔화를 일시에 혁신하고 전환하는 역할을 했던 것이다. 한국에서 그것은 마치 뜀틀의 디딤판처럼 도약을 일으키는 근간이 되었다.

그런데 과학기술 발전은 결국 실행을 통해 이루어진다. 아무리 새로운 제도 혹은 획기적인 제도라 하더라도 실행이 미흡하면 의미가 없다. 제도가 과학기술의 근거지, 인프라라면 실행은 과학기술 지식, 노하우, 제품을 직접 창출하는 행위다. 실행이라는 엔진이 있어야 제도라는 선체(船體)도 그 위력을 발휘하게 된다. 결국은 실행이 어떻게 이루어지는가에 의해 과학기술 발전이 좌우되는 것이다.

개도국에는 과학기술 실행을 제약하는 요인이 많다. 실행에 중요하게 요구되는 과학 지식의 수준 높은 축적, 우수 연구 인력의 확보, 과학 저변의 확대, 연구 지원 체제의 구축, 장기적 정책 추진 등 모든 측면에서 선진국에 비해 아주 열악하다. 이러한 사정으로 개도국의 과학기술자는 노력해도 우수한 성과를 낼 가능성이 아주 희박하다. 과학기술자의 열정과 역량으로 넘어설 수 없는 다양한 문제가 사회 전반에 걸쳐 구조화되어 있는 탓이다.

한국도 다른 개도국들과 마찬가지로 과학기술에서 획기적인 성과를 일시에 거두기가 어려웠다. 소수의 비범한 인물이 이루는 과학기술의 큰 혁신은 선진국에서나 가능한 일이었다. 이 점은 그간 과학 분야의 노벨상 수상자들이 개도국에서 거의 나오지 않은 사실과 부합한다. 그렇다면 큰 혁신을 위주로 하는 과학기술의 발전은 개도국에서 현실적으로 일어날 수가 없다. 한국도 아직 노벨과학상 수상자를 배출하지 못한 나라의 하나다. 이렇게 한국이 추구하는 과학기술 실행은 서구의 국가들과는 다른 방식일 수밖에 없다.

과학기술은 다양한 방식으로 발전할 수 있다. 소수의 큰 혁신과 대비하여 작은 혁신도 많이 모이면 때로는 그와 비슷한 효과를 낼 수 있다. 작은 혁신의 많은 생산으로 과학기술을 빠르게 발전시키는 방식이 바로 한국이 추구한 실행이었다. 또한 한국에서는 과학기술 전반을 진흥하는 것이 아니라 그 일부, 특히 산업기술의 개발연구에 집중하는 전략을 폈다. 이 산업기술은 작은 혁신의 많은 생산이 주효하게 맞아 떨어진 분야였다. 비록 과학기술의 수준을 전반적으로 높일 수는 없어도 특정 부문은 아주 빠르게 발전시킬 수 있었다.

한국에서 과학기술 실행은 독특하게 이루어졌다. 한국 사회의 고유한 특성이 반영되어 그 모습은 공동체적, 동시다발적, 강한 규율적 형태를 띠었다. 과학기술 실행이 높은 강도에서 집단적으로 이루어지고 집단 사이에 치열한 경쟁이 벌어짐에 따라 '혁신의 속도전'이 펼쳐졌다. 새로운 정보는 서로 유대 관계가 깊은 과학기술 공동체에 빠르게 확산되고 그것에 기반하여 과학기술자들은 높은 강도로 오랜 시간 실행을 벌였다. 이로써 특히 산업기술에서는 선진국을 빠르게 따라가고 일부는 넘어서는 유능한 추격자(fast follower)의 모습을 보였다.

시간이 지날수록 한국의 과학기술은 가속도를 내고 있다. 과학기술 제도가 지속적으로 확장되어 실행의 기반이 더 충실해지고 있다. 서로 분리되어 있던 제도가 상호 연계를 맺으면서 실행의 효과도 높아지고 있다. 실행의 성과가 특정 분야에서 대대적으로 축적되어 일부에서는 세계 최고의 수준으로 올라서고 있다. 이러한 성과의 축적은 인접한 분야의 수준을 높이는 시너지 효과를 일으키고, 때로는 그와 거리가 있는 다른 분야를 자극하고 추동하는 스핀오프(spin-off) 효과로도 이어지고 있다. 이에 따라 현재는 산업기술의 개발연구만이 아니라 기초연구와 원천기술에서도 새로운 발전이 서서히 이루어지고 있다. 한국에서 과학기술은 시간의 흐름에 따라 그 발전 속도가 빨라지고 성과가 더욱 풍성해지는 회오리 형태를 띠고 있다.

따라서 과학기술은 서구의 지적 전통과는 다른 사회 연계적 방식으로도 혁명적인 발전이 가능하다. 제도에 기반한 역동적 실행으로 만들어가는 한국 과학기술의 압축적 발전은 그것을 잘 보여준다. 과학기술은 제도가 주는 도약의 기반과 높은 강도의 실행에 의한 속도로 짧은 기간에 특정한 분야를 중심으로 빠르게 발전할 수 있는 것이다. 이른바 과학기술에서의 '소폭다량(小幅多量)'[42]의 속도전이다. 이렇게 한국은 서구와는 구분되는 '한국형 발전모델(Korean Model)'을 만들어내고 있다.

5장

도약대로서의 제도: '다단계 점프'

개도국이 과학기술을 빠르게 발전시키기란 극히 어렵다. 대부분의 나라에서 과학기술은 허약한 지적 전통과 환경 여건으로 작고 느린 변화만이 일어났다. 한국도 근현대 역사를 보면 과학기술의 전환이라 부를 만한 획기적인 사건이나 성과가 없었다. 그렇다면 한국은 어떻게 과학기술의 놀라운 도약이라는 매우 다른 결과를 낳았을까? 그 비결은 과학기술의 직접적인 성과로부터 비켜나 있어 관심을 끌지 못한 과학기술 제도에 내재되어 있다. 과학기술을 변화시키는 에너지는 그 프레임을 좌우하는 제도에서 분출되었다. 과학기술의 위상과 수준을 근본적으로 전환시키는 매개 고리가 바로 과학기술 제도였다. 그래서 한국의 과학기술 도약을 이해하려면 제도가 가지는 성격과 파장을 특별히 주목할 필요가 있다.

과학기술 도약의 발판

과학기술의 발전은 시대나 국가에 따라 매우 차별적으로 전개된다. 동일한 시대라 해도 국가별로 과학기술은 그 수준과 방향이 현저히 다르고, 같은 국가일지라도 시대별로 상당한 차이를 보인다. 근대 이래로 지금까지 세계 과학기술을 주도한 중심 국가는 끊임없이 변동해오고 있다. 드물게는 개도국들 중에서 과학기술을 선진 수준으로 발전시키는 나라들도 있다. 세계 역사는 과학기술이 생각보다 안정성이 떨어지고 그 부침이 거세게 일어나는 분야라는 사실을 보여준다.

그렇다면 과학기술 변화에 지대한 영향을 미치는 요인은 무엇일까? 일부에서는 과학기술의 내적인 측면을 중요하게 들지만 한편에서는 과학기술의 외적인 측면에서 그 요인을 찾는다. 과학기술의 내적 요인으로는 지식의 생산을 필두로 그와 관련이 깊은 실험실, 연구 인력, 과학자사회 등을 주목한다. 과학기술은 앞선 학문적 성과에 기반해 누적적으로 발전하는 경향이 강하므로 그 지적 연속성이 비교적 잘 드러난다. 특히 선진국들에서 면면히 이어져온 지적 전통은 과학기술의 발전을 읽는 핵심 키워드다. 이에 반해 과학기술 조직을 비롯한 국가정책, 시스템, 사회문화, 국제관계 등과 같은 과학기술의 외적 요소들에 대한 관심도 커지고 있으나 그에 주의를 기울인 역사는 길지 않다. 과학기술 외적 요소들의 대부분이 비교적 현대 시기에 들어서 등장했기 때문이다.[1] 이로 인해 과학기술 발전은 그 궁극적 산물이라 할 지식의 생산에 초점을 맞추어 바라보는 오래된 시각이 여전히 지배적이다.

그런데 지식 생산을 중심으로 과학기술을 바라보면 개도국의 과학기술 발전을 적절히 이해하기가 곤란하다. 과학기술의 역사를 보면 독창적 과학기술 지식은 소수의 선진국들이 주도권을 확고히 쥐고 그 발전을 이끌었다. 근대 이후 과학혁명이라 불리는 지식의 패러다임 전환은 서구의 역사에서만 찾을 수 있다. 개도국들은 과학기술 지식의 제국에서 멀리 떨어진 변방에 머물렀고 선진국들이 주도적으로 생산해온 지식에 의존했다. 과학기술 지식의 생산을 둘러싼 선진국과 개도국의 관계는 철저히 종속적이고 위계적이다.[2]

개도국들에서 보이는 공통점의 하나는 선진국의 지식 원천에 기대어 과학기술을 발전시키고 있다는 점이다. 비유하자면, 멀리 앞서서 내달리는 선발주자의 뒷모습을 보며 열심히 쫓아가는 장거리 경주와 유사하다. 설령 후발자가 이 과정에서 새로운 혁신적 성과를 거두었다고 해도 그 실상은 선발자가 만들어놓은 과학기술 궤적의 연장선에 있는 것들이 대부분이다. 그러므로 후발자의 과학기술 발전은 단순하게 보자면 선발자와의 거리를 얼마나 좁히는가 하는 다분히 '상대적인 속도'의 문제다. 선발국 과학기술을 빠르게 따라가면 후발국의 과학기술은 발전된 상태를, 그렇지 못하면 낙후된 상태로 간주된다. 세계 국가들의 과학기술 발전 수준은 앞선 선진국을 기준으로 삼아 평가하는 것이 현실적이기 때문이다.

문제는 과학기술의 속도 경쟁이 선진국들이 구축해놓은 패러다임 안에서 벌어진다는 것이다. 개도국이 선진국과 완전히 다른 발전 경로를 독자적으로 창출해 선도할 수는 없는 노릇이다. 물론 새로운 패러다임이 열리는 산업의 전환기에 선진국과 개도국 사이에 경쟁이 벌어지기도 하나 흔하지 않다. 또한 동일한 패러다임에서 경쟁이 벌어질 때 후발자의 이점 덕분에 개도국이 선진국을 급속히 따라잡는 현상이 벌어지나 이것 역시 쉽지 않다. 흔히 후발자의 이점으로 거론되는 가시적 발전 경로의 확보, 소요 경비의 절약, 사회의 우호적 수용 태도 등은 이를 잘 활용할 수 있는 조건을 갖추고 있을 때만 작동한다. 후발자라 하더라도 그 대상 국가는 모든 개도국들이 아니라 과학기술이 이미 상당 수준으로 올라서 있는 소수의 국가만이 해당된다.[3] 이렇게 개도국들은 선진국에 비해 과학기술 속도 경쟁에서 절대적으로 불리한 위치에 놓여 있다.

개도국의 과학기술은 연속적이고 점진적인 발전 경로를 따라가는, 말 그대로 침체되고 느린 발전 속도를 보여주는 경우가 대부분이다. 개도국들은 과학기술 실행 그 자체를 통해 선진국과의 과학기술 격차를 줄이는 것이 좀처럼 가능하지 않다. 다분히 선진국에서 만들어놓은 과학기술의 테두리에서 크게 뒤처진 채 주로 손쉽고 간단한 문제풀이를 하는 모습일 뿐이다. 또한 개도국들은 선진국의 과학기술을 학습하고 개량하되 그것을 얼마나 유용하게 활용할 것인가에 치중하는 경향을 보인다. 따라서 개도국에서 과학기술의 급격한 발전은 좀처럼 일어나기 힘든 난제다.

후발국들 가운데 남다른 위상을 지닌 한국을 보더라도 세계적으로 주목을 끌거나 근본적 전환이라 부를 과학기술의 중대 사건은 없었다. 오히려 과학기술에서 작은 혁신의 성과들만이 많이 드러나고 있을 뿐이다. 그렇다면 한국은 도대체 과학기술의 놀라운 비약을 어떻게 이루어낸 것일까? 그 비밀의 단초는 과학기술에서의 큰 변화가 아닌 작은 변화와 관련해서 찾아야 할 것이다. 왜냐하면 한국의 실제 역사에서 과학기술의 성과를 보면 작은 혁신의 변화만이 다양하게 나타나기 때문이다. 어찌 보면 소변화가 대변화를 가져왔다는 것은 앞뒤가 맞지 않는 형용모순(形容矛盾)일 수 있다. 그 관건은 작은 변화가 어떻게 과학기술의 급격한 도약으로 전화해나갔는가를 밝히는 것이다. 다시 말해, 작은 변화와 커다란 약진을 잇는 매개 고리(mediator)를 발견하는 것이 필요하다.

현대적 과학기술이 지닌 특징의 하나는 '제도에 기반한 활동'이라는 점이다. 과학기술은 다양한 제도와 그 속에 포함되어 있는 많은 구성 요소들로 이루어져 있는 집합적 조직이자 활동이다. 20세기에 과학기술은 복잡한 제도와 함께 변화를 해왔다. 시대별로 과학기술의 지적, 물적, 문화적 실체(entity)가 총체적으로 체화되어 있는 새로운 제도의 등장, 변형, 전환 등이 빈번히 일어났다. 대학, 연구소, 프로젝트, 학회, 법령 등이 그 대표적인 것들이다. 이러한 과학기술 제도는 과학기술 시스템의 핵심 부분을 차지하며 과학기술 활동에 큰 영향을 미쳤다. 현대 과학기술을 이해하려면 무엇보다 그 제도적 기반에 대한 체계적인 해명이 절대적으로 필요한 이유다.[4]

과학기술 제도(institution)란 과학기술 행정, 교육, 연구, 문화 등에 관한 정책, 기구, 조직, 사업, 법령, 규칙 등을 전반적으로 일컫는다.[5] 선진국에서 제도는 조직에 내재되어 있는 규칙, 관습, 의식처럼 규범적, 가치적 측면을 강조하나 개도국에서는 조직, 인력, 재원과 같이 구조적, 물질적 측면을 주되게 볼 필요가 있다. 선진국은 과학기술의 하드웨어를 이미 잘 갖추고 있는 데 반해 개도국은 여전히 그렇지 못한 사정과 관련이 있다. 나아가 개도국은 새로운 과학기술 제도를 통해 조직과 동시에 규칙을 한꺼번에 확보한다. 규칙의 변화는 조직이 바뀌면서 그에 동반되어 일어나는 경우가 많다. 그러므로 개도국에서 과학기술 발전은 제도를 얼마나 적절히 그리고 새롭게 갖추는가가 관건이라 해도 지나치지 않다.[6]

서구의 과학 발달에서 조직을 포함한 제도를 중요하게 주목한 사람은 과학사회학자 조지프 밴-데이비드(Joseph Ben-David)였다. 그는 19세기 중반부터 유럽에서 과학 활동이 연구에 중점이 두어지고 한편으로 기술과의 연관이 깊어지면서 조직의 혁신이 일어났다고 보았다. 이때부터 과학 발전은 과학자들의 활동과 더불어 조직의 변화에 크게 힘입었으며, 그 일부로 교육기관, 아카데미, 연구소, 박사학위, 학과제 등을 중요하게 들었다. 특히 과학 성장을 주도한 독일과 미국은 과학 시스템이 고도로 권력 분산적이고 치열한 경쟁을 보여주었고, 아울러 과학 연구와 고등교육의 결합이 매우 강한 공통적 특징을 지녔다고 한다. 과학 조직의 변화는 과학 지식의 발견보다 덜 효과적이긴 하나 그 개혁 모델이 다른 나라들로도 널리 전파되어나갔다는 것이다.[7]

후발국의 과학기술 발전에서 제도가 지닌 의미를 일찍이 간파한 사람은 일본의 과학사학자 나카야마 시게루(中山茂)였다. 그는 일본이 메이지유신 시기에 서구의 과학기술을 이식할 때 제도적 시스템의 구축에 역점을 두었다고 보았다. 국가의 주도하에 대학과 같은 제도가 설치되면서 곧바로 과학 활동이 뒤따랐다. 이러한 '제도 주도적 과학(Institution-initiated Science)'이 제도를 시작으로 과학을 일괄적으로 도입하는 결과를 가져왔다는 것이다. 서구의 과학적 학문 전통이 지식 패러다임을 중심으로 형성되었다면 일본의 경우는 제도를 우선시해서 이루어졌다고 여겼다.[8] 그의 주장은 비록 일본의 현대적 과학기술 태동에 관해 간단히 서술한 것이긴 하나 후발국의 과학기술 발전 이해에 중요한 시사점을 제공해준다.

현대 시기에 과학기술 제도가 선진국과 개도국에서 가지는 의미는 서로 다르다. 선진국에서는 비교적 오래전부터 다양한 과학기술 제도가 형성, 발전되어온 데 비해 개도국은 그러한 전통이 없거나 미약했다. 이 때문에 선진국에서는 새로운 과학기술 제도가 이전의 것들을 부분적으로 변화시키는 의미를 지녔다면 개도국은 과학기술 지형 자체를 근본적으로 뒤흔들고 바꾸는 역할을 했다. 개도국에서 과학기술 제도는 새로운 실행을 위한 필수 전제 조건으로 양자는 서로 떼어놓을 수 없는 동전의 앞뒷면과 같았다. 그러므로 과학기술 성과의 창출에서 선진국은 제도가 주변적 외생변수이나 개도국은 '핵심적 내생변수'다. 이러한 맥락에서 선진국은 과학자 사회의 지적 생산을, 개도국은 국가의 제도적 구축을 실제로 중시하게 되었다. 개도국의 경우는 과학기술에서 당장의 지식 생산보다 그 주요 기반이 될 제도를 선행해서 갖추는 것이 장기적으로 볼 때 더 중요했다.[9]

그런데 개도국에는 과학기술 활동을 저해하거나 위축시키는 요인들이 사회 곳곳에 산재해 있다. 과학기술 기반의 부실, 연구 인력의 부족, 재정 후원의 불확실, 다른 중요 이슈의 빈발 등이 그런 것들이다. 이러한 점을 극복할 방안의 하나는 과학기술의 제도적 기반, 다시 말해 과학기술이 스스로 작동할 수 있는 자생력과 생명력을 불어넣을 토대를 갖추는 것이다. 바로 제도는 과학기술이 외부의 영향을 덜 받으며 그 자체의 활동을 안정적이고 지속적으로 펼칠 '생태적 근거지'를 제공한다. 과학기술 제도는 광활한 야생 지대에서 과학기술의 활동 거점을 확보하는 것과 같다. 이러한 점에서 제도는 과학기술의 새로운 기반을 갖추고 그 안정성을 확보하는 중요한 전략적 장치다. 그 덕분에 과학기술은 제도를 매개로 해서 발전의 기회를 가지게 된다.

나아가 과학기술 제도는 단순히 외형적 인프라에 그치지 않는다. 선진적 제도의 설치는 과학기술 내부적으로 인력, 설비, 정보, 재원 등을 일시에 갖추는 결과를 가져온다. 즉, 제도의 새로운 구축은 과학기술 활동에 필요한 다양한 요소들의 체계적 구성을 동시에 수반하는 것이다.[10] 설령, 그 구성 요소의 일부가 미흡하더라도 그것을 빠르게 갖추려는 내부적 압력이 발생한다. 과학기술 제도는 그에 필요한 여러 구성 요소들을 내실 있게 갖추어야만 원활하게 작동될 수 있기 때문이다. 결국 과학기술 제도는 그간 흩어져 있던 다양한 구성 요소들을 끌어모아 단기간에 '복합적 시스템'을 갖추는 효과를 낳는다.

이로써 개도국이 지닌 과학기술 실행의 내재적 한계를 넘어설 수 있는 경로가 과학기술 제도의 변화에 의해 열릴 수 있다. 제도는 과학기술 전반에 걸쳐 크고 작은 단절적이고 비약적인 변동의 기회를 제공한다. 제도가 일대 전환을 함으로써 특히 영역, 수준, 활용, 문화 등을 포함하는 과학기술의 달라진 위상(phase), 즉 새로운 기회의 창(window of opportunity)이 생긴다.[11] 과학기술 제도는 커다란 장애물을 일시에 넘어설 수 있게 도와주는, 이른바 '도약의 디딤판'과 같은 구실을 한다. 이렇게 개도국에서는 과학기술 제도가 변화함으로써 다른 차원의 과학기술 실행이 본격적으로 펼쳐지게 된다.

그럴지라도 제도가 과학기술 활동의 활력을 저절로 보장해주는 것은 아니다. 제도는 과학기술의 새로운 니치를 마련해주지만 동시에 그 속성을 강하게 온존하려는 관성도 지닌다. 과학기술 활동의 제도적 안정화는 이후 다른 변화를 억제하고 방해하는 장애물이 되기도 한다. 시간이 흐를수록 제도적 틀짓기(framing)와 경로의존(path dependency)이 발생하기 때문이다.[12] 이렇게 제도는 과학기술에서 양면성을 지녀 그 발전에 긍정적으로만 작용하지 않는다. 개도국에서 과학기술 발전이 일시적으로는 일어나도 오래 지속되기 힘든 것은 제도가 지닌 부정적 효과와 관련이 있다.

과학기술 제도는 때때로 커다란 혹은 갑작스러운 변동을 겪기도 한다. 제도의 안정과 존속을 해치거나 무너뜨리는 요인들이 등장한 결과다. 과학기술이 정치적 상징이 될 수 있으므로 정치변동은 과학기술 제도의 변화를 불러일으키는 중요한 계기가 된다. 과학기술을 국가 통치의 중요한 대상 내지 이미지로 여길수록 이전의 과학기술 제도는 정치적 쇄신의 대상이 된다. 현대 시기에 과학기술은 경제개발의 일부로 여겨지는 까닭에 경제 상황은 과학기술 제도와 긴밀한 연관을 지닌다. 국가 차원의 경제정책 변화는 종종 새로운 과학기술 활동을 이끌 제도의 변화를 수반한다. 과학자사회의 요구나 다른 국가들과의 과학기술 경쟁 등과 같은 과학 내부의 사건도 제도의 변화를 유발하는 요인이 된다. 아울러 개도국의 경우에는 외국의 원조로 새로운 과학기술 제도가 유입되는 일들이 자주 발생하기도 한다.

과학기술 제도의 변화는 크게 서로 다른 두 가지 유형이 있다. 하나는 제도의 부분적 개선으로 점진적 변화를 불러일으키는 것이다. 과학기술 제도에서 문제가 있거나 부족한 부분을 지속적으로 보완하는 온건한 '제도적 진화'의 방식이다. 이는 제도가 축적과 개선을 거쳐 더 짜임새 있는 복합적 시스템을 갖추어나가도록 이끈다. 다른 하나는 기존 제도를 폐기하거나 약화시키고 다른 제도를 만들어 새로운 대안적 중심 근거지로 삼는 급격한 변화가 일어나는 것이다. 제도의 전면적 개편으로 과학기술의 위상을 근본적으로 변화시키는 일종의 '제도적 반란'의 방식이다. 이는 과학기술의 급진적 변동을 불러일으킨다.

한국은 대부분의 개도국들이 과학기술 제도의 점진적 변화에 머무른 것과 달리 유달리 급진적 변화를 추구해왔다. 이는 제도의 변동에 영향을 미친 한국 사회의 특정한 요인과 관련이 깊다. 무엇보다 현대 시기에 일어난 정권 교체가 과학기술 제도에 단절적 변화를 가져왔다. 과학기술 제도는 정권 교체와 맞물리며 일정한 주기로 여러 차례에 걸쳐 급격한 변동이 일어났던 것이다. 이러한 과학기술 제도의 단절적 변화는 한국 과학기술의 발전 과정에서 나타난 가장 두드러진 현상이었다.

과학기술 제도와 정치권력

과학기술 제도는 인간 사회와 공진화(co-evolution)를 한다. 과학기술 제도 역시 인간 활동의 일부로서 다양한 이해관계에 둘러싸여 있다. 여러 행위자들이 제도에 영향을 미치고 특정한 사회적 사건이 갑작스러운 제도 변화를 가져오며 제도 스스로도 유기체처럼 지속적으로 자기 변화를 꾀한다. 이에 힘입어 과학기술 제도는 시대에 따라 크고 작은 변화를 거듭하며 다양한 방향으로 나아간다.

과학기술 제도를 변화시키는 요인은 아주 다양하다. 과학기술 내부적으로는 교육 및 연구 활동, 과학자사회, 과학 사건이 있고 외부적으로는 정치권력, 사회경제 위기, 전쟁 및 이데올로기, 국제 관계 등이 있다. 과학기술과 직결된 내적인 요소는 물론 그와 거리가 먼 것으로 보이는 외적인 요소도 과학기술 제도의 변동에 관여한다.[13] 이렇게 여러 요인들이 과학기술 제도에 다르게 작용하며 그 변화를 각양각색으로 불러일으킨다.

한국은 세계의 어느 나라보다도 과학기술 제도의 변동이 빈번하게 일어났던 나라다. 과학기술 제도에서 돋보이는 커다란 변화가 짧은 기간에 수시로 발생했던 것이다. 제도가 본래 지닌 보수성과 고착성에 비추어보면 이는 아주 뜻밖의 현상이다. 이러한 일이 어떻게 일회적이고 우연적이 아니라 반복적이고 불가피하게 일어났던 것일까? 그것은 무엇보다 한국 사회에 가장 강력한 영향을 지속적으로 행사해온 핵심적 실체, 즉 막강한 권한을 지닌 정치권력에 크게 기인했다.[14]

그런데 정치권력이 과학기술에 관여하는 것은 당연하지만은 않다. 실제로 개도국들을 보면 정치권력이 과학기술에 무심했던 사례들을 수없이 볼 수 있다. 왜냐하면 과학기술은 정치권력의 이해관계와 일치하지 않을 수 있고 산적해 있는 다른 사회적 과제가 훨씬 시급하고 중요할 수 있기 때문이다. 특히 개도국들의 정치권력일수록 과학기술보다 정치적 필요가 절실한 부문에 물적, 인적 자원을 집중하는 경향을 지닌다. 예컨대, 사회의 당면 과제, 단기적 가시 성과, 대중적 홍보 효과 등이 그에 속한다. 개도국들은 과학기술에 많은 자원을 투여할 만큼 여유롭지 못하고 노력해도 뜻대로 과학기술을 발전시킬 수 있는 것도 아니다. 이러한 점에서 과학기술 그 자체는 정치권력이 추구하는 주된 목표로부터 멀리 벗어날 수 있다.

과학기술과 이해관계가 가장 깊은 집단은 당연히 과학기술자들이다. 이는 선진국이든 개도국이든 별반 다르지 않다. 과학기술이 그들의 사회적 생존과 직결되어 있는 활동 영역이자 전문 직업이기에 그렇다. 이들은 과학기술의 국가 지원, 활동 확대, 성과 창출, 지위 향상 등에 깊은 관심을 갖고 실제로 이를 위해 힘쓴다.[15] 다만, 선진국과 개도국 사이에는 사회에 영향을 미치는 과학기술자들의 세력과 권위가 다르다는 차이가 있을 뿐이다. 선진국은 과학자사회가 오랜 전통을 지닌 주요 사회 세력으로 인정받고 있으나 개도국의 경우는 전혀 그렇지 못하다.

정치권력과 과학자사회가 가진 과학기술에 대한 인식은 기본적으로 다르다. 과학기술의 시각에 관해서 보면 과학자사회는 과학기술 그 자체를 직접적인 목표로 여기는 과학주의가 강하나 정치권력은 과학기술을 다른 목표를 이루기 위한 수단으로 삼는 도구주의가 우세하다. 과학기술 주도권에서는 과학자사회가 전문가주의(professionalism)에 바탕해 자신들이 쥐고자 하나 정치권력은 개입주의(interventionism) 입장을 가지고 자신들의 권한을 강화하려고 한다. 과학기술의 추구 방향과 관련해서는 과학자사회는 학문적 진리의 추구라는 아카데미즘(academism)을 지니나 정치권력은 학문의 실제적 활용이라는 실용주의(utilitarianism) 태도를 나타낸다. 이렇게 과학자사회와 정치권력은 과학기술에 대한 시각, 참여, 방향 등에서 상반된 모습을 보인다.[16]

실제로 한국에서 과학기술자사회와 정치권력은 과학기술을 둘러싸고 상이한 의견을 드러냈다. 과학기술자사회가 본격적으로 형성된 해방 이후부터 이들과 정치권력의 줄다리기는 수면 위로 떠올랐다. 행정부처 설치, 종합연구소 건립, 고등교육 확장, 연구 환경 조성, 과학기술자 처우 개선 등이 중요 이슈였다. 이를 둘러싼 양자 사이의 갈등은 1970년대 초반까지도 흔하게 벌어졌다.[17] 과학기술자사회가 과학기술을 근간으로 하는 사회의 건설이라는 과학 공화국을 꿈꾸었다면 정치권력은 급박한 사회 현안의 해결에 도움이 될 기술적 조력자(technical supporter)를 기대했다. 선진국에서의 과학기술 위상을 봤을 때 과학기술자사회의 주장은 장기적으로 나아갈 방향으로 볼 수도 있었으나 정치권력의 입장에서는 현실을 직시하지 못하고 너무 앞서 나간 이상주의적 태도로 여겨질 만했다. 현재도 과학기술자사회와 정치권력 사이에는 겉으로 강하게 드러나지는 않더라도 팽팽한 긴장 관계가 여전히 존재하고 있다.

그럴지라도 한국에서 과학기술계나 정치권력이 서로 공유하고 있던 인식은 국가의 최고 통치자가 전면에 나서서 과학기술을 주도해야 한다는 것이었다. 개도국의 낙후하고 열악한 과학기술 현실을 일거에 바꿀 가장 실질적인 방안은 무엇보다 강력한 정치적 권력을 최대로 이용하는 것에 있다고 보았다. 과학기술에 대한 국가적 관심을 최대한 고취시키고 국가 통치자의 주도하에 과학기술을 빠르게 발전시키기 위해서였다. 마침 1960년대에는 후진국이 과학기술을 발전시키려면 최고 권력을 가진 대통령 및 수상이 그것을 주도하거나 지지해야 한다는 글이 널리 소개되었다.[18] 이 주장은 한국의 행정 관료들 사이에 큰 호응을 얻으며 국가 과학기술 정책의 중요한 지침으로 여겨졌다.

한국의 정치권력은 왜 과학기술에 깊은 관심을 가지게 되었을까? 우선은 정치권력의 오랜 관료제 전통과의 관련을 들 수 있다. 예로부터 정치권력은 국가의 중요 사안을 앞장서서 해결하려는 구원자(saviour)와 같은 태도를 보여왔다. 근대 이후 부국강병의 원천으로 서구의 과학기술이 주목을 받자 정치권력의 시야에도 중요한 대상으로 포착되었다. 더구나 식민지 지배, 한국전쟁, 보릿고개 등과 같은 국가적 시련은 과학기술의 결핍을 더욱 절감하게 했다. 정치권력이 눈여겨본 선진 미국이나 일본은 한결같이 우수한 과학기술을 확보하고 있는 강대국들이었다. 이로써 한국에서는 어느 정치권력이든 과학기술을 그들의 정당성 확보, 사회문제 해결, 이미지 쇄신 등을 위한 중요 소재로 삼게 되었다.[19]

과학기술은 다른 어떤 영역들보다 정치권력이 깊숙이 개입하게 된 곳이었다. 정치나 경제 분야는 일찍부터 다양한 이해관계가 직접 충돌한 데 비해 과학기술은 전혀 그렇지 않았다. 특히 초기일수록 과학기술에 대한 반대 세력, 대중들, 혹은 기업들의 관심이 적었고 서로 간에 그것을 둘러싸고 갈등이 빚어질 여지도 거의 없었다. 당시만 해도 과학기술은 국가적으로, 그리고 모든 국민들을 위해 필요하다는 인식을 막연하게 가지고 있었을 뿐이다. 그래서 정치권력은 과학기술을 자신들이 내세우는 정치적, 사회적 필요에 맞게 특정 방향으로 걸림돌 없이 강력히 추진할 수 있었다.[20]

물론 정치권력이 과학기술에 대해 가진 관심의 정도는 시대별로 다소 달랐다. 상대적으로 과학기술에 약한 반응을 보인 시대가 있었는가 하면 아주 강력한 반응을 보인 시대도 있었다. 그 주요 지표로 과학기술 행정기구가 어떤 위상을 지녔는가를 살펴볼 수 있다. 예컨대, 과학기술 담당 기구가 1950년대 이승만 정부에서는 국(局)의 형태, 1960년대 박정희 정부에서는 위상이 낮은 독립적인 부처, 1980년대 전두환 정부의 경우는 부처와 함께 대통령이 이끄는 별도의 자문기구, 1990년대 김대중 정부에서는 부총리급의 부처로 그 위상이 달라졌다.[21] 이와 함께 과학기술 행정기구가 독립적인 부처로 설치되어 있더라도 그 실제 권한이 장관별로 다르기도 했다. 전반적으로 볼 때 과학기술에 대한 정치권력의 관심은 꾸준히 커져 그 행정기구의 위상이 높아지는 방향으로 변모했다.

　정치권력에게 제도는 과학기술을 효과적으로 통솔할 '핵심 기제'다. 사실 정치권력이 과학기술을 직접적이고 전면적으로 일일이 개입하여 관리하는 것은 쉽지 않다. 과학기술이 지니고 있는 전문성과 복잡성 때문이다. 게다가 과학기술자들은 독립성과 자율성이라는 독특한 규범을 강하게 가지고 있다. 이러한 사정으로 정치권력이 과학기술을 간편하고 수월하게 관장하는 방법은 과학기술의 프레임이자 시스템이라 할 제도를 이용하는 것이다. 기존 제도를 바꾸거나 새로운 제도를 도입하면 과학기술 전반을 일시에 자신이 목적하는 방향으로 바꿀 수 있다. 실제로 국가정책에서 조직설치, 연구 분야 선정, 인력 배치, 자원 할당 등은 정치권력이 즐겨 사용하는 정책 수단들이다. 그래서 정치권력은 자신의 목적과 필요에 맞게 과학기술을 바꾸고자 할 때 제도를 활용하는 전략을 구사하게 된다. 정치권력이 이러한 유혹으로부터 자유롭기는 쉽지 않다.

　이때 과학기술 제도는 대부분이 선진국에서 유래한 것들이다. 선진국들은 무수히 많은 과학기술 제도가 등장하며 펼쳐진 전시장과 같다. 개도국이 다른 과학기술 제도를 만들려고 해도 이전에 없던 창의적 형태를 창출하기란 극히 어렵다. 실제로 한국을 보더라도 새롭게 만든 두드러진 과학기술 제도는 거의 찾아볼 수 없다. 물론 국민적 과학화 운동, 새마을기술봉사단, 이공계 병역특례 제도 등과 같은 것들이 있기는 하나 이것들은 어디까지나 작은 국지적 사례들이다. 이보다 개도국에서는 과학기술 제도의 중심 조직, 전개 순서, 상호 연관, 역할 수행 등이 어떻게 이루어지는가가 더 중요하다. 과학기술 제도가 지닌 효율성을 높이고 그 정착 기간을 단축하는 등의 이점을 잘 살리기 위해서다. 결국 개도국으로서는 선진적 과학기술 제도를 수용하느냐 마느냐가 결정적이라기보다 그것들을 자신의 사회적 맥락에 어떻게 적절히 위치시키는가가 관건이다.

한국에서 정치권력이 과학기술에 개입하는 일차 관문은 '과학기술 참모본부'를 든든히 구축하는 것이었다.[22] 과학기술 행정 및 자문기구의 설치는 모든 역대 정권이 가장 역점을 둔 사업이었다. 그 역사적 진화를 보면, 문교부 과학교육국(1948)→경제기획원 기술관리국(1962)/경제과학심의회의(1964)→과학기술처(1967)/종합과학기술심의회(1973)→과학기술처/기술진흥확대회의(1982)→과학기술처/대통령과학기술자문회의(1989)→과학기술부(1998)/국가과학기술위원회(1999) 등으로 큰 변화를 거쳤다. 국 단위에서 독립 부처와 중심 부처로, 비정례적 보조기구에서 공식 자문기구로, 그리고 교육에서 경제, 나아가 모든 분야를 망라하는 방향으로 그 위상과 권한이 높아졌다.[23] 이 기구들은 국가 과학기술을 대내외적으로 관장하는 최고의 컨트롤 타워였다. 한국의 과학기술 전담 부처는 개도국들 중에서 가장 일찍이 세워진 편에 속했다.

과학기술 제도를 둘러싼 정치권력과 과학기술자들의 관계는 시대에 따라 변화했다. 해방 직후부터 1950년대는 정치권력이 과학기술 사안에 직접 개입하는 행위를 가급적 피하고 과학기술계에 위임하는 경향을 보였다. 정치권력은 주요 결정을 최종적으로 내릴 뿐 과학기술 전반의 운용은 전문 과학기술자들이 맡아 추진했다. 특히 과학기술 분야의 최고 전문가로 여겨진 대학의 교수들이 국가의 정책에 깊숙이 관여하며 주도했다. 그런데 1960년대부터는 정치권력에 합류한 과학기술을 전공한 기술 관료들이 일선에 나섰다. 이들은 정치권력의 국가정책 방향에 맞춰 과학기술 제도를 관장하며 이끌었다. 때로는 정치권력과 과학기술계를 매개하는 역할을 담당한 것도 이들이었다. 과학기술계에서는 소수의 유명 인사들만이 과학기술 정책에 대한 발언권을 가질 수 있었다. 과학기술 정책의 노하우가 축적된 1980년대 이후로는 전문 행정 관료의 권한이 대폭 강화되는 쪽으로 기울었다. 과학기술자들은 국가정책에서 배제되고 그들의 주된 영역은 과학기술 실행으로 좁혀지게 되었다. 이렇게 과학기술 제도의 주도권이 과학기술자에게서 정치권력으로 크게 선회하는 방향으로 진화를 해나갔던 것이다.[24]

이 과정에서 한국 과학기술의 주된 특징으로 불리는 '정부 주도형'이 자리를 잡았다. 과학기술 활동과 그 방향을 정부가 직접 이끌었고 과학기술에 대한 실용주의적 관념이 국가적 시스템으로 정착을 했다. 그 구체적 방식은 시대별로 위임형(委任型) 정부 주도에서 독주형(獨走型) 정부 주도로, 그리고 다시 조합형(組合型) 정부 주도로 변화를 겪었다.[25] 이로써 정치권력의 과학기술 개입을 매개하는 제도가 갖추어지고 시대에 따라 그 중심 제도의 형태가 달라졌다. 교육기관→연구소→개발연구 사업 등으로의 변화가 그 주된 흐름이었다. 이러한 요체(要諦)의 과학기술 제도를 매개로 정치권력에 의한 '내부적 강제'가 본격적으로 일어났다.

한국의 정치권력은 권한의 강제(compulsion)와 재원의 배분(allocation)이라는 두 기제를 이용해 과학기술 제도에 개입했다. 무엇보다 과학기술 참모본부라 할 과학기술처가 그 전면에 항시적으로 나섰다. 때로는 대통령이나 중요 정치인들이 과학기술 제도의 창출과 운용에 일시적으로 상당한 영향을 미치기도 했다. 과학기술 제도는 정치권력과 밀접하게 연동(聯動)되며 움직였다. 그 결과 국가 차원에서 과학기술 제도와 관련된 정책, 조직, 프로젝트, 문화 등의 개편과 확장이 수시로 일어났다. 이들 정치권력의 강제된 권위에 힘입어 특정 과학기술 제도가 급격히 부상하고 우월한 지위를 누렸다. 과학기술 제도는 권위주의적 정치권력의 의지를 체화하고 그 지향에 따라 작동하는 또 다른 정치적 영역으로 변모했다. 과학기술과 정치권력의 구조화된 연계는 이처럼 제도를 매개로 해서 이루어지게 되었다.[26]

정치권력이 제도를 매개로 과학기술에 개입하는 구체적인 방법은 다양하다. 우선, 정치권력의 의지를 직접 실행에 옮길 과학기술 제도를 만드는 것이다. 국가 차원의 과학기술 행정 전담 기구는 가장 핵심적인 제도적 장치다. 다음으로는 과학기술 제도가 추구하고 나아갈 가이드라인을 제시하는 것이다. 대통령의 연두교시나 정부의 과학기술 발전계획이 그 대표 사례다. 그리고 물적, 인적 자원의 할당을 통해 과학기술 활동과 그 방향을 제어하는 것이다. 국가 차원에서 중점 육성할 학문 분야의 선택과 연구 과제의 선정이 그 중요한 일부다. 끝으로는 주요 조직의 과학기술 리더를 코드가 맞는 인물로 인선하는 것이다. 이 책임자는 정치권력의 뜻에 따라 과학기술 조직을 운용하게 된다.

과학기술 제도의 변화는 대변동과 소변동으로 나눌 수 있다. 전자는 과학기술 제도가 일시에 큰 폭으로 바뀌는 것이다. 일종의 급진적 변동으로 주로 정치권력이 전면 교체되는 시기에 일어난다. 과학기술 행정기구의 대대적인 개편, 새로운 교육 연구 조직의 설치, 국가적 거대 프로젝트의 추진 등과 같은 사례를 들 수 있다. 후자는 과학기술 제도가 오랜 기간에 걸쳐 작은 폭으로 바뀌는 것이다. 이른바 점진적 변동으로 대개 동일한 정치권력의 집권 시기에 정책 변화와 맞물리며 일어난다. 장관의 교체가 그 주요 요인이 되기도 한다. 과학기술 제도의 작은 변화는 과학기술 행정기구의 부분적 변경, 교육 연구 조직의 추가 증설, 연구개발 프로젝트의 개선 등과 같은 예들이 있다. 과학기술 제도의 대변동이 흔치 않은 대신에 소변동은 빈번하게 발생한다.

한국에서는 특히 정권 교체가 과학기술 제도를 급격히 변화시키는 결정적 요인이었다. 새로 등장한 정부는 이전과 구분되는 국가 어젠다를 제시하고 그에 부응할 다른 과학기술 제도를 적극 물색했다. 설령 동일한 정당에서 재집권을 하더라도 새로운 통치 세력은 자신을 배태한 이전의 정부를 구정권으로 규정하고 차별화와 단절화를 추구했다. 그 배경에는 국민의 지지가 낮은 이전 정부를 부정하고 국민적 열망을 담을 신정권의 강렬한 '정변 의지(revolutionary will)'가 도사리고 있었다.[27] 국민들의 의식 수준 향상에 따른 민주화와 산업화를 향한 열망과 진전이 한국 사회의 기저에 존재하고 있었던 까닭이다. 이로써 현대 시기에 일어난 여러 번의 정권 교체는 이전과 다른 새로운 과학기술 제도를 끊임없이 배태시켰다.

그래서 새로운 정부가 내건 과학기술 제도는 구정권과 뚜렷이 차별화된 목표와 방향을 추구했다. 이들은 당시 한국에는 없거나 부족하다고 여긴 더 나은 과학기술 제도에 남다른 주목을 했다. 그 원천은 적은 노력으로 단기간에 확보할 수 있다고 여긴 선진국의 과학기술 제도였다. 역사적으로 볼 때 한국 과학기술은 선진국의 제도를 지속적으로 도입하여 그 체계를 복합적으로 갖추어나가는 과정이기도 했다. 새로이 등장하는 정권마다 이전과 다른 선진적 과학기술 제도를 끊임없이 들여온 결과였다. 이 과정에서 과학기술 제도의 변형과 개선이 일어났지만 결과적으로 선진국과 유사한 형태와 수준의 과학기술 제도가 빠르게 갖추어졌다. 말하자면, 과학기술 제도에서도 선진국을 빨리 따라가는 압축 성장이 정권 교체와 맞물리며 일어났던 것이다.

과학기술 제도의 급격한 변화는 과학기술 발전을 해칠 수도 있다. 제도의 전면 교체는 때때로 과학기술 활동을 재기 불능의 공황 상태로 빠뜨린다. 예컨대, 제도 개편으로 빚어진 이전 제도의 완전 폐기, 정책 방향의 이상주의적 전개, 활동 조직의 무질서, 과학자사회의 의욕 상실 등은 오히려 과학기술 활동에 걷잡을 수 없는 대혼란을 초래한다.[28] 제도의 과도한 변화는 과학기술 활동에 야누스의 다른 얼굴처럼 의도와 상반되게 변질될 우려가 있다. 이는 결과적으로 과학기술의 빠른 발전의 원천이 아니라 그 반대로 급속한 추락의 결정타가 된다. 이러한 현상은 개도국들에서 종종 벌어지는 현실이다.

그러므로 개도국들은 과학기술 제도의 급격한 변화가 초래할 위험성을 완화하거나 제거할 방법을 적절히 찾아내는 것이 중요하다. 바로 선진국에서 오랜 기간에 걸쳐 그 유용성을 인정받은 과학기술 제도를 도입하여 자국의 상황에 맞게 변형하는 것, 즉 '선진 제도의 국지화'다. 선진 제도는 이미 장기간 선진국에서 현실에 적응하고 그 사회적 가치를 인정받았다는 점에서 상당 부분 '보편적 가치'를 지닌다. 하지만 개도국은 과학기술의 영역, 수준, 조건 등이 선진국과 현저히 다르므로 선진 제도를 그대로 이식하는 것은 여러 문제들을 심각하게 초래할 수 있다. 이 때문에 개도국은 선진 제도를 받아들여도 그것을 자신의 사회적, 학문적, 산업적 맥락에 재위치(relocation)시켜 '국지적 가치'까지 획득하는 것이 필요하다.

한국에서는 실제로 선진 제도들이 크게 변형되고 그 사회적 위상을 달리하여 자신의 역할과 의미를 새롭게 하는 경우가 많았다. 유사한 제도라 하더라도 그 형태를 부분적으로 바꾸고 그 의미를 다르게 번역하는 일들이 빈번하게 발생했다. 국가정책, 대학, 연구소, 프로젝트, 학회 등 과학기술 제도 전반에 걸쳐 이러한 현상이 일어났다. 말하자면, 과학기술 제도가 한국의 지역적 맥락에서 재발견되고 재창조되었던 것이다.[29] 아울러 새롭게 변형된 과학기술 제도는 그 자체가 생명력을 지니고 진화를 해나갔다. 한국 사회와 밀착될수록 그 사회적 확장이 활발히 이루어졌다. 결국 과학기술 제도는 선진 제도의 외형을 그대로 닮았지만 그 실체는 지역의 환경과 맥락에 녹아든 '한국적 제도'로 거듭나게 되었다.

따라서 한국에서 과학기술 제도는 정치 변동의 궤적에 발맞춰 진화했다. 이는 정치권력과 과학기술이 밀착되었던 것이 중요한 배경으로 작용했다. 정권별로 최고 통치자를 주축으로 한 정부는 자신의 지향을 강력히 펼칠 과학기술 제도를 마련했고, 정권 교체는 결과적으로 기존 제도를 새로운 제도로 대체하는 중요한 계기가 되었다. 마치 과학기술 제도는 정권 교체 때마다 그와 연동해서 급격한 변동이 일어나는 '과학기술 레짐 (scientech regime)'의 성격을 띠었다. 그렇다 보니 새로운 정권의 등장은 일거에 중심적 과학기술 제도의 교체와 개편을 가져왔고, 이는 과학기술 실행을 이전과 다른 수준과 방향에서 추구하게 만드는 중요한 사회적 기반이 되었다.

과학기술 중심지의 변동

과학기술 제도는 매우 다양하고 복잡하다. 그중에서도 과학기술 활동이 주되게 이루어지는 공간으로는 대학, 정부산하 연구소, 기업 등이 있다.[30] 이곳에서 과학기술자들은 교육, 연구, 활용, 문화 활동의 어느 하나 혹은 그들을 겹쳐서 벌인다. 이러한 활동은 저마다 그 범위가 상당히 넓다. 연구만 해도 과학 연구, 공학 연구, 기술 연구 또는 기초연구, 응용연구, 개발연구와 같은 것들이 있다. 연구팀은 특정 조직의 테두리를 넘어 국내나 해외의 다른 곳들과 협력 및 공동 연구를 펼치기도 한다. 이처럼 과학기술 활동이 주되게 일어나는 공간의 구성과 임무는 복잡한 양상을 지닌다.

과학기술은 시대나 국가별로 그 강조하는 부분이 꾸준히 달라져왔다. 과학기술에서 중점이 두어진 부분이 무엇이었는가를 보면 잘 알 수 있다. 교육이 부각되는가 하면 연구가 주목을 끌기도 했다. 사상과의 연계가 중시되는가 하면 산업과의 밀착이 부각되기도 했다. 지식의 생산이 강조되는가 하면 지식의 유통과 소비가 관심을 끌기도 했다. 전문가들의 활동에 초점이 맞추어지는가 하면 대중과의 소통이 주목을 받기도 했다. 과학기술의 중점이 어디에 두어지는가에 따라 그 주도적 과학기술 제도도 지속적으로 바뀌었다.

그동안 서구에서는 대학이 가장 중추적인 과학기술 공간으로서의 지위를 누려왔다. 과학기술이 가장 먼저 자리 잡은 곳이 대학이고 그곳을 중심으로 과학기술 생태계가 만들어졌다. 물론 과학기술에서 연구 활동의 지대(地帶)가 대학에서 기업을 거쳐 정부 연구소로 확대되어온 것은 사실이다. 특히 기업은 산업적 개발연구가 중시됨에 따라 그 비중과 위상이 갈수록 높아졌다. 그렇더라도 대학의 지위는 다소 약화되었을지언정 여전히 중요하다.[31] 그 배경에는 대학이 오랜 전통을 지닌 과학기술의 구심점이자 교육과 연구, 학문과 산업 등의 복합 수행자로 변화하며 존재하고 있기 때문이다.

이와는 달리 개도국은 대학의 전통과 기반이 대체로 허약하다. 대학은 뒤늦게 생긴 과학기술 활동의 다양한 공간 가운데 하나였다. 일부 개도국들 가운데는 드물게 대학이 비교적 일찍 세워진 경우도 있었으나 부실한 처지를 벗어나긴 어려웠다. 그리고 근대 과학기술의 유입이 늦어짐에 따라 교육, 연구, 활용 등이 동시에 추진될 필요가 있었다. 대학만이 아니라 연구소, 기업 등의 역할이 저마다 다른 가치를 지니며 강조되었다. 게다가 정치권력의 주도로 과학기술 조직이 세워지다 보니 그들의 정책 방향에 따라 중심적인 과학기술 제도가 수시로 달라졌다. 그 방향은 산업기술의 경제적 활용에 초점을 맞추는 것이었다. 이러한 점에서 대학이 다른 과학기술 공간에 대해 가지는 상대적 우위는 그다지 확고하지 못한 상태였다.

이때 정치권력이 과학기술에 본격적으로 개입함에 따라 그 제도적 변동이 다양하게 일어났다. 즉, 과학기술 제도의 설치 순서, 중심 조직, 상호 연계, 역할 수행 등이 나라마다 다르게 전개되었던 것이다. 한국의 사례는 이 점을 극명하게 보여준다. 시대별로 정치권력의 과학기술 지향이 자못 달라지며 과학기술 제도의 진화가 매우 역동적으로 일어났던 것이다. 짧은 기간에 서로 다른 과학기술 제도의 창출, 확대, 쇠락 등의 사이클이 빈번히 일어나고 교체되었다. 이렇게 정치권력의 가세로 과학기술 제도가 펼친 파노라마는 마치 자연 생태계의 천이(succession)와 유사했다.

한국에서 과학기술은 시대별로 상이한 패턴을 뚜렷이 보여주었다. 정치권력이 국가적 어젠다를 내걸면 그것을 수행할 행정기구가 설치되고 이 행정기구는 정치권력의 의향을 번역하여 중심적인 과학기술 제도를 만들었다. 즉, 정치권력의 국가적 목표가 행정기구를 매개로 해서 주도적 과학기술 제도로 발현(expression)되는 방식이었다. 이는 정치권력의 과학기술 지향이 궁극적으로 과학기술 제도로 물질화되는 것이었다. 이때 과학기술 제도는 그 시대의 과학기술 활동을 규정하는 프레임과 같은 역할을 했다. 시대별로 과학기술은 유사 패러다임처럼 주요 영역, 수준, 방향, 가치 등을 공유하는 특정한 패턴을 지녔다.[32] 결국 제도의 변동은 과학기술의 변화를 동반했던 것이다.

과학기술 제도 중에서는 대학, 연구소, 프로젝트 등과 같은 실행 조직(organization)을 주목할 필요가 있다. 이러한 조직은 과학기술 활동의 근거지가 될 뿐만 아니라 그 성과가 직접적으로 산출되는 생산지다. 사실 국가 행정, 학술단체, 법령과 같은 여타의 제도는 다분히 실행 조직을 후원하고 지지하는 보조 조직의 성격을 지닌다. 과학기술 제도라 하더라도 그들 사이에는 위상과 역할의 측면에서 커다란 차이가 존재하고 있는 것이다. 결국 과학기술 활동이 주되게 펼쳐지는 무대는 인적, 물적 자원이 결집되며 연구개발이 실제로 수행되는 실행 조직이다. 이곳에서 과학기술의 주요 산물이라 할 연구 인력, 연구 논문, 제품 개발 등이 얻어지게 된다.

아울러 과학기술 제도는 단일한 조직만이 아닌 상호 네트워크의 관점에서 바라보는 것이 중요하다. 특정 조직은 그 자체만으로 원활하게 작동할 수 없다. 그것이 우월한 존재로 인정받으려면 다른 조직들을 이끄는 위치에 올라서야 한다. 말하자면, 과학기술 네트워크의 중심에 위치해서 다양한 연결을 이루어야 그 제도가 실질적인 위력을 발휘할 수 있는 것이다. 그러므로 과학기술 제도의 위상은 그것이 과학기술 전반으로 얼마나 확장되고 다른 부문과 어떻게 상호 연관을 맺는가에 의해서 갈린다. 어찌 보면 과학기술 제도는 생물체처럼 집합적 조직에서 가장 상위를 점유해야 그 주도력이 확보될 수 있는 것이다.

시대	국가 목표	중심 제도	모델 조직	증식 확산
1945~50년대	대규모 인력 양성	대학	서울대 (1946)	연세대, 고려대, 한양공대, 부산대, 경북대, 전북대, 전남대, 충남대, 인하공대 등 40개
1960~70년대	현대적 인프라 구축	정부출연 연구소	한국과학 기술연구소 (KIST, 1966)	국방과학연구소, 원자력연구소, 표준연구소, 자원개발연구소, 기계금속연구소, 전자기술연구소, 화학연구소 등 19개
1980~90년대	조직적 개발연구	국가 연구 개발 사업	특정연구 개발사업 (1982)	선도기술개발사업, 공업기반기술사업, 정보통신연구개발사업, 대체에너지기술개발사업, 원자력개발사업, 우수연구센터지원사업 등 20~30개

〈표 4〉 과학기술 중심 제도의 변천

한국의 실제 역사에서 과학기술의 중심 지대는 시대별로 커다란 변동을 겪었다. 새로이 등장한 정치권력에 의해 과학기술 제도의 구심점이 빠르게 이동했다. 해방 이후 1950년대는 대학, 1960~70년대는 정부출연연구소, 1980~90년대는 국가적 연구개발 사업, 그 후에는 대기업이 과학기술의 중추 공간으로 자리 잡았다. 우연찮게도 '15~20년 주기'로 주도적 과학기술 제도의 대전환이 일어났다. 새로이 설치된 과학기술 제도가 전형적인 모델이 되어 그와 유사한 사례가 급속히 확산되는 방식이었다. 다른 과학기술 제도는 이러한 과학기술 중심지와 새롭게 연결되며 그것이 부여하는 특정한 기능을 수행했다. 그 형태는 이전과 유사해 보여도 그들이 지닌 위상과 임무는 크게 달라졌다. 이렇게 과학기술의 중심 지대는 시대별로 교체되며 과학기술에 놀라운 역동성을 부여했다.

첫 번째 시기는 해방 직후부터 1950년대로 고등 인력을 양성하는 대학이 과학기술의 중심지로 떠올랐다. 이승만 정부는 당시 대중들의 교육 열기를 반영하여 새로운 국가를 이끌 지도적 인재를 대대적으로 양성하려는 의지를 가졌다. 과학기술이 근대적 교육의 중요한 일부라는 인식이 공유되어 있었고 이를 통해 시급한 우수 인력의 양성과 과학적 의식의 확산 등과 같은 사회적 효과도 기대되었다. 과학기술 분야에서는 이를 담당할 행정기구로 문교부에 과학교육국이 설치되었다. 이에 힘입어 대학이 전국적으로 급격히 확장되어 역사상 유례없는 '과학기술 교육의 시대'가 열렸다. 한국 과학기술의 두드러진 특성의 하나로 거론되는 우수한 과학기술 인력의 대량 양성은 이때부터 비롯되었다.

대학은 최고의 고등교육기관으로서 국가 및 대중의 시선을 강렬하게 사로잡았다. 우선 서울에서 1946년 국립서울대를 필두로 몇몇 사립대학들이 등장했고 공학에 중점을 둔 한양공대도 출현했다. 한국전쟁을 계기로 전국에는 도별로 1개의 국립대학이 세워지고 사립대학도 여러 곳에 등장해 1950년대 말까지 과학기술 전공을 갖춘 대학이 무려 40개로 급증했다.[33] 과학기술 조직이 취약한 상황에서 대학은 순식간에 과학기술의 중심지로 올라섰다. 정확히 말하면, 국가 차원에서 과학기술을 이끌 주요 제도가 처음으로 등장한 것이었다. 아울러 서울대를 비롯한 주요 사립대학과 지역의 국립대학은 많은 과학기술 인력을 배출하고 이들은 다시 대학을 확충하고 그 기반을 강화하는 촉진제 역할을 했다. 대학의 확장과 그곳에서 배출된 고등 인력이 서로 연계되며 그 권위를 강화하는 현상이 나타났던 것이다. 이렇게 대학은 우수 고등 인력이 모여든 최대 집결지였다.

한국 대학의 대표 모델이자 상징은 서울대였다. 이 대학은 국가가 최초로 세운 가장 명성 있는 곳으로서 다른 대학들의 본보기가 되었다. 대학 설립과 운영에 대한 경험이 전혀 없던 때여서 서울대는 대학 체제에서부터 학과, 교과과정, 실험 설비 등에 이르기까지 본받을 대상이었다. 더구나 서울대가 미국의 원조로 추진된 일명 미네소타프로젝트에 따라 세계 최고로 여겨진 미국식으로 개편됨에 따라 그 우수성이 더 부각되었다. 1954년에 시작된 이 재건 사업은 7년 동안 공대, 농대, 의대를 중심으로 1천만 달러라는 거액이 투여된 국가적 프로젝트였다. 정부가 고등교육기관에 지원한 재원의 대부분이 서울대로 집중되었고, 서울대는 학부를 비교적 충실히 갖춘 대학으로 탈바꿈했다.[34] 이 대학을 졸업한 사람들은 전국 각지의 대학으로 대거 진출하여 그곳의 주도적인 교수진으로 활동했다.

과학기술의 중심부로 자리 잡은 대학은 다른 과학 기관들과의 연결을 강화해나갔다. 과학기술 교육을 주관하는 문교부에는 전문성을 지니고 있다고 여긴 대학의 교수들이 들어갔다. 특히 서울대 물리학과 교수들인 최규남(과학교육국 국장, 문교부 장관), 박철재(과학교육국 부국장, 국장), 윤세원(원자력과 과장)이 주요 인물들이었다. 국방부과학연구소에는 대학의 교수들이 겸직으로 참여했고 대학원생들이 학위논문을 쓰기 위해 그곳에서 실험 연구를 했다. 원자력연구소는 대학 교수 출신의 박철재와 윤세원이 주도했을 뿐 아니라 이들과 서울대 대학원생들로 구성된 스터디모임이 설립 준비 과정부터 깊숙이 관여했다. 원자력 사업에는 연구소의 지원과 더불어 대학의 과학 연구 진흥이 중요한 일부로 포함되었다. 즉, 대학 교수들에게 학술 연구비를 지원해주고 많은 과학기술자들이 참여하는 대규모 학술대회를 개최했다.[35]

결국 대학은 한국 과학기술의 중요한 기반이자 원천이었다. 그중에서도 서울대는 과학기술 활동의 중추적 수원지였다. 급속히 팽창한 국립 및 사립대학들은 물론 새로이 생긴 행정부서, 연구기관, 학술단체 등도 서울대 교수와 졸업생들에 의해 주도되었다. 이에 따라 서울대를 비롯한 대학들은 그 위상이 갈수록 높아지고 과학기술 활동에 관한 주도권을 획득해나갔다. 국가의 정책, 연구기관, 학술단체 등은 대학을 구심점으로 해서 서로 연결되며 활기를 띠었다. 이 시기는 대학이 중심이 되어 교육과 연구를 포함한 과학기술 활동이 전개되고 그 발전이 이루어졌던 것이다.

이렇게 과학기술 교육은 시대의 화두이자 과제로 과학기술 활동 전반을 압도했다. 그 형태는 학교교육을 비롯해 해외 유학, 국내외 연수, 대중 계몽 등으로 다양하게 펼쳐졌다. 모두가 교육의 일부로 혹은 그와 연계해서 이루어진 것들이었다. 산업과 기술을 의도적으로 기피하려고 한 것은 아니나 결과적으로 대학과 기초과학을 강조하는 현상을 낳았다. 이것이 교육 증진과 인력 양성에 더 중요하고 효과적이라고 판단했기 때문이다. 아울러 대중들의 과학기술 교육에 대한 열의도 사회 저변에서 뜨겁게 일어나 다양한 분야와 수준의 과학기술 인력이 폭발적으로 늘어났다. 이들은 다시 과학기술 제도와 맞물리며 교육을 더 강화하는 선순환 구조를 형성했다. 사회 전반적으로 교육 중심의 과학기술 시스템을 만들어가고 있었던 것이다.

두 번째 시기는 1960년대부터 1970년대까지로 다양한 과학기술 인프라들이 구축되는데 그중에서도 연구소가 과학기술의 메카로 등장했다. 박정희 정부는 사회경제 발전의 기반으로서 다양한 과학기술 제도를 광범위하게 갖추는 데 힘썼다. 과학기술 전담 부처로 과학기술처가 세워지고 그 주도하에 정책, 조직, 법령 등의 과학기술 제도가 갖추어졌다. 이 덕분에 한국에서도 제도에 기반한 과학기술 활동이 전개되는 '과학기술 인프라의 시대'가 열렸다. 특히 산업기술의 개발연구를 위한 인적, 물적 자원이 집중된 정부출연연구소는 이때 세워진 가장 새롭고 독특한 과학기술 제도였다. 이를 중심으로 한국의 과학기술을 상징하는 정부 주도의 과학기술이 본격적으로 전개되었다.[36]

1961년에 등장한 박정희 정부는 구정권의 교육 위주의 과학기술에 대해 무척 비판적이었다. 과학 교육 중심의 국가정책은 이전 정부의 산물로 비생산적이고 유용하지 못하다고 여겨졌다. 기존 과학기술도 대대적으로 혁파해야 할 주요 대상이 된 것이었다. 특히 박정희 정부는 과학에서 구정권이 중점을 두었다고 여긴 것들을 비판의 표적으로 삼았다. 구정권의 과학기술 상징이라 할 문교부와 대학의 과학 분야는 크게 축소되고 국방부과학연구소는 폐지되는 운명을 맞았다. 그 대안으로 박정희 정부는 경제개발에 기여할 기술을 앞세우고 강조하는 '경제-기술 연계 전략'을 내세웠다.[37]

이때부터 과학기술에서 '연구'가 처음으로 강조되었다. 선진국의 과학기술에서 남다른 점은 연구 활동이고 그것을 통해 박정희 정부가 추구하려는 과학기술과 경제개발의 연관도 가능할 것으로 보았다. 과학기술과 산업 발전을 직접 매개하는 지점으로 연구를 주목했던 것이다. 그런데 박정희 정부는 대학을 과학기술 연구의 중심 공간으로 삼으려 하지 않았다. 대학은 구정권의 과학기술 온상인 데다가 새로운 정권을 위협하는 비판 세력의 진원지였다. 결국 박정희 정부는 소란스럽고 저항적인 대학이 아닌 조용하고 순응적인 새로운 공간을 과학기술 연구의 터전으로 삼고자 했다.

새로운 과학기술 연구의 공간은 1966년 한국과학기술연구소(KIST)의 등장으로 가시화되었다. 이 연구소는 세계 과학기술을 이끌고 있던 미국의 원조로 세워지므로 규모와 수준의 측면에서 국제적 연구기관에 비춰 손색이 없을 것으로 기대되었다. 당연히 대학의 과학기술 연구를 압도하는 한국 최고의 연구소가 될 것으로 보았다. 박정희 정부는 KIST를 과학기술 연구의 메카로 여기고 실제로 그렇게 만들기 위해 힘썼다. KIST를 '동양 최대'의 연구소로 만들려는 야심찬 국가적 후원과 지지가 그 단적인 예였다. 개도국들 중에서는 산업기술에 중점을 둔 현대적 연구소를 최초로 세우게 되었다.[38] 뒤이어 KIST를 모방한 정부 출연 기관들이 전략 산업 분야별로 전방위적으로 세워져 1970년대 말까지 19개에 이르렀다. 이 중에서 정부출연연구소들은 한곳으로 집결되어 과학기술 연구의 요람이라 할 대덕연구단지를 형성했다.[39] 이렇게 정부출연연구소는 정부의 주도 하에 자기 복제와 증식을 거쳐 막강한 권한을 가진 과학기술의 중심 조직으로 떠올랐다.

정부출연연구소가 과학기술의 중심지로 부상함에 따라 기존과는 다른 과학기술 제도가 그와 밀접한 연계를 맺었다. 수요가 급격히 늘어난 연구 인력의 안정적 확보를 위해 대학원 육성이 요구되었다. 이것도 기존 대학원을 이용하지 않고 정부출연연구소에 부합할 이공계 특수대학원인 한국과학원(KAIS)을 신설하는 방식으로 추진했다. 일부 유명 대학의 이공계 대학원 과정도 이를 기회로 서서히 활기를 띠기 시작했다. 정부출연연구소에서 얻어지는 연구 성과는 기업과 연결되거나 독자적인 벤처 사업으로 추진되었다. 기업의 연구개발에 대한 관심과 활동이 정부출연연구소와 관련하여 서서히 싹텄다.[40] 정부출연연구소는 정책보고서 발간, 전문가 자문 등의 형태로 국가적 정책 및 사업과 연결을 맺었다. 과학기술 법령들, 구체적으로는 한국과학기술연구소육성법, 과학기술진흥법, 기술개발촉진법, 기술용역육성법, 특정연구기관육성법 등이 정부출연연구소와 직간접으로 관련을 지니며 제정되었다. 이와 같이 정부출연연구소를 중심부로 하는 과학기술 제도의 거대한 네트워크가 형성되었다.[41] 이 울타리에서 벗어나 있던 대학, 그중에서도 특히 기초과학 분야는 장기간 소외된 주변 지대로 머무를 수밖에 없었다.

당시는 과학기술이 경제개발에 지대하게 기여하고 있다는 믿음이 강하게 형성되며 확산되고 있을 때였다. 사실 정부출연연구소에서 내놓은 연구 성과가 산업 발전에 실질적으로 기여하는 사례는 드물었다. 그럼에도 과학기술이 경제 발전에 효과를 발휘하고 있다고 인식한 이유는 경제성장이 빠르게 이루어지며 그 요인의 하나가 동일한 시기에 역점을 둔 연구개발일 것이라는 착시 현상 덕분이었다.[42] 고도의 과학기술이 경제개발과 관련을 맺기는 했지만 그것은 담론과 정책, 그리고 기껏해야 일부 인력의 차원에서였다. 한국은 고급 과학기술 인력이 창출하는 연구 성과가 산업 발전에 직접 기여할 수준으로까지는 아직 올라서지 않았던 것이다. 정부출연연구소의 실제 가치는 연구개발의 기반을 갖추고 장차 대학이나 기업에서 필요로 하는 풍부한 경험을 쌓은 연구 인력을 대량으로 배양한 점에 있었다.[43]

이처럼 박정희 정부 시기는 경제개발을 포함한 근대적 개조를 위한 과학기술이 시대적 화두였다. 그 중심적인 과학기술 제도로서 구정권에서 취약한 연구기관을 주목하고 그것의 확장에 열의를 쏟았다. 이로써 산업기술에 중점을 둔 정부출연연구소들이 대대적으로 세워지고 연구단지까지 만들어졌다. 이후 정부출연연구소들은 기존과는 다른 과학기술 제도와 긴밀하게 연결되며 그 몸집과 위력을 공룡처럼 부풀렸다. 그 결과 근대적 핵심 인프라로서 정부출연연구소가 과학기술의 중심부에 자리를 잡았다.[44] 정부출연연구소는 정치권력의 비호를 받는 과학기술 온상이자 성역으로 여겨졌다. 이 때문에 과학기술계나 사회 일각에서는 정부출연연구소들에 대한 불만이 점차 불거져 나오기 시작했다.

〈보첨 4〉 '개발연구체제(D&R system)'

서구에서 등장한 '연구개발(R&D)'이란 말은 널리 사용되고 있는 대중화된 용어의 하나다. 현대적 과학기술 활동의 핵심을 지칭하는 이 말은 이미 세계적 보편성을 지니고 있다. 과학기술이 나라들에 따라 다종다양한 차이를 보이는데도 연구개발은 어느 곳에서나 의심의 여지 없이 똑같이 쓰이고 있다. 시대와 지역의 경계나 맥락을 초월하고 있는 것이다.

연구개발은 연구를 앞세우고 중시하는 선형모델을 전제로 삼고 있는 말이다. 말하자면, 개발은 연구에 좌우되며 그 뒤를 따라가는 연구 의존적 의미를 지닌다. 설령 그에 대한 변형이 이루어지더라도 연구 위주의 발전은 강력한 관성으로 존재한다. 그런데 연구와 개발 안에는 무수히 많은 다른 유형의 패턴들이 존재한다. 연구를 앞세우는 방식도 있으나 그와 별개로 개발을 위주로 하는 방식도 있다. 연구와 개발을 병행하는 방식도 존재할 수 있다. 그럼에도 이를 연구개발이라고 획일적으로 사용하는 것은 과학기술을 독특하게 바라보는 서구적 프리즘을 무의식중에 갖다 대는 것과 같다.

한국의 경우는 연구개발과 매우 다르다. 개발을 중심으로 과학기술을 펼쳤고 연구는 그와의 관련 속에서 이루어졌다. 이는 낙후한 처지에서 과학기술과 사회경제 발전을 동시에 이루는 결과를 낳았다. 그래서 나는 연구개발 대신에 개발연구라는 말로 한국의 과학기술 활동을 표현하고자 한다. 개발연구체제는 이와 관련된 과학기술 활동과 더불어 그를 지지하는 제도까지 포괄하는 뜻을 담고 있다. 이 대안적 용어는 한국만이 아니라 거의 모든 개도국들의 과학기술을 더 적절히 해명할 수 있다. 최근에는 선진국들도 이러한 경향을 닮아가고 있다. 이런 점에서 개발연구는 연구개발보다 지역 맥락성과 확장성이 더 높은 개념이자 용어다.

세 번째 시기는 1980년대부터 1990년대까지로 경제 발전과 관련된 '국가적 연구개발 사업'[45]이 중심 지대로 진입했다. 전두환과 노태우 정부는 첨단산업의 발전을 위해 개발연구 사업을 본격적으로 추진했다. 대통령 자문기구로 기술진흥확대회의를 설치하여 산학연이 모두 참여하는 과학기술 총력전을 펼쳤다. 무엇보다 국가적 대형 프로젝트를 만들어 대규모 재원과 인력이 투여되는 '개발연구 시대'가 열렸다. 이 과정에서 기업의 과학기술 능력이 축적되어 한국 과학기술의 새로운 성격인 민간이 주축이 된 개발연구가 활기를 띠었다. 특히 대기업은 우수한 기술적 성과에 기반하여 글로벌 기업으로 성장하는 발판을 마련했다.

1980년에 집권한 전두환 정부는 구정권의 과학기술을 철저히 비판했다. 국가 차원에서 막대한 특혜를 주었음에도 정부출연연구소들이 거둔 성과가 매우 적다는 점이 중요하게 지적되었다. 무엇보다 경제개발에 실질적으로 도움이 되고 유용한 개발연구에 타깃을 맞춤으로써 그 권위를 무너뜨리는 시도를 했던 것이다. 이와 더불어 정부출연연구소의 독식과 독주도 비판의 도마 위에 올랐다. 이에 대한 대안으로 전두환 정부는 기업, 대학, 연구소가 연합한 산학연 개발연구체제를 내세웠다. 정부 주도의 새로운 과학기술 재편이 국가적 필요에 부응하는 연구 성과를 실질적으로 거둘 획기적 방안으로 여겨졌기 때문이다.

새로운 정권은 기술입국(技術立國)을 주창하며 특히 첨단기술의 조직적 개발연구에 초점을 맞추었다. 선진국에서 떠오르고 있는 첨단산업에 야심차게 도전함으로써 경제개발을 새로운 차원에서 추진하려는 원대한 목표였다. 원론적으로는 선진국의 과학기술을 모방이나 추종이 아닌 경쟁이나 추월의 대상으로 삼는 국가적 청사진을 그렸던 것이다. 이를 위해 정부출연연구소와 같은 일부 기관에 의존하지 않고 정치권력이 주도하는 국가적 총력 체제를 전면에 내세웠다. 사회경제 발전을 과학기술이 선도하는 '기술드라이브정책'과 정부와 더불어 민간이 본격적으로 참여하는 '민간 주도 기술개발전략'을 내세워 국제사회에서 경쟁할 개발연구를 적극 추진했다.[46]

이때는 분명 이전 시기에 비해 정치권력의 과학기술 개입이 덜 직접적이고 덜 강압적인 모습을 띠었다. 정부가 과학기술의 정책, 실행, 활용 모두를 독주하는 방식에서 벗어나 다양한 과학기술 행위자들의 고유 활동과 역할을 부분적으로 인정하는 방식으로 변모했다. 하지만 과학기술에 대한 정부의 주도권은 여전히 지속되어나갔다. 다만, 철저하고 일방적인 주도에서 완화된 조합적인 주도로 변화가 이루어졌던 것이다.

정치권력이 과학기술을 이끄는 방식은 크게 두 가지 특성을 지녔다. 첫째는 정부가 주도적 위치에 있되 학계, 기업 등을 끌어들여 광범위한 연합을 꾀했다는 점이다. 과학기술 자원을 더 널리 포괄해서 국가적 개발연구를 적극적으로 추진하기 위해서였다. 특히 대기업을 중심으로 기업의 개발연구를 확충하고 향상시키는 데 크게 힘썼다. 둘째는 정부 주도의 과학기술 지향이 사회 속에 구조화되었다는 점이다. 국가 차원의 대규모적이고 조직적인 개발연구 사업이 핵심적인 활동으로 자리를 잡고 경제개발과 직결될 기업 부설 연구소들의 성장이 두드러지게 일어났다. 정치권력이 과학기술에 대해 가진 실용주의적 관점이 제도, 활동, 태도 등의 형태로 물화되었던 것이다.

정부가 중심이 된 과학기술 연합 체제는 다양한 방면과 수준에서 나타났다. 먼저, 대통령이 이끄는 국가 차원의 과학기술 컨트롤 타워가 새로이 만들어졌다. 기술진흥확대회의가 그것이다. 이 조직은 최고 통치자를 비롯해 청와대, 행정부, 국회 및 정당, 학계 및 연구기관, 산업계, 경제계, 언론 등이 총망라된 연합 기구였다. 각 분야의 과학기술 관련 주요 인사들을 대통령 아래로 집결시킨 것이었다. 다음으로는 국가 차원의 개발연구 사업이 연합적인 방식으로 추진되었다. 1982년 시작된 특정연구개발사업은 국가적 전략 산업 발전에 직결될 개발연구의 수행을 목표로 정부출연 연구소, 기업 연구소, 대학 등이 공동으로 벌인 초대형 개발연구 사업이었다. 국가적으로 중요한 첨단기술을 자체적으로 개발하기 위해 국가의 인적, 물적 자원을 결집시킨 것이었다. 이렇게 국가적 개발연구는 특정 산업 기술에 초점을 맞춰 '산학연 삼중주'로 전개되어나갔다.[47]

이때부터 대규모적이고 조직적인 개발연구 사업이 한국 연구개발의 중요한 전형이 되었다. 무엇보다 산학연이 공동으로 참여하는 개발연구 사업이 행정부의 여러 부처로 확산되었다. 특정연구개발사업을 모델로 삼아 과학기술처, 상공부, 체신부, 동력자원부, 건설교통부, 문교부, 농림수산부, 보건부, 환경처 등이 앞다투어 국가적 개발연구 사업을 추진했다. 뿐만 아니라 정부출연연구소, 기업, 대학에서도 이를 모방한 대규모 연구개발 사업이 뒤를 이었다. 상공부의 공업기반기술개발사업, 정부 부처 연합의 선도기술개발사업, 과학기술처의 대학 우수연구센터 지원사업, 체신부의 CDMA기술개발사업, 삼성전자의 64M D램개발사업 등이 그 대표적인 사례였다.[48] 이러한 대규모 사업이 십여 년 사이에 20~30개로 급격히 늘어났다. 연구개발비의 집중 투자와 연구 인력의 결집으로 '규모의 과학기술'을 실현하고자 했던 것이다.

이러한 국가 차원의 조직적 개발연구 사업을 추진하는 과정에서 기업이 연구개발의 중심지로 떠올랐다. 기업 연구소는 1981년 53개에서 1991년이 되면 1천2백 개를 넘어섰다. 연구개발비에서 민간이 차지하는 비중도 1980년 36%에서 1990년에는 무려 80%에 이르렀다. 특히 대기업은 독자적인 종합연구소를 만들어 정부에서 장려한 산업기술 개발연구의 중심 무대로 발돋움했다.[49] 이들은 스스로 자생력을 갖게 됨에 따라 그동안 도움을 주던 정부출연연구소와 대학을 주변적인 존재로 밀쳐냈다. 이러한 과학 기관들의 위상 변화는 국가적으로 핵심 연구개발의 과제가 기술 개발에 치중된 것과도 긴밀히 관련되어 있었다. 즉, 대기업 연구소가 국가 차원의 전략적 개발연구에서 가장 중요한 대표 기관으로 인정받게 되었던 것이다.

국가 차원의 대규모 개발연구 사업을 통해 정부출연연구소, 기업, 대학 등이 서로 연계되었을 뿐 아니라 그 위계 구조와 역할 분담이 이루어졌다. 국가적 대형 사업은 다양한 과학기술 행위자들을 집결시켰고 서로의 협력과 공생을 도모하는 계기가 되었다. 이 과정에서 기업의 연구소들이 정부의 재정 지원과 다른 과학 기관들의 협력으로 비약적인 성장을 이루었다. 또한 과학기술 행위자들의 연구개발 방향을 산업적 기술 사업에 맞추다 보니 기업 위주의 '개발연구 체제'가 구축되었다. 대학은 기초연구, 정부출연연구소는 응용 및 원천연구를 중요하게 수행하지만 국가 차원에서는 무엇보다 기업의 개발연구가 가장 중심적인 과제로 떠올랐다.[50]

이처럼 전두환과 노태우 정부 시기는 국가 차원의 조직적 개발연구 사업이 중심적인 제도를 차지했다. 최신의 과학기술에 관한 연구개발 성과를 최대한 빨리 얻고자 대형화, 공동화, 가속화를 꾀했던 것이다. 그 덕분에 규모의 과학기술이 위력을 발휘해 단기간에 첨단기술에 관한 성과들이 속속 얻어졌다. 물론 기초연구와 원천기술은 여전히 선진국에 의존하는 처지에서 벗어나지 못했고 소규모 연구, 창의적 연구, 도전적 연구 등은 소홀히 여겨졌다. 이 시기에 추진된 규모의 과학기술이 지니게 된 그늘진 단면이었다.

한국 과학기술의 도약은 중추적 제도의 시대별 전환에 크게 기반했다. 새로운 과학기술 제도는 다른 차원의 과학기술 영역, 수준, 활용 등을 추진하는 근거지가 되어 일시에 과학기술을 변모시켰다. 특히 제도적 장치는 지적, 물적, 인적 자원을 집결시켜 특정 과학기술 활동을 극대화하여 그 성과의 집중적이고 대량적인 창출을 가능하게 만들었다. 실제로 대학은 고등교육을 통한 인력 양성, 정부출연연구소는 다양한 활동 축적에 의한 인프라 구축, 국가적 개발연구 사업은 기술적 성과로 첨단산업의 확대 및 발전을 이끌었다. 이렇게 중추적 과학기술 제도의 변동은 새로운 과학기술의 창을 열어젖힘으로써 그 수준을 뛰어오르게 하는 도약의 발판 구실을 했다.

시대별로 과학기술 제도의 중심지는 대학→정부출연연구소→국가 개발연구 사업→대기업으로 빠르게 이동했다. 그 방식은 선구적인 제도나 조직의 모델을 창출하고 그것을 복제하여 단기간에 증식시켜 확산하는 것이었다. 대학은 서울대(1946), 정부출연연구소는 KIST(1966), 국가적 개발연구 사업은 특정연구개발사업(1982)이 모태가 되었다. 그 추진 방향은 한국에는 없거나 부족한 선진국의 과학기술 제도를 시대별로 선택하여 모방하되 부분적으로 개량 및 변형하여 갖추어나가는 방식이었다. 중점 분야는 학문적 기초연구가 아닌 산업적 개발연구에 두어졌다. 결국 한국의 과학기술 제도는 전체 외양은 선진국을 닮았으나 세부적인 구축의 과정은 독특한 모습을 띠었다.

한국 과학기술의 발전은 시간이 지날수록 가속도가 붙었다. 대학을 출발로 해서 정부출연연구소, 기업에 이르기까지 연구개발 능력을 갖추며 시너지 효과를 낼 수 있었다. 현대 과학기술은 제도를 포함한 시스템을 체계적으로 갖추어야만 국제 수준으로 올라서게 된다. 바로 과학기술 지식, 인력, 조직, 시설 등이 전반적으로 일정 수준에 도달할 때만 실제로 우수한 연구 성과가 나올 수 있는 것이다. 한국의 과학기술은 제도를 기반으로 과학기술 임계점을 빠르게 넘어설 수 있었고 그 결과로 과학기술의 도약이 이루어질 수 있었다.

이처럼 한국의 과학기술에서는 제도가 그 발전의 결정적인 발판이 되었다. 제도의 커다란 변화로 과학기술의 위상이 일시에 바뀌는 현상이 나타났다. 특히 정권 교체는 과학기술 제도의 변동을 가져오는 주요 요인이었다. 새로운 정치권력이 내건 국가적 어젠다에 따라 과학기술의 중심 제도가 근본적으로 달라졌다. 현대 시기 한국에서 중추적 과학기술 제도의 변동은 몇 차례에 걸쳐 급격하게 이루어졌다. 이는 과학기술 제도의 전환에 의해 과학기술의 '다단계 도약(multi-phase leap)'의 기회가 열렸음을 보여준다. 비록 과학기술에서 일회적인 혁명적 대전환이 일어난 것은 아니나 작더라도 급격한 도약이 여러 번 일어남으로써 그와 유사한 효과가 발생했던 것이다.

6장

추진체로서의 실행: '소폭다량 혁신'

과학기술은 특정한 지적, 물적 조건에서 벌이는 인간의 조직적 활동이다. 과학기술자들의 실행 방식에 따라 과학기술의 발전 속도, 나아가 그 수준이 달라진다. 개도국이 과학기술을 추구하는 형태와 방향은 선진국과 근본적인 차이를 지닌다. 그 주요 방식은 새로운 과학기술 지식과 기법의 창출이 아닌 기존 과학기술의 모방과 개량에 치중되어 있다. 이로 인해 과학기술자들이 실제로 벌이는 구체적 활동과 그것이 과학기술 발전에 미치는 영향도 다르다. 그렇다면 한국의 과학기술 실행에는 어떤 특성이 내재되어 있을까? 맹렬한 과학기술 속도전을 만들어낸 한국 특유의 실행 방식을 파악할 필요가 있다. 국가들 사이에 존재하는 주요 과학기술의 차이는 과학기술자들의 실행 속에도 그 비밀의 열쇠가 숨어 있다.

과학기술 속도의 요인

과학기술의 발전은 궁극적으로 실행(practice)을 통해 실현된다. 과학기술의 발전을 나타내는 주요 지표라 할 지식, 방법, 공정, 제품 등의 창출과 혁신이 과학기술자들의 실행에 의해 이루어진다. 제도가 과학기술 발전의 잠재력을 제공하는 토대라면 실행은 그것을 현실화시키는 행위다. 제도가 아무리 우수해도 실행이 비효과적이고 비생산적이면 과학기술의 성과는 기대한 대로 얻어지지 못한다. 말하자면, 과학기술 실행은 내재적 잠재력을 실제적 결과물로 바꾸는 변환 과정이다. 이러한 점에서 과학기술 실행은 과학기술 발전을 직접 이루어내는 실천적 활동이다.

과학기술 실행의 중심에는 인간 행위자가 있다. 과학기술을 전문적으로 학습한 사람들이 있어야 과학기술 실행이 수준 높게 이루어질 수 있다. 그 전제 조건의 하나는 현대 과학기술이 수많은 학문 분야와 연구 주제로 구성되어 있는 관계로 다양한 영역의 전공자들을 필요로 한다는 것이다. 다음으로는 과학기술의 교육 연구가 조직적이고 협동적으로 이루어지기에 분야별로 전문 집단의 형성이 반드시 요구된다는 것이다. 그러므로 과학기술의 실행은 인간적 요소와 관련하여 '학문 다양성과 집단성'을 필수 요건으로 갖추어야 한다.[1]

과학기술자가 과학기술 활동을 하려면 방대한 지식체계를 습득하지 않으면 안 된다. 과학기술 실행은 세계적으로 과학자사회에서 오랜 기간 축적한 지적 산물에 바탕해서 행하는 활동이다. 과학기술은 고도의 지식에 기반한 활동으로서 관련 분야의 지식 정보의 축적 없이 과학기술자가 원활한 실행을 하기란 쉽지 않다. 그만큼 과학기술자들은 자신의 경력을 쌓기 위해, 그와 동시에 수준 높은 성과를 창출하기 위해 다른 사람들이 일궈놓은 기존 지식체계에 크게 의존한다.

실제 과학기술 실행에는 다양한 구성 요소가 포함되어 있다. 주요 요소만 하더라도 지식, 기법, 인력, 재료, 장비, 교류, 문화, 의식 등을 들 수 있다. 저마다 다른 특성을 지니고 다른 기능을 수행한다. 이들 가운데 어느 하나가 부실해도 과학기술에서 좋은 결과를 거두기는 어렵다. 여러 요소가 체계적으로 갖추어지고 서로 긴밀히 맞물릴 때에만 가치 있는 과학기술 성과가 얻어진다. 이렇게 과학기술 실행은 내부적으로 보면 다양한 요소들의 구성과 그들의 네트워크에 의해 작동되는 복합적 행위다.[2]

지금까지 탁월한 과학기술 성과는 오로지 선진국들에서 성취된 것들이다. 서구의 국가들이 세계의 과학기술 발전을 이끌어왔고 새로운 돌파구도 여전히 그들이 열어가고 있다. 세계 과학기술의 선도와 경쟁은 개도국과는 무관한 선진국들 사이에서 벌어지는 현상이다. 아이작 뉴턴(Isaac Newton)이 말한 '거인들의 어깨(shoulders of giants)'[3]는 선진국들에서 등장했을 뿐만 아니라 그곳을 벗어나지 않은 채 이어져왔던 것이다. 결국 과학기술의 거대한 지평 확대는 어디까지나 과학기술의 메이저리그라 할 선진국들에 의해 이루어지고 있다.

사실, 개도국들이 지닌 가장 큰 공통적인 문제의 하나는 과학기술자의 부족과 더불어 그들의 의지, 역량, 성과 등이 취약하다는 점이다. 많은 개도국들은 과학기술 실행을 적절히 벌이는 것이 쉽지 않다. 그에 필요한 광범위한 지적, 물적 기반은 물론 연구 인력의 전문 능력 역시 크게 부족한 탓이다. 단적으로는 과학기술자의 수준이 크게 떨어지고 그들이 활동할 여건도 적절히 갖추어져 있지 않다. 다른 연구자들과의 과학기술 교류가 어려운 점은 개도국이 겪는 또 다른 근본적인 문제의 하나다. 대개는 주변에 함께 할 동료 없이 고립된 존재로 활동을 해야 한다.[4] 게다가 과학기술이 안정적으로 꾸준히 행해질 상황이 아니어서 그들의 활동이 느닷없이 중단되거나 침체되기도 한다. 현실적으로 많은 개도국들이 과학기술 실행에서 이룰 수 있는 최선의 형태는 작은 성과를 꾸준히 거두는 것이다. 그렇기에 개도국들이 과학기술을 일시에 빠르게 발전시킨 사례는 아주 희박하다.

주요 선진국에서는 새로운 '지식의 생산'을 목표로 삼아 과학기술자의 창의적 성과 창출, 도전적 연구 주제의 탐색, 우수한 연구 학파의 형성 등을 중요하게 여긴다. 이전의 과학기술과는 차별화된 새로운 성과를 앞다투어 얻기 위해서다. 많은 사람들 사이에는 개도국의 실행 방식도 이들 선진국과 다르지 않을 것으로 전제하는 생각이 지배적이다. 하지만 개도국의 경우는 과학기술 실행의 추구 방향이 기본적으로 다르다. 다분히 외부로부터 유입된 '지식의 소비'에 크게 기울어져 있는 것이다. 지식을 생산하더라도 그 궁극적 목표는 유통과 소비에 도움이 되려는 것에 있다. 개도국에서 과학기술자의 습득 능력, 연구 책임자의 강력한 리더십, 유용한 응용 성과의 획득 등이 주목을 끌고 널리 행해지는 이유는 바로 여기에 있다.[5]

개도국의 과학기술 실행에서는 지식과 방법의 창출은 물론 흔히 부차적으로 여겨지는 외국에서 도입한 플랜트와 설비, 기술의 운용 및 개량, 심지어는 국내외 인력의 암묵적 지식과 노하우 등도 남다른 의미를 지닌다. 과학기술 실행이 그 자체의 목적을 가지고 독립적으로 행해지기보다 사회의 다른 부문과 연계 내지 혼재되어 복합적으로 이루어지는 경우가 흔하다. 특히 암묵적 지식은 그것을 소지하고 있는 사람과 일체를 이루고 있는 경우가 많다. 이와 같이 개도국에서 과학기술은 선진국과는 다르게 '사소한 실행'이나 '숨겨진 실행'이 의외로 중요하다. 역사적으로 후발국에서 전개되는 과학기술 실행의 주된 방식은 플랜트나 설비 도입→기술 소화 및 개량→지식 및 노하우 창출 등으로 나아간다. 다시 말해, 오랜 기간 독자적인 발전 경로를 밟아 가다가 과학기술의 수준이 올라간 후에야 뒤늦게 선진국과 닮은 모습으로 바뀐다.[6]

여기서 간과해서는 안 될 중요한 점의 하나는 과학과 기술의 관계다. 개도국들은 대부분 기술에 중점을 두고 그 사회적 가치를 높이는 방향으로 나아간다. 산업기술 및 개발연구 중심의 발전 전략이다. 그렇더라도 과학이 이와 무관한 것은 아니다. 개도국에서도 과학은 고유의 기능을 수행한다. 첫째는 과학기술 흡수 능력의 기초적 원천, 둘째는 기술과 산업 발전 탐색의 안테나, 셋째는 생산에 활용할 지식 및 기법의 공급자로서의 역할이다.[7] 과학은 기술을 뒤따라가는 경향이 다분하지만 부분적으로 그것을 이끌기도 한다. 선진국처럼 과학이 기술 및 산업의 발전을 선도하지 않더라도 개도국에서도 그 특정한 존재 가치를 지니고 있는 것이다.

이렇게 개도국은 선진국과는 과학기술 실행의 특성이 다르고 그 방식에서도 차이가 난다. 선진국이 과학기술의 획기적인 돌파를 주도하고 있다면 개도국은 그 뒤를 쫓아서 따라간다. 개도국의 과학기술 실행은 잘해야 커다란 변화 없이 점진적인 형태를 띠면서 완만하고 느린 발전을 이루어 나가는 것이다. 선진국이 구축해놓은 과학기술의 패러다임 안에서 대개가 주변적인 문제풀이에 열중하는 방식이다. 이마저 대부분의 나라들은 과학기술 기반과 여건의 부실로 쉽지만은 않다.

그렇다면 개도국의 과학기술 발전 속도에 영향을 미치는 요인은 어떤 것들이 있을까? 개도국이 선진국의 과학기술을 추격할 때 작용하는 요소는 다양하다. 그 요소는 과학기술 활동에 간접적으로 관여하는 외적 환경 요인과 직접적으로 관여하는 내적 실행 요인으로 크게 나눌 수 있다. 그런데 개도국은 선진국과 달리 어느 한두 요인에 의해 과학기술 발전의 속도가 크게 달라지지 않는다. 과학기술의 기반이 부실한 탓에 여러 요인들이 동시에 그리고 복합적으로 갖추어질 때에만 과학기술은 실제로 발전할 수 있다.[8] 그렇지 않을 경우 과학기술 발전에는 오랜 시간이 걸린다. 그사이에 선진국은 더 멀리 앞서 나가 개도국과의 과학기술 격차는 훨씬 더 심화된다. 단기간에 과학기술 발전을 이루기 어려운, 대부분의 개도국들이 겪는 현실적인 딜레마다.

개도국이 국가 차원에서 과학기술의 발전 속도를 높일 유력한 방법은 두 가지가 있다. 하나는 앞서 이룩해놓은 수준 높은 선진국의 성과를 과학기술 기반으로 삼는 '모방적 추격전'이다. 자체의 과학기술 역량을 외부의 원천, 즉 선진국의 어깨를 빌려 높은 수준으로 빠르게 갖추는 것이다. 다른 하나는 보유하고 있는 자원을 과학기술에 집결하여 투여하는 '국가적 총력전'이다. 과학기술에 소요되는 물적, 인적 자원을 최대로 늘려 규모의 과학기술을 실현하는 것이다. 요약하면, 주어진 현실적 조건에서 최대한 높은 수준에 기반하고 동시에 되도록 많은 자원을 투여함으로써 과학기술을 신속하고 효과적으로 발전시키는 방식이다. 어찌 보면 이 모방적 추격전과 국가적 총력전은 개도국들이 취할 수 있는 확실한 발전 전략이라고 할 수 있다.

개도국의 역사를 보면 모방적 과학기술을 적절히 추구한 나라들이 성공적이었다. 그렇지 않은 나라들 중에 과학기술 발전을 이룬 경우는 찾아볼 수 없다. 서구의 과학기술 모방은 빠른 기간에 지적 기반을 갖추고 상대적으로 높은 수준에서 과학기술을 추진하는 것을 가능하게 해준다. 이것이 우수한 과학기술의 성과를 자연스럽게 보장해주지는 않으나 과학기술 활동을 활기 있게 만든다. 이러한 모방적 추격이 초기에는 여러 낯선 어려움들을 겪으나 시간이 지날수록 적응 과정을 거쳐 과학기술의 발전을 추동하게 한다. 개도국이 취할 수 있는 과학기술 발전의 현실적인 지름길이다.

과학기술에 물적, 인적 자원을 동원할 경우 개도국은 그 발전을 빠르게 이룰 가능성이 높아진다. 현대 과학기술은 막대한 재원과 인력을 필요로 하는 자원 기반적, 소모적 활동이다. 과학기술 발전의 일차적 관건은 얼마나 많은 사회적 자원을 확보하여 투여하는가에 달려 있다고 해도 틀리지 않다. 아울러 개인적 차원이 아닌 집단적·공동적으로 과학기술을 추진하면 단기적 성과가 좋을 뿐 아니라 그 과정에서 추진력도 부쩍 높아진다. 과학기술에 자원을 많이 투여할수록 그에 대한 관심과 기대가 커지고, 이는 결과적으로 과학기술을 끈기 있게 진흥하여 성공으로 이끌려는 강한 사회적 움직임을 유발한다.[9]

과학기술에 대한 국가적 총력전은 개도국이 규모의 과학기술을 비교적 수월하게 실현할 수 있는 방식이다. 선진국에서는 하나의 대학이나 기업만으로도 그것이 가지고 있는 자원이 아주 막대하다. 그에 비해 개도국은 열악한 사정으로 그렇지 않다. 국가 차원에서 특정 과학기술을 선택해 보유한 자원을 집중적으로 투여해야만 그나마 과학기술 활동이 일정 수준으로 올라설 수 있다. 개도국의 과학기술 수준이 향상되어 대외 경쟁력을 다질수록 과학기술의 선택과 집중 전략은 더 불가피해진다. 이러한 국가의 총력전은 개도국이 과학기술을 높은 수준으로 끌어올리기 위한 유력한 방안이라고 할 수 있다.

한국은 개도국들 중에서 과학기술을 가장 역동적으로 발전시켜오고 있다. 그 근저에는 모방적 추격전과 국가적 총력전을 결합해 동시에 추진한 점이 돋보인다. 주요 과학기술 단계마다 양자를 동시다발적으로 수행해 과학기술의 발전 속도를 갈수록 높일 수 있었다. 사실, 개도국에서 권위주의적 정치권력의 과학기술 개입이 증대되면 과학자사회가 크게 위축될 우려가 있다. 이에 대해 한국에서는 과학자사회가 선진국과의 지적, 인적 교류를 활발히 넓혀나감으로써 그 제약을 넘어설 수 있었다. 이렇게 모방적 추격전과 국가적 총력전은 서로 상보적(相補的)으로 맞물리며 시너지 효과를 발휘했던 것이다.

그런데 우리가 주목해야 할 것은 과학기술 발전의 속도는 그 방향과 긴밀히 연계되어 있다는 점이다. 개도국이 과학기술을 발전시킨다고 해서 선진국의 모든 과학기술을 똑같이 따라가는 것은 결코 아니다. 설령 그럴 의지가 있다고 해도 가능하지 않다. 실제로는 국가들마다 선진국의 과학기술 가운데 닮고 싶은 것이 다르고, 이로 인해 중점을 두는 과학기술에서도 상당한 차이가 난다. 개도국이 과학기술 발전에서 속도를 낸다는 것은 결국 선진국과 다르게 특정 방향으로의 기울어짐이 심해진다는 뜻이다. 과학기술에서 일부 부문으로의 쏠림 현상이 두드러지게 나타나는 것이다.

이로써 개도국의 과학기술은 다분히 '불균등 발전 전략'을 따르게 된다.

과학기술의 빠른 발전은 특정 분야와 과제에 더 중점을 두고 그것을 위주로 하거나 앞세워서 과학기술을 추진하는 것이다. 다시 말해, 과학기술을 빠르게 발전시킨다고 해서 모든 과학기술을 선진국처럼 발전시켜나가는 것이 아니다. 오히려 국가별로 독특한 사회적 맥락에 따라 과학기술의 발전 방향이 상당히 달라진다. 그래서 개도국의 과학기술 발전은 특정 방향에 중점을 두어 그 속도를 차별적으로 내는 것에 다름 아니다.

선진 과학기술 지향

모든 개도국들은 과학기술을 발전시키는 과정에서 상당한 시행착오를 겪었다. 선진국을 뒤따라 모방하자니 그 격차가 너무 컸고 독자적인 발전을 추구하자니 현실적인 역량이 뒷받침되지 못했다. 어느 쪽을 선택하든 성공의 가능성이 크게 떨어졌다. 더구나 물적, 심적 여력마저 부족했기에 과학기술에 관심을 쏟는 것조차 쉽지 않았다. 이러한 사정으로 많은 개도국들은 상당 기간 동안 과학기술을 어떻게 발전시켜야 할지 갈피를 잡지 못했다.

　개도국들이 과학기술을 발전시키는 방향은 크게 두 갈래로 나뉘었다. 하나는 선진국의 과학기술을 거의 그대로 모방해 뒤쫓아가는 방식이었다. 선진국과의 외교 관계가 긴밀하거나 과학자사회의 전통이 상대적으로 강한 나라들이 모방적 과학기술을 추구했다. 다른 하나는 선진국과는 다른 과학기술을 스스로의 힘으로 모색하는 방식이었다. 선진국과 긴밀한 관계를 가지지 않고 과학자사회의 전통이 약한 나라들이 독자적 과학기술을 추구했다.[10] 개도국들 중에는 자신의 국가에 당장 도움이 될 과학기술에 관심을 가진 나라들이 적지 않았다.

하지만 20세기 후반에 이르면 과학기술 발전의 성패가 개도국들 사이에서 극명하게 갈리기 시작했다. 독자적 과학기술을 지향한 나라들은 모두가 실패로 귀결된 데 반해 성공한 사례는 한결같이 모방적 과학기술을 추구한 나라들이었다. 모방적 과학기술을 모색한 나라들 중에도 실패한 사례가 많았으나, 중요한 점은 한국을 필두로 커다란 진전을 이룬 나라들도 나타났다는 사실이다. 이에 힘입어 모방적 과학기술은 대다수의 개도국들이 지향하는 주류적 흐름으로 급격히 자리를 잡았다.

서구의 과학기술은 개도국에게 아주 매력적인 존재가 되었다. 과학기술 지식이 신기하고 흥미롭기도 했지만 그보다 '과학기술 활용'이 펼치는 화려하고 거대한 황금주의에 매료되었다. 선진국이 부유하고 강력한 힘을 가지게 된 배경에는 무엇보다 과학기술의 발전이 자리 잡고 있다고 보았다. 강대국을 상징하는 산업과 국방의 발전은 바로 과학기술 원천으로부터 비롯된다고 여겨졌다. 이러한 인식은 특히 개도국의 정치권력, 과학기술자들, 지식층들 사이에서 폭넓게 공유되었다.

선진국의 과학기술은 대다수의 개도국들이 추구할 과학기술의 유일한 발전모델이 되었다. 선진 과학기술은 앞선 과학기술의 우수한 성공 사례이자 장차 과학기술을 효과적으로 발전시킬 방향으로 여겨졌다. 많은 개도국들은 적은 비용으로 수월하게 과학기술을 발전시킬 방안이 선진국의 과학기술을 그대로 쫓는 것이라고 판단했다. 국가적으로 중요한 과학기술 발전의 관건이 선진국 과학기술의 모방에 있다고 보았던 것이다. 이로써 개도국들 사이에서는 선진 과학기술을 향한 거센 지향이 뚜렷이 나타났다.[11]

개도국의 과학자사회는 몇 가지 공통적인 특징을 지니고 있다. 첫째는 그 활동 공간이 대체로 대학에 치중되어 있다는 점이다. 다른 과학 기관들이 발달되지 않은 상황에서 대학이 가장 일찍 자리를 잡고 중심적인 위치를 차지하고 있기 때문이다. 둘째는 전공 분야가 주요 산업과 관련이 깊은 농학 및 생물학에 몰려 있다는 점이다. 이에 비해 전반적으로 보면 공학 전공자의 비율이 매우 낮은 편이다. 셋째는 그 과학 활동이 선진국의 과학기술에 크게 의존하고 있다는 점이다. 새로운 지식을 자체적으로 생산할 연구 능력이 결여되어 있는 탓이다.[12]

개도국이 선진 과학기술을 받아들이는 경로는 다양했다. 과학기술 자체가 다면적이고 그 유입 통로가 복잡하게 존재하기 때문이다. 그 주요 유형은 과학기술자들의 교류 협력, 과학기술을 체화한 특허 및 설비의 도입, 선진 과학기술 정책 제도의 채택을 들 수 있다. 이렇게 개도국은 선진국과의 인적, 물적, 제도적 연계를 통해 과학기술을 유입하게 되었던 것이다. 과학기술 수준이 높아져 설령 자체적인 발전에 집중하더라도 선진 과학기술을 받아들이려는 개도국의 움직임은 꾸준히 이어졌다.

한국이 선진 과학기술에 관심을 가진 것은 아주 오래전부터 이어져온 '문화적 전통'이었다. 이는 한국이 문명 전파의 길목에서 높은 문화 수준을 지속시켜나간 점과 무관하지 않다. 전통 시기에는 중국, 근대 이후에는 일본, 특히 미국의 과학기술이 주된 원천이 되었다. 유서 깊은 단일 민족국가로서 강한 민족의식을 가지고 있음에도 선진 과학기술에 관해서는 그렇지 않았다.[13] 더구나 근대 이후에는 과학기술이 국가 발전의 중요한 수단으로 인식됨에 따라 선진 과학기술을 빠르게 수용하려는 동기가 더 강해졌다.

한국인들은 기회가 열릴 때마다 해외로 대거 유학을 떠났다. 한국의 현대사회가 외국에서 돌아온 유학파들이 주도하는 방식으로 전개된 것은 이와 관련이 있다. 외국과의 관계가 깊어지고 그 사회적 영향이 클수록 '해외 유학의 붐'이 뜨겁게 일어났다. 특히 일제의 식민지 지배와 미군의 통치를 겪으면서 해외 유학자들이 남다른 신분 상승의 기회를 얻었다. 또한 국내에 고등교육기관이 부족하고 수준이 떨어진 점도 교육열이 강한 한국인들의 해외 유학을 부추겼다. 현재 미국이나 중국, 일본 등지에서 유학을 하고 있는 한국인 유학생의 수는 세계적으로 3위 내외의 수준을 꾸준히 유지하고 있다. 많은 과학기술자들이 여전히 해외 유학을 통해 배출되고 이들이 한국 과학기술계의 주류 집단을 차지하고 있다.

과학기술 분야의 해외 유학은 1950년대부터 급격히 증가했다. 이전에도 일본을 비롯한 해외에서 공부한 과학기술자들이 존재했으나 그 비율은 전체 유학생의 10% 이내에 머물렀다. 대부분의 유학생들은 문과 학문을 전공으로 선택했다. 그러던 것이 해방 이후 한국전쟁과 함께 국가의 장려로 과학기술을 전공하는 사람들이 폭발적으로 늘어났다. 전체 유학생들 중에서 과학기술 전공자들이 차지하는 비율이 무려 50%에 이를 정도였다. 이들이 유학의 주된 대상지로 선택한 곳은 한국과 가장 가까운 관계를 맺고 있던 미국이었다.[14]

한국인들의 미국 유학은 갈수록 급격히 증가했다. 그 순위도 높아져, 특히 1960년대와 1980년대 이후에는 세계 5위권을 나타냈다. 한국보다 유학생을 많이 보낸 나라는 일본, 중국, 인도, 캐나다 정도를 들 수 있다. 이에 따라 미국에서 배출되는 한국인 이공계 박사 학위자들도 많아졌다. 1980년대까지도 이공계 분야의 전체 박사 학위자들 가운데 미국 유학자들이 차지하는 비중이 매우 컸다. 그 인원이 국내 박사 학위자들을 훨씬 웃돌았다. 이들이 한국 과학기술계의 주류를 차지하게 된 것은 자연스러웠다.

이로써 과학기술에서 한국과 선진국 사이에 우선 '인적 연계'가 맺어졌다. 해외 유학을 거친 과학기술자들의 수가 많아졌고 그들이 과학기술계의 주도 세력으로 등장함에 따라 선진 과학기술을 향한 통로가 갈수록 넓어졌다. 마침 한국과 과학기술 관계가 가장 긴밀해진 미국은 세계 최고의

연도	유학생 규모(세계 순위)	이공계 박사(국내 대비 %)
1955	1,197(8)	
1960	2,474(5)	20
1965	2,604(7)	70(1,000)
1970	3,991(10)	100(230)
1975	3,390(10)	140(80)
1980	4,890(14)	131(128)
1985	16,430(6)	372(86)
1990	21,710(5)	1,049(105)
1995	33,599(4)	1,092(62)

〈표 5〉 한국인들의 미국 유학 추세

출처: Committee on Friendly Relations among Foreign Students, *The Unofficial Ambassadors* (New York, 1951); Institute of International Education, *Open Doors: Report on International Educational Exchange* (New York, 1960–1995); National Science Foundation, *Science and Engineering Doctorate Awards* (Washington DC, 1994–2000); Ha-Joong Song, "Who Stays? Who Returns? The Choices of Korean Scientists and Engineers"(Doctoral Dissertation: Harvard University, 1991); 문교부/교육부, 『교육통계연보』 (1960–2000).
(비고: 미국의 학문 분류로 인해 이공계 분야에는 이학, 공학과 함께 의학, 농학, 사회과학 등까지 포함되어 있으나 그 인원은 많지 않을 것으로 생각된다. 1960~75년에 미국에서 취득한 이공계 박사 학위자는 해당 연도 근처의 수치로 추정한 것이다.)

과학기술 강국으로 떠오르던 국가였다.[15] 과학기술이 가장 낙후한 국가임에도 한국이 빠른 기간 안에 과학기술 선진 국가와 소통할 수 있게 된 것은 이러한 배경 덕분이었다. 결국 세계 최고의 중심지로부터 특정 지식은 물론 그 기반까지 포괄하는 선진 과학기술을 직접 유입할 수 있는 기회가 활짝 열리게 되었다.

해외 유학 출신의 과학기술자들은 다방면으로 진출했다. 대학과 연구소는 물론 정부, 기업, 학술단체 등에서도 이들이 중요한 집단을 형성했다. 주요 과학 기관에 광범위하게 포진해 있었음은 물론 한국 과학기술을 주도하는 중심 세력으로 떠올랐다. 예로서, 1970년대 한국 과학기술계를 대표하던 한국과학기술연구소와 국방과학연구소의 주도 집단은 미국에서 유학한 공학자들이었다.[16] 대기업들이 단기간에 개발 능력을 확보할 수 있었던 것도 미국을 비롯한 해외에서 유치한 연구 인력 덕분이었다.[17] 이를 뒤이은 후속 세대 역시 해외 유학을 통해 끊임없이 재생산되었다. 이에 힘입어 한국의 과학기술은 해외에서 선진 과학기술을 습득한 유학 출신자들이 주도하는 방식으로 자리 잡았다.

다음으로는 한국과 선진국 사이의 '물적 연계'가 과학기술 발전에서 중요한 의미를 지녔다. 대학의 교재와 연구실의 실험 설비, 현대적 공장 설비와 제품은 과학기술을 체화하고 있는 대표 사례다. 한국이 미국을 비롯한 몇몇 선진국들과 밀접한 관계를 형성함에 따라 과학기술의 물적 기반도 이들 국가로부터 들여와 갖추었다. 과학기술 활동이 물적 요소들에 크게 의존하는 방향으로 진전됨에 따라 그것은 한국과 선진국을 잇는 또 다른 가교(架橋)가 되었다. 특히 공장 설비는 산업기술에서 실행을 통해 학습과 개발이 이루어지는 의외로 아주 중요한 원천 지대였다.

한국은 현대 과학기술의 기반이 부실했다. 그 짧은 역사와 허약한 토대 탓에 과학기술의 물적 요소들을 자체적으로 갖추는 것이 어려웠다. 빠른 기간에 과학기술 활동에 필요한 물적 조건을 구비하는 효과적 방안은 선진국의 것들을 도입하거나 모방하는 것이었다. 예컨대, 한국을 대표하는 서울대는 해외 원조로 미국에서 실험 설비를 도입했고 포항제철과 같은 공장 설비는 일본으로부터 들여왔다. 한국은 미국과 일본으로부터 과학기술의 물적 요소들을 늦게나마 원활히 확보할 수 있었다.[18] 한국은 어느 나라보다 선진국과 물적 연계가 긴밀히 이루어지게 되었다.

마지막으로, 과학기술에서 한국과 선진국을 잇는 다른 하나는 '제도적 연계'였다. 과학기술 제도는 다양한 구성 요소를 상호 연결하고 새로운 성과를 잉태하는 태반(胎盤)과 같다. 국가의 정책, 대학 및 연구소 조직, 교육 연구의 문화와 가치 등이 제도의 중요한 일부다. 이러한 과학기술 제도가 선진국의 그것을 거의 그대로 모방함에 따라 이로부터 생성되는 인력, 성과, 활용 등도 선진적인 형태를 닮게 되었다. 현대 과학기술이 제도에 기반한 활동의 형태를 띰으로써 이에 동반되어 나타나는 수반 효과다.

한국의 과학기술 제도는 시대별로 새로이 갖추어졌다. 과학기술 정책, 대학, 연구소, 법령, 가치 등 어느 하나 오랜 역사를 가지고 있지 않다. 그 대부분이 선진국의 특정 제도를 받아들여 한국에서 부분적으로 변형한 것들이다. 국가의 과학기술 계획은 일본의 정책, 서울대는 미국의 주립대학, KIST를 비롯한 정부출연연구소는 미국의 바텔기념연구소, 과학기술 법령은 일본의 사례를 크게 본떠서 만들었다. 과학기술 제도의 개선 역시 선진국의 동향을 민감하게 파악하며 이루어진 것이다.

이렇게 한국의 과학기술은 선진국과의 연계를 전면적으로 맺어나갔다. 단순히 선진국과의 지적 교류에 머무르지 않고 인적, 물적, 제도적 측면까지 두루 포괄했다. 일부 측면의 연계만이 이루어질 경우 과학기술 활동은 그 구성 요소들 사이의 어긋남과 부조화로 곤란을 겪을 수 있다. 그에 반해 한국은 선진국과의 과학기술 연계가 다방면으로 확대됨으로써 과학기술 활동이 시너지를 일으키며 활기를 띠었다. 다른 개도국들보다도 한국의 과학기술은 '선진적 지향'을 강렬하게 드러냈던 것이다. 이는 결과적으로 선진 과학기술의 학습에서 여러 단계마다 존재하는 다양한 저해 요소들을 비교적 수월하게 넘어설 수 있도록 해주었다.[19]

과학기술 활동이 전개될수록 선진 과학기술은 한국에 내재화되었다. 과학기술 교육과 연구의 내용은 물론 그 방향까지도 선진국의 과학기술을 많이 닮아갔다. 순전히 국내에서 과학기술 교육을 받은 사람들일지라도 선진적인 제도에 자연스럽게 편입되며 그 영향을 받게 되었다. 제도의 목표와 구성이 그 내부에서 활동하는 과학기술자들까지도 특정 방향으로 이끌었다. 과학기술자 개인의 의지와 관계없이 한국에서의 과학기술 활동은 선진국과 비슷한 모습을 띠게 된 것이다.

한국은 선진국들 중에서도 미국과 일본의 과학기술에 크게 의존했다. 우선은 미국과 일본이 근대 이후 한국과 정치적, 경제적으로 긴밀한 관계를 형성했던 것에 기인한다. 냉전체제에서 한국은 미국이 주도한 자유민주주의 진영의 중심에, 아울러 선진국으로 도약 중인 일본의 이웃에 위치해 있었다. 미국은 세계 최고의 과학기술 강국으로서, 일본은 세계적으로 독보적인 과학기술 추격자로서 한국이 본받을 만한 국가들이었다. 때맞춰 이들 국가는 대외원조 및 대일청구권 자금의 형태로 한국에 상당한 지원을 해주었다.

전반적으로 볼 때 한국은 '미국식 과학'과 '일본식 기술'을 추구했다. 대학을 기반으로 하는 과학은 그 제도적, 인적 측면에서 미국의 영향을 크게 받았다. 서울대를 비롯한 주요 대학들이 미국의 대학을 많이 본받았고 교수 인력의 상당수가 미국에서 유학한 사람들이었다. 이와 달리 기업을 기반으로 하는 기술은 그 정책적, 물적 측면에서 일본의 영향이 두드러졌다. 특히 현대적 공장 설비는 일본으로부터 들어온 것들이 많았다.[20] 물론 CDMA에서 보듯 일부의 기술은 미국의 벤처 기업과 협력하여 그 발전을 이루기도 했다.

한국은 선진국의 과학기술을 '직접적인 방식'으로 들여왔다. 근대 시기에 중국이나 일본을 통해 간접적으로 과학기술을 도입했던 것과는 뚜렷이 대비된다. 이러한 사정으로 한국에서는 과학기술 번역이 활발히 일어나지 않았다. 소수의 교양 도서를 제외하면 대부분의 전문 도서나 논문을 원서 그대로 보고 익혔다. 개도국이 과학기술 발전 과정에서 흔히 겪는 번역의 시기를 거칠 겨를도 없이 선진국의 과학기술이 전면적으로 들어왔기 때문이다. 오히려 한국에서는 영어를 비롯한 외국어를 학교교육에서 유달리 강조함으로써 번역의 필요를 그리 느끼지 않았다.

한국에서 과학기술이 빠르게 발전할수록 선진 과학기술의 수요가 더 크게 발생했다. 과학기술 수준의 급격한 향상으로 과학기술 활동의 방향은 인력 양성→기술 도입→개발연구로, 과학기술 인력의 수준은 학부→대학원→포닥으로 급격한 선회를 했다. 이럴수록 자생적이고 독립적인 과학기술을 향한 구심력보다 외래적이고 선진적인 과학기술을 향한 원심력이 커졌다. 과학기술의 급속한 발전과 선진 과학기술 지향은 톱니바퀴처럼 맞물리며 서로를 강화시켰다. 꾸준한 해외 유학의 확대로 수준 높은 교육 연구 경력을 쌓은 한국인 과학기술자들이 선진국에서 지속적으로 배출되었다.[21] 이렇게 한국의 과학기술은 선진 지향이라는 목표를 주되게 내걸었고 결과적으로 선진국의 과학기술을 강렬히 추격하는 양상을 보였다.

한국 특유의 실행 방식

과학기술 실행은 항상 일정한 모습으로 유지되지만은 않는다. 강한 역동성을 보이는가 하면 갑자기 침체에 빠지기도 한다. 과학기술 실행의 상반된 방식들이 한 나라에서 나타나는 경우도 적지 않다. 특정 시기에는 과학기술 실행이 매우 활력을 띤 반면에 다른 시기에는 반대로 극심한 부진을 겪는다. 마치 살아 있는 유기체처럼 굴곡진 부침을 겪는다.

　과학기술 실행에 영향을 미치는 요소들은 복잡하고 다양하다. 과학기술 실행이 시스템 활동으로 자리를 잡음에 따라 그에 작용하는 것들이 무수히 많다. 외적 요소로는 과학기술 위상, 정책, 제도, 재원, 네트워크, 내적 요소로는 지식, 인력, 설비, 그리고 리더십, 문화, 가치 등이 있다. 말하자면, 과학기술 실행은 다양한 유형 및 무형의 구성 요소들이 상호작용하며 엮어가는 생산적 활동이다.[22]

또한 현대 과학기술은 조직적, 집단적 형태로 이루어지므로 그 실행의 방식도 활동에 직접 영향을 미친다. 주요 유형은 무엇을 중심으로 보느냐에 따라 다양하게 분류할 수 있다. 조직 운영과 관리를 기준으로 삼으면 자유방임형 대 권위주의형, 개인주의형 대 공동체형, 인적 구성과 규모를 중심으로 보면 개인중심형 대 집단중심형, 소규모형 대 대규모형, 가치와 문화에 초점을 맞추면 과정중시형 대 결과중시형, 아카데미즘형 대 실용주의형 등으로 크게 구분할 수 있을 것이다.[23]

그렇다면 과학기술 실행의 역동성을 결정적으로 좌우하는 것은 무엇일까? 과학기술 실행이 복합적 성격을 띠고 있으므로 한두 가지만을 중요하게 제시하기란 어렵다. 과학기술 실행이 추구하는 목표에 따라 그에 작용하는 주요 요인들이 상당히 달라질 수 있다. 예컨대, 창의성을 강조하느냐 모방성을 강조하느냐에 따라 과학기술 실행에 관여하는 중요 요인이 현저하게 차이 난다. 단기적 성과에 치중하느냐 장기적 성과에 중점을 두느냐에 따라서도 그에 영향을 미치는 요인이 매우 다르다.

선진국은 분명 개도국에 비해 과학기술 실행이 아주 활발히 일어난다. 하지만 그 추구하는 목표와 방향이 근본적으로 다르다는 점을 전제할 필요가 있다. 선진국이 새로운 독창적이고 획기적인 연구 성과의 창출에 중점을 두고 있다면 개도국은 이미 이루어진 연구 성과를 학습하고 개량하는 활동에 치중한다. 즉, 선진국은 '일대 돌파전'을, 개도국은 '빠른 추격전'을 과학기술의 주된 발전 방향으로 삼고 있는 것이다. 설령 개도국이 일부 뛰어난 연구 성과를 거둔다 해도 그것이 지니는 사회적 의미와 가치는 매우 제한적이다. 그 학문적, 산업적 파급 효과가 대개 부분적, 일시적 수준에 그치기 때문이다.

이러한 사정으로 개도국은 과학기술 실행에서 선진국과 다른 요인이 중요하다. 흔히 선진국의 과학기술 실행에서는 창의성을 근본적 가치로 여기고 소수 인력의 수월성, 다양한 소규모 조직, 자유방임형 관리 등을 강조하는 경향이 있다. 하지만 개도국의 경우는 과학기술의 습득 및 개량, 특히 직접적인 활용이 중요하다는 점에서 평균 인력의 우수성, 집중된 대규모 조직, 권위주의형 관리 등이 때로는 주목을 끈다.[24] 어찌 보면 특정한 목표를 실현하기 위해 다양한 세력이 일사불란하게 참여하는 서구의 거대 과학(big science)과 비슷하다. 이는 개도국이 단기간에 과학기술 성과를 거두지 못하면 선진국과 격차가 더 벌어져 추격이 요원해지는 현실적인 문제와 관련이 있다.

한국에서 과학기술 실행이 역동적으로 전개된 배경에는 과학기술 인력의 대량 양성과 이들의 열성적인 조직 문화가 존재한다. 높은 교육열로 인해 과학기술 인력이 짧은 기간에 대량 배출되어 필요할 때마다 과학기술 사업에 동원되거나 활용될 수 있었다. 과학기술자들 사이의 경쟁과 협력은 그 규모가 커짐에 따라 더 활발해졌다. 과학기술자들은 조직 차원에서 제기한 목표 지향적 업무에 일사불란하게 참여하고 그것을 열성을 다해 수행하는 자세를 보였다. 이때 과학기술 활동을 생동감 넘치게 만드는 한국 특유의 실행 방식이 등장하며 작동했다.[25] 이는 결과적으로 한국 과학기술을 빠르게 발전시키는 '실행의 엔진'과 같은 역할을 하게 되었다.

한국 특유의 실행 방식의 첫째는 '공동체적 실행'[26]이다. 한국의 과학기술자들은 구성원들 사이의 관계가 긴밀할 뿐 아니라 서로 합심하는 태도를 강하게 지니고 있다. 일과(日課) 시간에는 물론 일과 후에도 회합을 자주 갖고 많은 시간을 동고동락한다. 이 과정에서 과학기술 실행의 주요 지침과 내용이 공유되고 새로운 지식이나 기법이 순식간에 모든 구성원들 사이로 빠르게 전파된다. 내부 구성원들이 최고 역량을 가진 과학기술자의 수준으로 비교적 수월하게 올라가게 된다. 이러한 공동체적 실행은 모든 구성원들의 과학기술 능력을 급속히 동반 상승시키는 결과를 낳는다.

과학기술자들 사이에 효과적인 공동 학습이 이루어지는 것이다.

비록 연구실의 구성원들이 전반적으로 과학기술 수준이 낮아도 이들의 실행은 비교적 단기간에 높은 수준으로 올라설 수 있다. 새롭거나 우수한 지식과 기법을 어느 한 명의 과학기술자가 가지고 있거나 특별한 기회에 습득하게 될 경우 그것은 지체 없이 모든 구성원들에게로 금방 확산되기 때문이다. 구체적 실례로, 한국의 연구실에는 공동 학습모임과 발표모임 등이 자주 열리는 것에서 보듯 구성원들 사이의 교류가 아주 활성화되어 있다. 이들은 연구실 안에서는 물론 그 바깥에서도 긴 시간을 같이 지내며 새로운 과학기술에 대해 열띤 논의를 벌인다. 모든 구성원들이 함께 배우고 실행하는 독특한 환경이 조성되어 있는 것이다. 그 덕분에 과학기술 지식과 기법의 빠른 '공유와 확산'이 가능해진다.

공동체적 실행은 상대적으로 긴 역사를 가지고 있다. 한국의 독특한 역사적, 문화적 전통이 과학기술 분야로 스며듦에 따라 과학기술 실행도 그 특징을 공유하게 되었다. 1950년대 과학기술의 중심지로 떠오른 대학은 그 전반적 분위기가 하나의 공동체를 강하게 형성하고 있었다. 교수-학생은 물론 선배-후배, 그리고 전체 구성원들은 유교적 전통이 투영된 또 다른 가족(family)과 같았다. 서로의 관계가 아주 밀접하다 보니 학과별, 연구실별로 구성원들 사이에 지식, 정보, 의식 등이 한꺼번에 확산되고 함께 공유되는 현상이 활발히 일어났다. 마치 공동의 뜻에 따라 일사불란하게 움직이는 유대 관계가 대학의 조직에서 작동되고 있었던 것이다.

당시 서울대 생물학과의 강영선 연구실을 보면 교수는 부모, 대학원생은 자식과 비슷했다. 이들은 언제나 긴밀한 관계를 맺고 있었다. 지도교수 강영선을 중심으로 대학원생들(일부 학부생 포함)은 공동 운명체의 성격을 띠었다. 지식을 함께 습득하고 실험을 서로 도우며 연구 성과를 공동으로 생산했다. 마치 지도교수가 줄기 노릇을 하고 대학원생들이 가지로 뻗어나가는 방식으로 연구실의 교육, 연구, 인력 등이 나무(tree)의 형상을 보이며 급속히 발전해나갔다. 주요 연구 성과로 한국인의 집단유전학적 출생성비, 한국산 초파리 유전, 암세포 돌연변이, 어류의 세포유전 등이 얻어졌다. 한편, 연구 활동이 활발했던 일부 연구소도 이와 별반 다르지 않았다. 우장춘이 이끈 원예시험장은 그 구성원들의 관계가 공동체적이었다. 소속 연구원들은 우장춘을 모델로 여겼고, 서로의 관계가 매우 돈독해 이들은 다른 사람들로부터 장춘교도(長春敎徒)로 불렸다. 모든 연구 성과를 우장춘을 주축으로 구성원들이 합심해서 공동으로 생산했음은 물론이다. 대표적으로 채소 종자의 자급자족, 우량 배추와 양파의 육종, 채소 청정재배법 등의 연구 성과가 발표되었다.[27]

둘째는 '실무 중심적 실행'이다. 한국의 과학기술자들은 실행의 현장에서 많은 것들을 생생하게 배우며 실천한다. 그 주요 방식은 실제의 업무를 수행하는 과정에서 과학기술 지식과 기법을 익히고 새로운 성과도 얻는다. 마치 역행적 엔지니어링처럼 과학기술 실행이 실무를 중심으로 진행되어 그 계획한 목표를 단기간에 효율적으로 달성하는 방식이다. 이 과정에서 공식적 지식 외에 암묵적 지식까지 동시에 습득하게 된다. 실제 연구 과제와 관련된 과학기술 지식과 기법에 초점을 맞춤으로써 비록 창의성에는 한계가 있을지라도 기대하는 성과는 매우 효과적으로 거둘 수 있다.

한국의 학생들이 학교교육을 통해 가장 많이 훈련받는 것 중의 하나는 시험에 초점을 맞춘 문제풀이다. 철저히 임무 지향적 실천이 오랜 기간 반복적으로 이루어져 그것에 익숙해지는 것이다. 이러한 훈련과 덕목이 몸에 밴 과학기술자들은 과학기술 실행에서도 유사하게 행동한다. 개인이나 집단에 제시된 목표에 맞추어 집중적인 노력을 기울여 기대하는 결과를 실패하지 않고 얻는다. 주어진 과학기술 과제를 빠르고 쉽게 수행하는 지름길인 셈이다. 실제로 많은 과학기술자들이 중요 성과를 거둘 수 있었던

요인으로 현장직무교육(OJT)을 든다.[28]

실무 중심적 실행이 본격적으로 추진된 시기는 1960년대부터였다. 특히 한국과학기술연구소와 같은 정부출연연구소의 출현과 더불어 이러한 경향이 강화되었다. 정부출연연구소가 실무 중심적 실행과 긴밀한 관련을 맺게 되었다는 사실은 몇 가지를 통해 엿볼 수 있다. 우선, 이 연구소들이 개발연구를 직접적이고 본격적으로 행하게 되었다는 점, 다음으로는 현장의 기업이 지닌 문제들을 해결하는 데 초점을 맞추었다는 점, 마지막으로는 연구실에서의 실제 활동을 통해 새로운 과학기술 지식과 기법을 생생하게 학습하게 되었다는 점을 제시할 수 있다.[29] 다시 말해, 정부출연연구소가 산업기술의 연구개발에 중점을 두고 그와 직접 관련된 업무를 수행하는 과정에서 지식을 습득하고 성과를 내게 되었던 것이다.

실례로, 성기수가 이끈 KIST 전자계산실은 데이터 뱅크, 철도화물 수송, 전매 행정, 예산 업무, 전화 요금, 대학입시 성적 처리 등의 정부 부처 업무를 맡아 전산화 작업을 수행했다. 전자계산실에 설치된 대용량 컴퓨터를 모뎀으로 연결하여 여러 정부 부처와 중앙관상대, 학교, 기업 등이 공동으로 이용할 수 있는 활로를 열었다. 이러한 업무를 수행하는 동안 국내에 거의 없던 컴퓨터 기술의 도입 및 전문 인력의 양성이 이루어지고 컴퓨터 지식과 운용 기술, 개발 능력 등이 향상되었다. 다양한 용도의 전산시스템, 한글 처리 프로그램, 라인 프린터 등의 개발이 그 대표적인 성과였다. 또한 안영옥이 주도한 KIST 고분자연구실은 수입에 의존하던 프레온가스를 국내의 원료를 이용하여 대체하기 위해 연구팀을 구성했다. 미국에서 프레온가스를 공동 개발한 경험을 지닌 박달조를 초빙해 그가 가진 기술 노하우를 전수받아 매장량이 풍부한 형석광을 가지고 프레온가스의 독자 생산을 추진했다. 몇 년의 노력 끝에 원료 선광, 공정 기술, 설계 디자인 등을 개발하여 새로운 프레온가스 제품의 대량 생산에 성공했다.[30]

셋째는 '대규모 실행'이다. 한국의 과학기술 실행에서 두드러진 점은 대형 개발연구 사업이 빈번하게 추진되고 있다는 것이다. 인적, 물적 자원을 특정 연구 과제에 집중하여 대규모로 수행하고 있는 사례가 갈수록 늘어나고 있다. 규모의 과학기술이 지닌 장점을 발휘하려는 것이다. 과학기술의 대규모 실행은 개별 구성원들의 낮은 수준을 넘어서고 단기간에 목표로 한 성과를 다량으로 획득하는 방식이다. 단위 연구 과제에 투여하는 연구비, 연구 인력 등의 총량을 최대로 늘려 단기적으로 성과의 생산량을 극대화하는 것이다. 과학기술 실행에서 자원의 대규모 투여가 가져다주는 이점이다.

과학기술에서 대규모 실행을 하려면 권위와 재원이 동시에 뒷받침되어야 한다. 정부와 기업, 특히 대기업이 그 주요 추진자들이다. 과학기술 관련 행정부가 주도하는 국가적 대형 연구 과제가 추진되고 대기업이 중심이 된 대규모 개발연구 사업이 전개되어오고 있다. 모두가 자원 동원력을 가진 집단들이다. 이러한 방식의 과학기술 실행을 통해 한국의 중요 성과들이 지속적으로 빠르게 얻어지고 있다. 비록 과학기술의 획기적 전환을 가져올 독창적 성과는 아닐지라도 선진국에 근접하는 수준의 연구 결과들이다. 대부분이 대규모 자원 동원에 기반한 규모의 과학기술이 지닌 이점을 살리고, 정보통신과 같이 범용성(汎用性)을 지닌 과제가 중요하게 포함된 덕택이다.

대규모 실행은 1980년대 초반에 시작된 특정연구개발사업을 계기로 본격화되었다. 이때부터 국가의 전폭 지원을 바탕으로 산학연이 합세하여 벌이는 대형 개발연구 프로젝트가 우후죽순처럼 등장했다. 국가적 프로젝트는 물적, 인적 자원이 집중된 가운데 첨단의 기술적 과제를 도전적으로 수행하는 중심 지대로 떠올랐다. 다양한 주체들이 실제 개발연구 사업에 직접 참여함으로써 기술 지식과 노하우의 수준이 크게 높아졌다. 비록 기초 및 원천기술은 해외로부터 들여오는 경우가 많더라도 그것들을 더 진전시킨 무수한 개량과 혁신이 다양한 곳에서 이루어졌다.[31] 이러한 대규모 실행은 정부 부처, 기업, 대학 등 전방위로 확대되며 장차 한국의 선도적 개발연구 사업의 전형이 되었다. 다분히 산업기술의 개발연구에 초점을 맞춤으로써 특히 대기업의 성장이 두드러지게 나타났다.

반도체는 대형 개발연구 사업을 통해 성장한 대표적인 산업의 하나다. 우선, 특정연구개발사업의 핵심 대상으로 반도체가 선정되어 국가적 프로젝트로 추진되었다. 특히 1986년부터 1993년까지 수행된 '초고집적 반도체기술 공동개발사업'은 정부출연연구소, 대학, 기업이 망라되어 추진한 최대의 국책 사업이었다. 선진국들 사이에 기술 경쟁이 치열한 메가 단위 D램의 독자적인 개발연구를 주된 목표로 삼았다. 한국전자통신연구소를 비롯한 삼성, 금성, 현대가 결성한 반도체연구조합 등이 연구비 2천7백여억 원, 연구 인력 2천여 명을 투여하여 개발연구에 성공을 거두었다. 이와 함께 대기업들도 저마다 메모리 반도체의 대규모 개발연구 사업을 벌였다. 특히 삼성은 가장 앞서 추진하여 반도체 기술 능력을 단기간에 국제 수준으로 향상시켰다. 한편, 체신부는 1989년부터 1996년까지 '디지털 이동통신시스템 기술개발사업'을 추진했다. 한국전자통신연구소와 삼성, 금성, 현대, 맥슨 등이 참여하는 국가적 개발연구 사업으로 연구비 약 1천억 원, 연구 인력 1천여 명이 투입되었다. 미국 퀄컴(Qualcomm)사로부터 도입한 원천기술을 이용해 CDMA 방식의 이동전화 시스템과 단말기를 개발하여 국제적으로 선도하는 디지털 이동전화 서비스가 이루어졌다. 이로써 대기업 삼성, 금성 등이 글로벌 기업으로 성장하는 기술적 발판이 되었다.[32]

넷째는 '고강도 실행'이다. 한국의 과학기술자들은 근면하고 성실한 태도를 지니고 있다. 과학기술 과제에 투여하는 시간을 늘리면 기대하는 성과를 더 빠르게 거둘 가능성이 높다. 추격형 과학기술에서는 투여하는 시간에 비례해서 학습의 속도나 성과의 생산량이 증대될 수 있는 것이다. 설령 다른 나라의 연구팀에 비해 약간 늦게 시작을 해도 빠르게 따라잡을 수 있고 때로는 기대하는 결과를 선취(先取)할 수도 있다. 과학기술자들의 창의적 재능보다 열성적 노력이 빛을 내는 대목이다. 이는 과학기술 실행에서 추격 시간을 단축하는 또 다른 비결이 된다.[33]

한국의 과학기술자들은 특별히 급박한 과제가 주어졌을 경우 과학기술 실행에 장시간을 휴식 없이 투여한다. 주말도 없이 '월화수목금금금'으로 근무하는 과학기술자들이 많다. 우수한 연구 성과를 내는 연구실치고 노동의 강도가 세지 않은 곳이 드물다.[34] 한국은 과학기술자들이 과학기술 실행에 투여하는 시간이 세계적으로 가장 많은 나라에 속한다. 다른 나라들에 비해 많게는 2배 이상에 달할 정도다. 말하자면, 한시도 쉬지 않고 일을 하는 '개미형 실행'을 열성적으로 보여주고 있는 것이다.

고강도 실행은 거의 모든 시기에 걸쳐 나타나는 일관된 특성으로 보인다. 이것 역시 한국의 역사 및 문화와 관련이 깊다. 성실성과 근면성은 가장 큰 사회적 미덕인바 과학기술에서도 최선을 다해 열심히 근무하는 태도를 가치 있게 여겼다. 더구나 한국의 과학기술 수준이 낮다 보니 많은 사람들의 강도 높은 협력을 절실히 필요로 했다. 한국이 상대적으로 풍부하게 가진 인적 자원의 장점을 효과적으로 활용하는 방식이었다. 과학기술의 빠른 발전을 기대할수록 고강도 실행에 대한 의존이 더 커져갔다. 한국에서 과학기술 발전과 고강도 실행은 다분히 비례하는 모습을 보여주고 있다.

KIST와 나중에 통합된 금속연료종합연구소는 최형섭 주도하에 산업체의 지원을 받아 개발연구를 펼쳤다. 이 연구소에는 전임 연구원들 외에 대학, 관청, 연구소 등 다른 직장을 가지고 있는 겸직 연구원들까지 포함하여 대략 50명이 있었다. 최형섭 역시 원자력연구소와 상공부 광무국에 근무하다가 밤이 되면 출근하여 늦게까지 개발연구에 몰두했다. 연구업무심의회를 조직해 연구소가 체계적으로 운영되고 연구원들이 조직적으로 참여하도록 애썼다. 연구원들은 젊은 열정과 노력으로 서로를 격려하며 기술개발에 헌신했다. 후에 최형섭은 회고록의 제목에서 밝히듯 그들이 지향한 이상을 '불이 꺼지지 않는 연구소'로 표현했다. 또한 삼성에서 추진한 반도체 D램 개발의 일화를 보면, 연구원들은 사업이 시작된 이래 연구실에 야전용 침대를 갖다 놓고 퇴근 없이 주말은 물론 밤낮도 잊은 채 개발연구에 몰두했다. 이들은 자신과 가족을 희생해가며 강인한 체력과 불굴의 정신으로 몇 개월씩 '불철주야 강행군'을 계속했다. 이로써 특정 개인의 자질이 아닌 여러 사람들이 '하면 된다'는 자신감을 가지고 서로 협력하는 팀플레이를 통해 부족한 전문 지식과 기술력을 극복할 수 있었다. 그 결과 선진국과의 기술 격차를 급속히 줄였을 뿐만 아니라 개발이 뒤늦더라도 양산(量産) 과정에서 따라잡는 놀라운 속도전을 이루어냈다.[35]

한국에서 과학기술 실행 방식은 시대에 따라 변화했다. 시간이 지날수록 공동체적, 실무 중심적 실행이 점차 약화되고 대규모, 고강도 실행이 강화되는 모습을 보였다. 연구개발 사례에 따라 실행 방식이 다르기도 했다. 예컨대, 대학의 기초연구는 공동체적 고강도 실행, 기업의 개발연구는 이에 더해 실무 중심적 대규모 실행이 두드러진다. 그럴지라도 전반적으로 볼 때 이 네 가지 방식은 한국의 과학기술 실행을 강하게 규정짓는 핵심 특성들이라고 할 수 있다.

과학기술 실행은 시대별로 영역, 수준, 활용 등과도 특정하게 연동되었다. 시간이 지날수록 전통 분야, 모방적 개량, 조립 생산에서 첨단 분야, 독자적 창출, 신제품 개발로 과학기술이 크게 변화했다. 이러한 변화에 따라 과학기술 실행 방식들 중에서 보다 두드러진 것이 달라졌다. 새롭게 주어진 과학기술 과제에 부응해 그 실행의 주요 형태가 달리 선택된 것이었다. 그 방향은 개인적 의지와 노력보다 조직적 규율과 활동이 강조되는 형태로 나아갔다. 과학기술 제도의 변동과 더불어 그 활동의 방향이 달라졌기 때문이다.

한국의 과학기술 실행은 특히 산업기술의 개발연구에서 놀라운 능력을 발휘했다. 기존 제품이나 공정을 빠르게 개선하여 사회경제적 효과를 높이는 데도 효과적이었다. 구체적 사례로, 연구개발, 시제품 개발, 양산화를 겹쳐서 추진한 병렬적 개발 방식을 갖춰 기술 개발의 기간을 대폭 단축시켰다. 아울러 개발-생산의 순환 속도를 획기적으로 높여 앞선 제품을 더 빠르게 그리고 일찍 내놓을 수도 있었다.[36] 이는 작은 기술 혁신이 빠르게 일어나고 그것이 제품의 수준에 결정적으로 영향을 미치는 산업 분야에서 대단한 위력을 나타냈다.

〈보첨 5〉 '소폭다량' 혁신

한국 과학기술에는 아주 오랫동안 풀리지 않는 패러독스가 하나 존재한다. 특출 난 인물이 없는데도 과학기술은 이상하게 놀라운 발전을 이루었다. 그 분야는 비교적 우수한 사람들이 몰려 있는 과학이 아닌 반도체, 이동통신, 디스플레이 등에서 보듯 기술 영역이었다. 지금까지 이 문제는 여전히 풀리지 않는 수수께끼로 남아 있다.

그 열쇠는 놀랍게도 우리의 통념 바깥에 있다. 흔히 뛰어난 성과는 위대한 과학기술자들로부터 나온다고 생각한다. 세계 과학기술의 역사를 보아도 그 예들을 무수히 찾아볼 수 있다. 그런데 한국에서 이룬 세계적 성과는 그것과는 다르다. 그 주도자들조차 누구

인지 모를 정도로 거의 무명의 연구자들이 이룬 성취였다. 즉, 비록 작은 혁신일지라도 많이 쌓이고 서로 결합되면 전체적으로 큰 변화를 몰고 오는 것이었다. 바로 소폭다량의 혁신이다.

이러한 혁신은 많은 연구 인력, 평균 능력의 우수성, 집단적 활동, 끈기 있는 노력 등에 의해 가능하다. 한두 개인이 아닌 공동의 집단적 힘이 발휘됨으로써 과학기술의 수준을 급격히 높이는 방식이다. 특히 과학보다 기술 분야에서 더 큰 위력이 발휘될 수 있다. 기술은 작은 혁신들이 모이고 서로 연계됨으로써 놀라운 산업적, 경제적 가치를 창출하게 된다. 개도국의 과학기술 특성과 잘 부합할 수 있는 또 다른 혁신 방식이다.

이에 힘입어 한국은 산업기술 위주로 과학기술을 단기간에 빠르게 발전시킬 수 있었다. 과학기술 수준이 낮은 상황에서 온갖 불리한 여건에도 불구하고 과학기술이 가속적으로 진전될 수 있었던 데에는 역동적 실행이 중요했다. 한국은 선진국의 과학기술 궤적에 승차하여 특유의 실행 방식으로 효과적인 속도전을 펼쳤다. 공동체, 실무 중심, 대규모, 고강도 실행에 의해 과학기술에서 단기적 생산량을 극대화할 수 있었던 것이다. 이른바 소폭 혁신의 대량 창출을 의미하는 '소폭다량(小幅多量)'의 방식이다.[37] 작은 혁신의 성과일지라도 짧은 기간에 많이 얻음으로써 그 효과를 최대로 발휘할 수 있었다. 한국이 과학기술 '추격의 귀재'로 불리게 된 것은 그 결과였다.

그러나 한국의 과학기술 실행 방식은 여러 문제를 지니기도 한다. 먼저, 개인의 창의성이 발휘되기 힘들다는 점을 지적할 수 있다. 집단적 활동이 강조되다 보니 그에 속한 과학기술자 개인의 자율성과 독립성이 제약을 받는다. 다음으로, 모험적인 연구 과제가 가치를 인정받지 못하고 있는 것도 아쉬운 부분이다. 단기적인 성과의 창출에 치중함으로써 실패의 우려가 있는 도전적 연구 과제는 기피하는 경향이 크다. 끝으로, 과도한 강도의 실행과 그에 못 미치는 대우는 우수 인력이 과학기술로 진출하는 것을 꺼리게 만든다.

그럴지라도 한국은 과학기술의 전반적 수준 향상과 더불어 세계 수준으로의 도약 가능성을 지니고 있다. 무엇보다 과학기술이 지닌 한계를 여전히 활짝 열려 있는 외부 원천으로부터의 새로운 유입을 통해 보완 내지 돌파하는 움직임이 꾸준히 이어지고 있다. 즉, 선진국의 선도적인 과학기술이 특히 그곳에서 유학하거나 연수를 한 과학기술자들을 매개로 해서 끊임없이 한국으로 유입될뿐더러 그에 항상 민감하게 반응하고 있는 것이다.[38] 이렇게 한국 과학기술에 존재하는 내부 문제가 외부 원천에 힘입어 계속적으로 해결되어나가고 있기도 하다.

7장

역동적 발전의 구조: '제도–실행 도약론'

한국의 과학기술은 짧은 기간에 선진국 수준으로 발전했다. 세계적으로 보기 드문 기적의 하나로 불린다. 그런데 한국 과학기술의 역사를 보면 획기적이고 돌출적인 사건은 도무지 찾아볼 수 없다. 다른 개도국들과 유사하게 작은 혁신의 성과만이 다양하게 눈에 띌 뿐이다. 그렇다면 작은 성과와 큰 도약이라는 모순, 그 사이의 깊은 간극을 어떻게 설명할 수 있을까? 한국 과학기술 발전의 결정적 변인(變因)으로 작용한 제도와 실행에 주목함으로써 그 해법을 찾을 수 있다. 과학기술 제도가 불러일으킨 단절적인 도약과 실행이 가져다준 지속적인 약진의 이중주가 바로 그것이다. 이렇게 한국의 과학기술은 제도와 실행의 상호 연계를 통해 그 특유의 도약, 즉 단속상승형 방식의 발전을 제대로 규명할 수 있을 것이다.

과학기술 발전의 특성

한국의 과학기술 발전은 다른 나라들과 크게 대비된다. 유사한 처지에 있던 개도국들과 현저히 다를 뿐 아니라 본보기로 삼은 선진국들과도 커다란 차이가 난다. 한국은 개도국들에 비해 과학기술을 월등히 높은 수준으로 발전시켰지만 주요 선진국들과는 여전히 간극이 존재한다. 그러므로 한국의 과학기술 발전이 지니는 성격과 특성을 잘 이해하려면 다른 국가들과의 상대적인 비교를 통한 접근이 필요하다.

많은 개도국들이 과학기술을 꾸준히 발전시켜오고 있다. 과학기술이 국가 발전의 중요한 요소라는 인식이 자리 잡힘에 따라 과학기술의 발전을 위해 상당한 노력을 기울이고 있다. 물론 극히 열악한 사회경제적 상황으로 과학기술에 관심을 쏟기 어려운 나라들도 적지 않다. 이런 나라들은 과학기술이 여전히 침체되어 있거나 퇴보하기도 한다. 그렇지만 상당수의 개도국들이 과학기술을 지속적으로 발전시켜나가는 것은 시대적인 추세다. 과학기술 발전에서 차이가 존재한다면 국가별로 그 속도가 다르고 이로 인해 불균등성을 보이고 있다는 점이다.[1]

개도국들이 과학기술을 발전시켜나가는 양상은 다양하다. 저마다 근대 과학기술의 역사와 사회적 여건, 과학기술 발전을 향한 노력이 다르기 때문이다. 과학기술 발전 방식은 급진적 형태가 있는가 하면 점진적 형태도 있다. 지속성의 면에서 장기적으로 유지되는 경우도 있지만 단기간에 멈추는 경우도 있다. 시간이 지날수록 가속성을 띠는가 하면 별다른 변화 없이 등속성을 보이는 나라들도 있다. 과학기술의 발전이 연속성을 보이는가 하면 단절성을 보이기도 한다. 이처럼 과학기술이 발전하는 모습은 국가에 따라 차이가 많이 난다.

대략적으로 보면, 개도국들 중에서 남아메리카의 국가들이 상대적으로 과학기술 수준이 높은 편이나 부침을 심하게 겪고 있다. 과학기술이 발전을 하다가도 급작스런 하락을 한다. 동남아 국가들은 과학기술이 낮은 수준에서 꾸준히 상승해가는 추세를 보인다. 비록 그 발전이 완만하게 이루어지나 갈수록 더 높은 수준으로 진전되고 있다. 반면에 아프리카의 국가들은 전반적으로 과학기술이 답보 상태에 머물러 있다. 점차 과학기술에 관심을 기울이고 있긴 하지만 아직은 발전이 가시적으로 드러나지 않고 있다.[2] 물론 유사한 지역에 속해 있더라도 국가에 따라 과학기술 발전의 편차는 크다.

이들 국가에 비해 한국은 과학기술 발전에서 독특한 점들을 확실히 보여준다. 현대 시기에 들어 과학기술이 정체되거나 부침을 겪은 적이 없었다. 발전이 상당히 안정되고 일관되게 이어져나갔다. 또한 일정 기간이 지나면 과학기술이 상당히 높은 수준으로 도약되었다. 이전 시기와는 뚜렷이 구분되는 차별적인 발전 단계로 올라서며 진전되어나갔다. 거대한 변동이 일시에 분출되지는 않았지만 지속적인 발전이 일어났다. 한국의 과학기술을 보면 그 거시적 발전 양상이 다른 개도국들과는 여러 면에서 달랐다.

먼저, 과학기술의 수준을 단기간에 크게 높인 '비약성'을 들 수 있다. 대부분의 개도국들에서는 기껏해야 과학기술이 완만하게 성장하는 추세를 보였다. 그에 필요한 상당 수준의 복합적 요소들과 인프라를 일시에 잘 갖추기 어려웠던 탓이다. 더구나 20세기 후반기는 세계적 차원에서 선진국들을 중심으로 과학기술 경쟁이 치열하게 전개되며 그 변동이 매우 급속히 일어난 시기였다. 이러한 때에 개도국들이 과학기술을 선진국에 근접하는 수준으로 발전시키기는 불가능에 가까웠다.

한국이 과학기술을 본격적으로 발전시킨 기간은 아주 짧았다. 1945년 해방 직후 과학기술 수준이 한국보다 낮은 나라들은 세계적으로 손에 꼽을 정도였다. 아시아나 중남미의 대부분의 나라들은 한국에 비해 과학기술 수준이 훨씬 높았다. 그렇지만 시간이 지날수록 한국은 다른 개도국들의 과학기술을 신속히 따라잡았고 일부 분야에서는 과학기술 선진국을 추월하는 단계로까지 올라섰다. 과학기술 최빈국에서 선진국 수준으로 올라서는 데 길게 잡아도 해방 이후부터 1990년대 중반까지 불과 50년밖에 걸리지 않았다.[3] 연구 논문과 국제특허 등을 포함한 모든 지표에서 한국은 다른 개도국들과는 비교가 안 되게 과학기술을 빠르게 진전시킨 독보적인 나라가 되었다.

다음으로는 과학기술의 전개에서 커다란 변동이 일어난 '단절성'을 지적할 수 있다. 대부분의 개도국들은 이전의 과학기술에 기반해 과학기술을 누적적이고 연속적으로 발전시켰다. 이들은 획기적인 과학기술의 성과를 내기 어려운 탓에 이미 알려진 과학기술에 크게 의존했다. 그렇지 않을 경우 과학기술은 오히려 안정성을 잃고 심한 혼란을 겪을 가능성이 있었다. 이들 나라에서 과학기술은 기본적으로 축적된 지적, 물적 토대에 바탕하여 부분적인 개선과 증진을 이루며 진화해나가는 활동이었다. 이렇듯 개도국들은 수준 높은 과학기술을 창출할 능력이 떨어지므로 급격한 발전을 이룰 수 없었다.

한국의 과학기술은 시대별로 큰 보폭을 보였다. 과학기술의 역사에서 강한 연속성을 찾아내기 힘들 정도였다. 예를 들어, 1960~70년대의 과학기술은 이전은 물론 이후 시기의 과학기술과도 달랐다. 중심 제도가 급격히 변화했을 뿐만 아니라 주요 성과도 내용과 성격의 측면에서 확연히 바뀌었다. 시대에 따라 달라진 과학기술이 펼쳐진 것이었다. 이러한 과학기술에서의 단절은 일제강점기에서 해방, 1950년대에서 60년대, 1970년대에서 80년대, 1990년대 후반 이후의 네 번의 시기에 걸쳐 주로 일어났다. 동일한 시대에는 유사한 제도와 성과가 확대되다가 시대가 바뀌면 다른 제도와 성과가 등장하며 지배적인 위치를 차지했다. 이러한 단절은 그 폭이 아주 크지는 않았지만 과학기술 도약의 새로운 기회가 되기에 충분했다.

그리고 과학기술 발전이 갈수록 속도를 낸 '가속성'을 꼽을 수 있다. 개도국들은 과학기술을 발전시키는 과정에서 많은 제약을 겪었다. 발전 단계마다 익숙하지 않은 새로운 문제들이 첩첩이 놓여 있고 그것들을 일일이 넘어서는 데 시간이 지체되었다. 이러한 사정으로 대부분의 개도국들은 과학기술의 수준을 높일수록 더 큰 어려움에 봉착해 발전의 속도가 둔화되는 경향을 보였다. 게다가 선진국이 과학기술을 경쟁적으로 발전시키는 상황에서 개도국이 추격을 통해 격차를 좁히기란 무척 힘들었다. 많은 개도국들은 과학기술을 발전시키더라도 선진국과의 격차가 더 벌어지는 현상이 발생했다.

한국도 초기에는 과학기술 발전에 상당한 곤란을 겪었다. 발전에 필요한 다양하고 복합적인 요건을 충분히 갖출 수 없었던 탓이다. 과학기술에 기대했던 목표보다 실제로 나타난 결과가 항상 좋지 않았고 이는 과학기술 추진의 의욕을 떨어뜨리는 걸림돌이 되었다. 1970년대 말까지도 한국의 과학기술 수준은 부단한 노력에도 불구하고 실제로는 빠르게 올라서지 못했다. 과학기술 제도가 상당히 체계적으로 갖춰졌으나 그로부터 얻어지는 성과는 외국에서 도입한 과학기술을 소화하고 부분적으로 개량하는 정도에 머물렀다. 그러다가 1980년대부터 한국의 과학기술 수준이 비약적으로 높아져 선진국과 어깨를 겨룰 성과들이 속속 나타나게 되었다.[4] 과학기술을 본격적으로 발전시킨 지 30년이나 지난 후에 이룬 결실이었다.

마지막으로는 과학기술이 꾸준히 발전되어나간 '지속성'을 들 수 있다. 개도국이라 할지라도 과학기술을 일시적으로 발전시키는 것은 가능했다. 소수의 주도적 인물과 정책적 지원이 맞물리면 과학기술이 낙후되어 있어도 그 수준을 반등시킬 수 있었다. 그런데 과학기술을 장기간에 걸쳐 지속적으로 진전시켜나가기는 그리 간단하지 않았다. 과학기술이 발전할수록 막대한 자원과 노력이 추가로 요구되나 결과는 그에 미치지 못하는 딜레마에 빠졌다. 개도국으로서는 과학기술이 얼마 못 가 추진 동력을 상실하는 사태를 자주 겪었다. 과학기술을 지속적으로 추진할 내적 동기와 가치를 시의적절하게 확보하지 못했기 때문이다. 이러한 사실에 비추어볼 때 한국의 꾸준한 과학기술 발전은 크게 주목할 만하다.

20세기 중반 이래로 한국의 과학기술은 어느 시대나 중단 없이 추진되었다. 이전의 과학기술에 대한 비판에 입각해 방향 전환이 일어나곤 했으나 과학기술의 침체나 퇴보는 일어나지 않았다. 무엇보다 국가가 중요하게 내건 사회적 목표에 부합되게 과학기술을 발전시켜 그 사회적 유용성을 계속해서 확보해온 덕분이었다. 과학기술이 초기에는 인력 양성, 그 후엔 근대적 인프라의 구축, 나중에는 산업 발전을 위해 지속적으로 중시되었다. 그 주도 세력도 대학에서 정부출연연구소로, 뒤이어 대기업으로 이어지며 확대되었다. 어느 시대나 과학기술은 열성적으로 추진해야 할 국가적 중추 사업이었다. 한국의 현대 역사는 놀랍게도 과학기술의 지속적 축적과 발전으로 점철되었던 것이다.

이처럼 한국의 과학기술 발전에서 나타난 양상은 다른 개도국들과 차이가 크다. 그 주요 특징은 비약성, 단절성, 가속성, 지속성이다. 다른 개도국들에서도 그런 특징이 부분적으로는 종종 나타난다. 특히 단절성이나 지속성은 드물지 않게 보이는 특성들이다. 상당수의 개도국들이 과학기술에 지속적으로 관심을 기울이고 있으며, 일부 나라들에서는 시대 상황의 변화에 따라 방향이 선회하기도 한다.[5] 그럴지라도 비약성과 가속성으로 이어지지는 않는다. 과학기술의 완만한 발전 내지 갑작스런 혼란을 초래하는 경우가 많다. 그러므로 한국에서 보이는 이 네 가지 양상이 한 나라에서 복합적으로 나타난 개도국들은 거의 없다고 할 수 있다.

'단속상승형' 발전모형

과학기술의 비약적 발전을 가장 간단히 설명하는 방식은 급진적, 혁명적 변동을 포착해 주목하는 것이다. 실제로 서구의 과학기술에서는 획기적인 연구 성과에 의해 일시에 급격한 전환이 종종 일어났음을 역사가 잘 보여준다. 20세기만 하더라도 과학기술에서 혁명적 사례는 꽤 많이 발견된다. 물리학에서의 양자역학, 생물의학의 DNA 발견과 분자생물학, 산업기술의 극소전자공학과 정보통신기술 등이 그 중요한 예들이다. 도전적인 연구 성과에 힘입어 선진국은 과학기술의 근본적이고 급격한 발전을 이룰 수 있었다.

이와 함께 서구에서는 과학기술의 제도적 혁신도 중요했다. 과학기술을 주도하는 국가들은 대체로 새롭게 출현한 제도의 뒷받침을 크게 받았다. 독일의 대학 실험실, 강좌제, 산업과의 연계, 미국의 대학원, 학과제, 공과대학, 기업 연구소 등을 대표 사례로 들 수 있다.[6] 새로운 과학기술 제도는 과학기술의 공간을 확대하고 그 방식과 방향까지도 크게 변화시켰다. 다른 나라에 없던 창의적 과학기술 제도를 만들고 그에 기반하여 과학기술을 추진함으로써 커다란 전환을 꾀할 수 있었다.

〈보첨 6〉 '단속상승형' 발전모델(PAM)

보폭이 짧은 뱁새는 아무리 애써도 멀리 앞서가는 황새를 도저히 따라잡을 수 없다. 과학기술 발전은 크게 두 가지 유형을 상정할 수 있다. 대부분의 나라들에서 많이 일어나는 오랜 기간에 걸친 점진적이고 연속적인 발전 방식과 아주 드물게 벌어지는 단기간에 일어나는 급진적이고 단절적인 발전 방식이다. 이 중에서 후발자가 짧은 기간에 빠른 도약을 이룰 첩경은 후자의 형태로만 가능하다. 더구나 선발자가 크게 앞서가고 있는 상황에서는 더 그렇다.

그런데 문제는 개도국이 실제로 과학기술을 급진적인 방식으로 발전시킬 수 있는가다. 열악한 과학기술 현실에서 과학기술의 대전환이 일시에 일어나는 것은 기대될 수 없다. 단절적인 방식의 과학 기술 발전은 개도국 현실에서는 결코 가능하지 않은 일이다. 실제로 한국도 그런 방식으로 과학기술의 비약적 발전이 일어나지 않았다.

그렇다면 개도국이 과학기술을 빠르게 발전시킬 현실적 방식은 무엇일까? 그 비결은 위와는 다른 새로운 발전 경로를 열어나가는 데 있다. 즉, 덜 급진적인 도약과 더 빠른 상승을 추구하되 그것을 여러 차례 반복해나가는 것이다. 바로 작은 단절과 큰 진전으로 구성된 단속상승형 발전이다. 이는 급진적인 발전과 그 방식은 다를지라도 아주 비슷한 증폭 효과를 낼 수 있다. 날면서 뛰는 닭이라면 멀리 앞서가는 황새라 할지라도 충분히 따라잡을 수 있다.

서구에서도 급진적 과학기술 발전은 흔하게 일어나지 않는다. 그럴지라도 새로운 돌파구를 여는 과학기술의 성과가 그 물줄기를 근본적으로 변화시키곤 했다. 토마스 쿤의 표현을 빌리면 과학기술에서 패러다임의 전환이 이루어지며 혁명적 변화가 나타났던 것이다. 다시 말해, 선진국에서 중요하게 이룬 주요 과학기술 성과는 패러다임을 바꾸는 성격을 지녔고 그 결과 과학기술의 거대한 전환이 일어났다. 서구에서 일어난 과학기술 발전을 급진적인 전환으로 설명하는 대표적인 시각이다.

그런데 한국에서는 과학기술의 획기적 성과를 찾아볼 수 없다. 그동안의 역사를 살펴봐도 과학기술 분야에서 세계적으로 새로운 표준을 제시한 혁명적 성취를 거둔 사례는 보이지 않는다. 학문적 성과는 물론 사회적 제도, 산업적 활용 등 과학기술과 관련한 모든 것들을 망라해도 마찬

가지다. 예컨대, 한국은 독창적 과학 지식의 성취, 선구적 연구 프로젝트의 추진, 우월한 연구 제도의 정착, 과학에 기반한 신산업의 창출 등 그 어떤 부분들과도 거리가 멀었다. 기껏해야 메모리 반도체, CDMA, 디스플레이 등과 같은 선진 과학기술의 부분적 증진과 한탄바이러스, 초음파진단기, MP3 등에서 보듯 국지적 성격을 띤 독창적 성과가 이루어졌을 뿐이다. 서구 과학기술의 시각으로 보면 한국에서는 과학혁명과 거리가 먼 지극히 평범하고 틀에 박힌(routine) 과학기술 활동이 주류를 차지하고 있는 것이다.

이는 달리 말하면 한국의 과학기술 발전이 작은 혁신의 성과들로 채워져 있다는 것을 의미한다. 개도국에 비해서는 우수한 성과를 냈지만 선진국보다는 그 수준이 떨어졌다. 대체로 선진국의 과학기술을 받아들여 개량하고 변형하는 수준을 크게 벗어나지 못했다. 즉, 한국의 경우는 주요 과학기술 성과가 패러다임 내에서 행해진 문제풀이의 성격을 띠었다. 패러다임을 바꿀 과학기술의 새로운 돌파구를 열거나 근본적 변화를 가져올 학문적, 제도적 성과를 찾아보기 힘들었던 것이다.

사실, 한국을 비롯한 개도국들에서 혁명적 방식으로 과학기술이 발전되기는 불가능하다. 패러다임을 깨뜨릴 세계적 성과를 내기에는 과학기술의 수준과 여건이 열악한 사정과 관련이 있다. 한국의 과학기술 발전에서 보이는 단절성과 도약성도 근본적인 대전환을 의미하는 것은 아니다. 그보다는 훨씬 작은 변동을 지칭한다. 비유하자면, 거대한 파도 뒤에 생겨나는 작은 규모의 물결과 비슷하다. 설령 특정 분야에서 탁월한 과학기술 성과가 나타나더라도 그것이 개도국의 과학기술에 전반적으로 미치는 파장은 제한적이다. 연쇄 반응이 일어날 만큼 다른 과학기술 분야들이 그에 걸맞은 수준으로 올라서 있지 않기 때문이다. 이런 경우는 오히려 예외 사례로서 일시적, 우연적 성취에 그치고 만다.[7] 이렇게 극히 드문 획기적인 성취만으로는 개도국에서 과학기술의 대변동을 일으키지 못한다.

그렇다면 반세기 사이에 한국에서 일어난 과학기술의 비약적 발전을 어떻게 설명할 수 있을까? 어느 발전 단계든 과학기술 성과는 그 진전의 폭이 작았다. 과학기술의 수준이 완만하게 올라가는 점진적 발전만이 눈에 띈다. 하지만 일정 기간이 지난 후에는 이전과 뚜렷이 대비되는 새로운 과학기술이 펼쳐졌다. 과학기술이 다른 수준에서 전개되며 그 성과가 근본적으로 달라졌다. 이렇게 한국의 과학기술은 작은 성과가 얻어지는 과정 속에서 결과적으로 커다란 도약이 일어났다. 언뜻 보면, 작은 성과와 큰 도약은 서로 어울리지 않을 뿐만 아니라 상반된 현상으로까지 보인다. 도대체 한국에서는 과학기술의 작은 성과가 어떻게 비약적인 발전으로 이어진 것인지 그 숨은 비밀을 풀어야 한다.

한국의 과학기술은 일정하게 진전되지 않았다. 그 역사를 보면, 완만하게 발전되는 때가 있는가 하면 급격한 변동이 일어나는 때도 있었다. 대부분의 시기가 과학기술이 연속적이고 점진적인 방식으로 발전되었으나 특

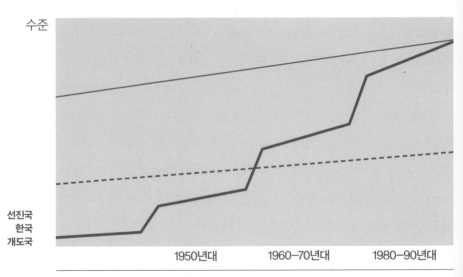

〈그림 2〉 한국 과학기술의 단속상승형 발전

정 시기에는 다소 단절적이고 급진적인 방식의 변화가 갑자기 일어나기도 했다. 서구와는 달리 그 단절의 범위와 크기는 물론 작은 편이었다. 대신에 이러한 모습이 단기간에 자주 반복해서 일어난 점이 특기할 만하다. 말하자면 '단절적 비약'과 '상승적 약진'이라는 사이클이 여러 차례 일어나며 과학기술의 발전을 가속시켰던 것이다.

과학기술에서 단절적 비약은 정권의 주요 교체기마다 일어났다. 새로운 정치권력이 등장하면서 과학기술을 근본적으로 변화시켰다. 이전과는 다른 과학기술을 추구하고자 한 결과였다. 해방 직후, 1960년대 초반, 1980년대 초반, 1990년대 후반 등 적어도 네 번의 시기를 중요하게 들 수 있다.[8] 각각의 시기마다 과학기술 인력 양성→과학기술 인프라 구축→개발연구 성과→글로벌 연구개발 추진 등으로의 전환이 일어났다. 단계별로 이전과는 확연히 달라진 새로운 차원의 과학기술을 추진하게 되었던 것이다. 마치 특정 시기마다 상위의 계단으로 뛰어오르듯 과학기술에서 점프가 일어났다. 이때 과학기술의 단절은 일시에 이루어지지 않고 새로운 정권이 차별적인 과학기술체제를 구축하는 데 소요되는 시간과 맞물렸다. 그러므로 실제 단절의 양상은 수직적이라기보다 심하게 경사진 형태로 나타난다.

이때 주목해야 할 점은 단절의 시기라 해도 획기적인 과학기술 성과가 얻어지는 것은 아니라는 것이다. 급진적인 변화를 일으킨 주된 근원이 과학기술의 성과에 있지 않았다. 그보다는 과학기술의 활동 방향, 즉 프레임이 바뀐 덕분이었다. 변화한 과학기술 어젠다에 부응해 새로운 차원의 과학기술이 추진되었던 것이다. 비유하자면, 시대별로 패러다임이 바뀜에 따라 그에 따르는 새로운 과학기술 활동이 펼쳐졌다. 어느 시대를 막론하고 과학기술의 성과는 작은 혁신의 형태를 벗어나지 못했다. 소폭의 개선 및 변형이 한국 과학기술의 주된 활동 방식이었던 것이다.

이와 함께 특정 단계별로는 과학기술의 상승적 약진이 일어났다. 당시 정치권력이 내세운 목표에 맞춰 과학기술을 역동적으로 발전시키는 방식이었다. 축적된 기반과 성과 덕분에 과학기술 수준이 시간이 흐를수록 가속적으로 상승되었다. 동일 단계에서는 해방 직후보다 1950년대, 1960년대 초보다 1970년대, 1980년대 초보다 1990년대가 더 빠르게 진전되었다. 마치 비탈진 경사 길을 오르는 것처럼 위로 갈수록 그 수준이 높아졌다. 전체 시대에 걸쳐서는 1950년대보다 1960~70년대, 1970년대보다 1980년대, 1990년대보다 그 이후가 과학기술이 가속적으로 발전되었다. 시대가 지날수록 비탈진 경사 길의 기울기가 커지는 것과 같이 과학기술의 발전이 빨라졌다.

이렇게 한국의 과학기술 발전은 독특한 구조를 지니고 있다. 단절적 도약과 상승적 약진이 반복되는 방식으로 과학기술이 발전되었다. 정권 교체의 시기마다 이전보다는 한 단계 도약한 과학기술이 지배적인 형태로 자리 잡으며 새롭게 펼쳐졌다. 한국의 과학기술 발전이 선진국과 가장 크게 다른 점은 단번에 혁명적 전환이 일어난 것이 아니라 다수의 작은 도약과 빠른 지속적 상승이 여러 차례 반복되며 증폭되었다는 것이다. 그 덕분에 선진국의 과학기술을 앞서 나갈 수는 없을지라도 매우 빠르게 추격할 수는 있었다. 이렇게 한국은 개도국의 처지에서 선진 과학기술을 급속히 따라가는 효과적인 발전 경로를 찾아냈던 것이다.

나는 이러한 한국의 과학기술 발전 방식을 '단속상승형(斷續上昇型)'[9]이라 부르고자 한다. 이는 특정 시대별로 급격한 단절이 일어나는 가운데 상승적인 약진을 이루었고, 이것이 모든 시대에 걸쳐 반복되어 나타남으로써 장기적으로 커다란 비약을 가져다주었다는 점을 의미한다. 전반적으로 볼 때 과학기술의 단절은 모든 시대에 걸쳐 다소 일정한 간격으로 일어났으며 과학기술의 수준은 갈수록 가속도가 붙었다. 이 발전모형은 단절적 비약과 상승적 약진이 하나의 쌍을 이루며 여러 차례 반복적으로 결합되어 있는 구조다. 비유하자면, 위를 향해 빠르게 올라가는 계단형 에스컬레이터(escalator)와 매우 닮아 있다. 다만, 에스컬레이터와 다른 점은 발판과 그 아래의 턱이 저마다 다르게 기울어져 있고 위로 올라갈수록 속도가 더 빨라진다는 점이다.

이러한 단절에 기반한 발전모형이 반드시 과학기술의 성공을 보장하는 것은 아니다. 많은 개도국들에서는 크고 작은 단절이 이전의 과학기술 기반까지 약화시키는 경우가 많다. 과학기술의 안정성을 해칠 가능성이 크기 때문이다. 그렇지만 한국에서는 단절이 오히려 과학기술의 비약을 가져오는 순기능의 역할을 했다. 단절이 새로운 돌파구를 열며 과학기술의 전반적인 수준을 큰 폭으로 끌어올렸다. 새로운 단절이 이전의 기반까지 통합하여 이끎으로써 더 수준 높은 발전으로 이끄는 모멘텀으로 작용했다.[10] 말하자면, 단절이 파괴적이 아닌 생산적으로 작동했던 것이다.

〈보첨 7〉 '제도-실행 도약론(I-Pet)'

과학기술을 흔히 좁은 의미의 지식 및 기법으로만 이해하려는 경향이 강하다. 과학기술을 통해 얻으려는 최종 결과가 바로 그것이기 때문이다. 그런데 과학기술은 마치 공장과 비슷하다. 어떤 제품을 생산하려면 설비와 노동이 필요하듯 과학기술도 마찬가지다. 과학기술은 근거지를 제공하는 제도적 장치와 그 속에서 이루어지는 과학기술자사회의 실행이 동반되어야 성과가 얻어진다. 이런 의미에서 과학기술은 제도와 실행이 서로 맞물리며 성과가 만들어지는 독특한 시스템이다.

선진국에서는 다양한 과학기술 제도가 이미 잘 갖추어졌기에 다분히 실행에 초점을 맞추어 성과가 얻어지는 과정을 살핀다. 이에 반해 개도국은 당연시되는 과학기술 제도를 확보하지 못했거나 작동시키는 데 곤란을 겪고 있으므로 그에 선차적 관심을 기울일 필요가 있다. 현대 과학기술에서 제도는 실행을 위한 필수 전제 조건이다. 이렇게 개도국의 과학기술은 제도-실행의 프레임으로 바라볼 때에만 그 전모가 드러날 수 있다.

그래서 개도국의 과학기술 발전은 제도-실행 시스템을 어떻게 갖추고 작동시키느냐에 크게 달려 있다. 하나는 제도와 실행의 적절한 안착과 구축이고, 다른 하나는 그 원활한 연계와 작동이다. 많은 나라들이 제도-실행 시스템에서 문제가 발생해 과학기술 발전에 제약을 받으나 더러는 그 병목(bottleneck)을 돌파하는 경우도 발생한다. 제도-실행 시스템은 개도국의 과학기술을 저해하는 근본 요소인 동시에 그 발전을 추동하는 핵심 매개체이기도 하다. 그러므로 과학기술 발전은 특히 개도국의 경우 제도-실행 시스템에 의해 근본적으로 좌우된다.

'제도-실행 도약론'

한국 과학기술의 발전모형으로 제시한 단속상승형은 어떻게 해서 나타나게 된 것일까? 한국의 과학기술 발전이 보여주는 특정한 패턴은 우연히 만들어진 산물이 아니다. 그 증거로서 발전모형 속에 단순성, 반복성, 규칙성 등의 특성이 뚜렷이 존재한다. 따라서 이 단속상승형 발전모형이 등장하게 된 주요 요인을 찾아내 그 중심 구조를 체계적으로 드러내는 것이 필요하다. 이는 결과적으로 한국의 과학기술 도약 메커니즘을 거시적으로 규명하는 작업이 될 것이다.

개도국들의 과학기술 발전을 해명하는 데 과학기술 제도와 실행은 아주 유용한 개념이 될 수 있다. 과학기술 발전은 선진국의 사례를 염두에 두고 다분히 실행에 초점을 맞추어 이해하려는 경향이 강하나 그것은 개도국에서는 잘 들어맞지 않는다. 무엇보다 개도국들은 과학기술 실행 이전에 그 기반이 되는 제도의 부실로 커다란 어려움을 겪는다. 과학기술 발전의 필수 조건으로 '제도의 우선성'이 존재하고 있는 것이다. 그런데 제도가 갖추어지더라도 개도국에서는 과학기술 실행이 제대로 이루어지지 않는 경우가 많다. 과학기술 제도가 기본적으로 선진국으로부터 유입된 낯선 장치인 데다가 과학기술 실행이 활발히 일어나는 데 요구되는 동기, 의지, 가치 등이 결여되어 있는 탓이다. 그러므로 개도국들의 과학기술 발전을 이해하려면 제도와 함께 실행을 상호 연계시키는 새로운 시각이 필요하다.[11]

과학기술 제도는 개도국들에게 남다른 의미를 지닌다. 이는 과학기술 실행을 안정적이고 내실 있게 펼치는 근거지일 뿐만 아니라 그 실행을 일시에 바꾸는 프레임이다. 개도국에서 과학기술 제도는 과학기술 전반을 새롭게 탈바꿈시킬 잠재력을 지니고 있다. 다시 말해, 과학기술 제도는 개도국의 과학기술 발전을 위한 아주 유용한 디딤판이자 조타수(操舵手)가 될 수 있는 것이다. 이에 비해 과학기술 실행은 개도국에서 과학기술을 일시에 변모시키는 급진적 역할을 하지는 못한다. 과학기술의 지적 기반, 창의적 능력, 인력 규모 등이 턱없이 부족한 까닭이다. 대신에 과학기술 실행은 특정한 제도에 기반하여 지적, 물적 성과를 꾸준히 창출하여 그 발전을 실질적으로 이끈다. 대체로 점진적 과학기술 발전을 낳고 때로는 그 속도를 높일 수도 있다. 이 같은 방식으로 개도국에서 제도와 실행은 저마다 다른 역할을 하며 과학기술 발전을 이끄는 쌍두마차다.

구분	제도	실행
핵심 가치	선차적 가치	실질적 가치
역할 수행	근거지/프레임	행동양태/생산방식
주도 세력	정치권력	과학기술자사회
변화 방식	단절적 도약(다단계 점프)	상승적 약진(소폭다량 혁신)
성격 비교	유사-패러다임	유사-문제풀이

〈표 6〉 제도-실행 도약론의 구조

　개도국들에서 제도가 과학기술의 급격한 도약을 이끄는 방식은, 먼저 국가의 과학기술 어젠다를 특정하게 새로이 설정하는 것을 들 수 있다. 주도적 학문 분야나 연구개발이 제도의 변화를 매개로 해서 바뀌게 된다. 다음으로, 제도는 물적, 인적 자원의 투여를 크게 변경시킬 수 있다. 국가 차원에서 과학기술 동원의 형태와 방식이 제도의 개편으로 달라지는 것이다. 마지막으로, 제도는 선진국에서 유입되는 과학기술의 원천을 새롭고 다르게 바꿀 수 있다. 제도의 개편은 과학기술의 근간이라 할 지식과 방법을 근본적으로 변모시킴으로써 과학기술 수준에 영향을 미치기도 한다. 결국 과학기술 제도는 국가적 어젠다, 과학기술 인프라, 교육 연구의 원천과 함께 활동 환경의 조성, 재정 후원의 통로 등과 밀접한 관련을 맺으며 과학기술에 커다란 변동을 일으킨다.[12]

　이때 과학기술 제도는 패러다임(paradigm)과 다소 유사하다. 패러다임이 정상과학과 연계되어 있는 것과 비슷하게 제도는 과학기술 실행과 연관을 지니고 있다. 과학기술 제도는 외적으로 과학기술의 조직 구조는 물론 내적으로 그 활동 범주와 내용, 방향까지도 강하게 규정한다. 이 때문에 과학기술 제도의 전면 교체는 과학기술 실행의 대전환을 일시에 불러일으킬 수 있다. 다만, 실제 한국 과학기술의 역사를 보면 제도적 패러다임은 작은 규모로 더 자주 변동하는 경향이 있고, 이전의 것과 완전히 단절적이지만은 않아 공약가능성(commensurability)이 존재한다는 점이 다른 특징이다.[13] 이는 결과적으로 제도의 변화가 과학기술의 '일대 도약'의 가능성을 낳는다는 것을 뜻한다. 한국과 같은 개도국들이 사소하게 보이는 작은 변화에도 불구하고 과학기술을 급격하게 발전시킬 기회는 제도적 변신에 의해 열릴 수 있다.

따라서 개도국의 과학기술 발전에서는 제도가 결정적 중요성을 지닌다. 과학기술에서 일상적으로 일어나는 완만한 작은 변화에도 돌출적인 급격한 비약이 발생하는 것은 제도의 혁신에서 크게 기인한다. 한국은 이러한 특별한 현상을 가장 잘 보여주는 대표 사례다. 한국이 다른 개도국들과 가장 차이 나는 점이 있다면 과학기술 제도의 급격한 변동을 한두 번이 아닌 여러 차례 연이어 겪었고 그것을 새로운 차원에서 과학기술을 추진하는 '다단계 도약'으로 이어지게 했다는 것이다.

과학기술 발전에서 제도와 실행은 세 부분으로 나누어 그 의미를 파악할 수 있다. 첫째는 과학기술 제도가 어떤 모습을 띠고 있는가이다. 시대별로 중심 제도가 무엇이고 그 변화는 어떻게 이루어지며 다른 제도들과는 어떤 관계를 맺고 있는지를 살필 필요가 있다. 둘째는 과학기술 실행이 어떻게 이루어지는가이다. 과학기술 실행의 주요 특성이 무엇이고 그것들이 시대별로 어떻게 드러나며 어떤 성과를 창출하게 되는지를 파악하는 일이다. 셋째는 과학기술 제도와 실행이 서로 어떤 관계를 형성하고 있는가이다. 시대에 따라 제도와 실행의 연관을 살피고 그것이 과학기술의 발전을 어떻게 이끄는지를 고찰하는 것이다.

개도국들이 추구하는 과학기술 제도와 실행의 주된 원천은 그 역사가 오래되고 수준이 높은 선진국이다. 과학혁명 이래 선진국은 수많은 근대적 제도와 실행을 만들어내고 발전시켜왔다. 개도국들은 그 가치가 입증되었다고 여긴 선진국의 제도와 실행을 주목하고 그것들을 받아들이려고 힘썼다. 물론 개도국들 중에는 새로운 제도와 실행을 독자적으로 갖추려 노력한 사례도 있었으나 그 움직임은 대개 한시적이고 제한적이었다. 전반적으로 볼 때 개도국들의 선진 과학기술 제도와 실행에 대한 지향은 뜨겁게 이어졌다. 다만, 개도국들 자체적으로는 무수한 과학기술 제도와 실행 중에서 취사선택을 하고 그것을 추진하는 우선순위를 달리하곤 했다. 자연스럽게 과학기술 제도와 실행을 부분적으로 바꾸고 보완하는 노력도 병행되었다. 말하자면, 선진적 과학기술 제도와 실행을 자국의 실정과 맥락에 맞게 적용하려는 일종의 변형 전략이다.

한국도 선진국의 과학기술 제도와 실행에 크게 의존했다. 그동안 중요하게 추진한 제도와 실행 중에서 완전히 새로운 형태라고 말할 수 있는 것은 없었다. 이미 선진국에서 행해지며 그 효과가 상당히 드러난 것들이었다. 하지만 선진국의 과학기술 제도와 실행을 받아들이되 그것을 변형시키는 노력을 적지 않게 기울였다. 미국과 일본의 과학기술을 도입하거나 확대하는 과정에서 다양한 적응이 일어났던 것이다. 과학기술 제도보다도 실행에서 이러한 변화가 더 뚜렷이 나타났다.[14] 이로써 한국의 과학기술 도약은 선진적 과학기술 제도와 실행의 도입과 한편으로는 변형에 상당히 힘입었다. 이른바 과학기술 제도와 실행에서 일어난 선진화와 국지화라는 이중성이다.

먼저, 과학기술 제도를 살펴보면 한국에서 그것은 시대별로 특정한 패턴을 나타냈다는 점을 강조할 수 있다. 주요 제도는 국가정책, 행정기구, 교육기관, 연구소, 학술단체, 저널, 법령, 문화, 의식 등처럼 다양하다. 이러한 과학기술 제도는 역사적으로 동시에 발전된 것이 아니라 시기에 따라 선별적으로 진화를 해왔다. 시대별로 중심적 과학기술 제도는 대학→연구소→개발연구 사업→기업 등으로 변모를 거쳤다. 이때 과학기술을 이끄는 주도적인 제도는 서울대(1946), KIST(1966), 특정연구개발사업(1982), 대기업을 전형으로 삼아 그와 유사한 제도를 복제하여 퍼트리는 방식으로 우위를 확보했다.[15] 그에 힘입어 해방 이후 1950년대는 대학, 1960~70년대는 정부출연연구소, 1980~90년대는 국가적 개발연구 사업, 1990년대 후반 이후에는 기업이 과학기술에서 지배적인 위치를 차지했다. 이러한 중심 제도는 일정한 주기로 교체가 일어나며 과학기술을 전면적으로 변화시키는 핵심 기반이 되었다.

과학기술의 중심 제도가 교체됨에 따라 다른 과학기술 제도들 역시 동반해서 변화를 겪었다. 시대별로 부차적 과학기술 제도는 자신을 변화시켜 주도적 제도와 새롭게 연계를 형성함으로써 그 가치를 높이려는 경향을 보였다. 제도적 중심부와의 네트워크를 통해 권한을 얻는, 권력을 가진 제도에 대한 일종의 순응과 의존인 셈이다. 이와 동시에 이전의 중심 제도는 새로운 중심 제도가 등장하면서 주변으로 밀려나고 그것을 뒷받침하는 존재로 위상의 역전이 일어났다. 전체적으로 볼 때 새로운 중심 제도를 주축으로 해서 다양한 과학기술 제도들이 네트워크를 형성하며 다른 시스템을 만들어가는 방식이었다.

이러한 과학기술 제도의 변화를 도식화하면 중심제도A→중심제도B+제도A1→중심제도C+제도B1+제도A2→중심제도D+제도C1+제도B2+제도A3로 표현할 수 있다. 시대별로 중심 제도가 바뀌고 그에 따라 이전의 제도들도 교체된 중심 제도에 부응해 계속 달라지는 것이다. 물론 특정 시기에는 이전에 없던 새로운 제도가 생겨나 끼어들기도 한다. 한국의 경우는 구체적으로 대학→정부출연연구소+대학1→국가개발연구사업+기업+

연구소1+대학2와 같은 방향으로 변모해나갔다. 이 과정에서 대학은 시대별로 교체된 중심 제도에 발맞추어 학부 중심→대학원 확대→연구 중심으로 바뀌었다. 정부출연연구소 역시 개발연구 전진 기지→기업 개발연구 지원으로 그 역할이 달라졌다.[16]

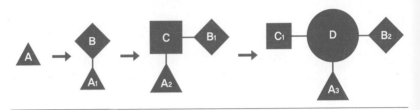

〈그림 3〉 과학기술 제도의 변화 방식

한국의 과학기술은 시대별로 다른 제도적 시스템을 갖추어나갔다. 해방 이후 1950년대는 대학을 중심 제도로 삼고 이에 소수의 다른 제도가 연계되는 방식이었다. 1960~70년대는 정부출연연구소를 중심 제도로 해서 변화한 대학과 한편으로 늘어난 다른 제도들이 관련을 맺었다. 이 시기에는 정부출연연구소가 다수 설치되었을 뿐만 아니라 그들을 한곳으로 운집한 대덕연구단지가 만들어졌다. 1980~90년대는 국가 개발연구 사업을 중심 제도로 해서 변화한 대학과 연구소는 물론 새로운 기업과 더 복잡하고 다양해진 다른 제도들이 연결되었다.[17] 물론 중심 제도와 관련이 적은 제도들도 있긴 했지만 해당 기간 동안 고립된 처지에 몰렸다. 이렇게 시대별로 제도적 시스템은 그 방식을 달리하며 과학기술을 급격히 변화시키는 중추적 역할을 수행했다. 마치 시대에 따라 새로운 정치권력에 부합하는 차별적인 제도 시스템이 갖추어진, 변화한 과학기술 권력을 표현하는 일종의 '과학기술 레짐'이라 부를 만하다.

선진국들도 대학→연구소→연구개발 사업 순서로 과학기술 제도를 발전시켜왔다. 과학기술에서 대학이 가장 먼저 만들어지고 대규모 연구개발

사업이 뒤늦게 등장했다. 그렇지만 이 순서가 과학기술의 중심 제도가 변화한 차례를 나타내는 것은 아니다. 선진국들에서는 대학이 비록 그 위상이 다소 달라지긴 했으나 중심 제도에서 뒤편으로 밀려난 적이 거의 없었다. 연구개발을 보더라도 선진국들에서는 대학이 가장 일찍 능력을 갖추었고 다음으로 기업, 연구소 등이 그 뒤를 따랐다. 과학기술에서 산학(産學) 연구가 새로운 형태로 떠오르며 대학과 기업의 협력 및 공동 연구가 활발해지고 있으나 기업의 우위가 지배적인 것은 아니다. 대학과 기업은 과학기술 활동의 독립적인 주체로서 서로 간에는 협력과 동시에 긴장이 존재한다.[18] 이는 선진국들에서는 한국처럼 국가의 필요에 따라 중추적 과학기술 제도가 빠르게 교체되고 서로 간에 합종연횡이 활발히 일어나는 역동성을 띠고 있지 않다는 점을 보여준다. 한국에서는 과학기술 제도의 가변성이 큰 반면에 선진국에서는 안정성이 상대적으로 높다고 말할수 있다.

다음으로 과학기술 실행을 들여다보면 시대별로 그것이 변화를 해가며 한국 고유의 특성을 지니게 되었다는 점을 지적할 수 있다. 한국의 과학기술 실행은 선진국과의 인적, 물적, 제도적 연계 속에 앞선 과학기술을 추격하는 방향으로 전개되었다. 이 과정에서 공동체, 실무 중심, 대규모, 고강도 등의 실행이 나타났다. 다른 나라들과 차별화되는 실행, 특히 그들 간의 상호 결합이 이루어지며 과학기술에 역동성을 부여했던 것이다. 이러한 과학기술 실행은 한국에서 역사적으로 특정한 진화의 과정을 거쳤다. 해방 이후 1950년대는 공동체적 실행이 나타났고 1960~70년대에는 실무중심의 실행이 더해졌으며 1980~90년대에는 대규모 실행이 본격적으로 가세되었다.[19] 고강도 실행은 일찍부터 존재하되 갈수록 강화되는 모습을 보여주었다. 이렇게 시간이 지날수록 새로운 과학기술 실행이 추가되면서 그 전체가 상호 연관을 맺는 한국적 특성으로 자리 잡게 되었던 것이다.

한국의 과학기술 실행은 무엇보다 과학기술 인력이 우선 대량 배출되고 이것에 한국 특유의 사회문화가 결합되며 형성되었다. 먼저, 과학기술도 다른 사안들처럼 사회 구성원들이 서로 합심해서 추진하는 대상으로 여겨져 공동체적 실행이 가장 앞서 등장했다. 이를 기반으로 비록 낮은 수준일지라도 특정 과제를 수행해 유용한 결과를 얻는 데 효과적이라 판단된 실무 중심적 실행이 추가되었다. 급기야는 주요 목표로 내건 성과를 단기간에 압축적으로 거둘 수 있는 대규모 실행이 결부되었다. 이러한 실행 방식에 고강도 실행이 가미되어 한국 과학기술의 복합적 실행 체계가 갖추어졌다. 필요한 과학기술을 빠르게 습득·확산하고 국가나 집단이 세운 목표를 효과적으로 수행하는 방식이었다. 한국의 추격형 과학기술 발전에 부합하는 실행이 갖추어지고 활발히 행해졌던 것이다.

물론 이러한 과학기술 실행이 한국에만 존재하는 것은 아니다. 선진국들에도 한국에서 나타나는 실행이 존재한다. 과학기술 활동에 자연스럽게 수반되는 것들이기 때문이다. 선진국들에서도 대규모 실행과 더불어 부분적으로 실무 중심, 고강도 실행이 강화되는 경향을 보인다. 그렇다면 과학기술 실행에서 한국이 다른 나라들과 차이가 나는 점은 무엇일까? 우선은 정도의 차이가 크고 다음으로는 결합의 양상이 다르다. 한국은 다양한 실행들이 상대적으로 더 두드러지고 서로 복합적으로 나타남으로써 시너지를 보이고 있다. 전반적으로 과학기술의 속도전에서 강점을 발휘할 수 있는 특성을 보유하고 있다. 한국처럼 목적 지향적이고 에너지 분출적인 실행을 펼치는 경우는 흔치 않다.

나아가 한국에서 과학기술 제도와 실행은 독특한 방식으로 서로 연계를 맺었다. 특정한 제도와 그에 부합하는 실행이 '상생적 조합'을 이루었다. 시대별로 새로운 중심 제도와 특정한 실행 방식이 상호 결합을 했던 것이다. 구체적으로, 해방 이후 1950년대는 대학-공동체적 실행, 1960~70년대는 정부출연연구소-실무 중심적 실행, 1980~90년대는 국가 개발연구 사업-대규모 실행이 과학기술의 근간을 차지했다.[20] 물론 공동체적 실행과 실무 중심적 실행, 고강도 실행은 이후에 등장한 다른 중심적 과학기술 제도와도 긴밀한 관련을 맺었다. 시대가 흐를수록 새로운 과학기술 제도에 여러 실행들이 복합적으로 결부되며 과학기술이 펼쳐지는 모습이었다. 이렇게 한국의 과학기술은 제도와 실행이 독특하게 연계되며 활력을 더하게 되었던 것이다.

한국에서 과학기술의 성과는 시대별로 다른 형태로 나타났다. 해방 이후 1950년대 대학에서는 공동체적 실행으로 과학기술 인력이 양적으로 급증하고 그 수준이 점차 동반 상승했다. 과학기술 성과는 주로 학부 수준의 인력 양성에 초점이 맞추어졌고 연구 활동도 그 일환으로 얻어진 것이었다. 연구 성과는 초보적 수준으로 그 대부분은 교육적 효과를 위한 리뷰 논문, 동향 보고, 학계 소식 등이었다. 1960~70년대 정부출연연구소에서는 실무 중심적 실행이 본격적으로 이루어지며 개발연구가 추진되었다. 그 주된 내용은 산업기술에 관한 것으로 외국에서 도입한 기술을 기업들이 활용할 수 있게 소화, 개량하는 것이었다. 학문적 연구가 아닌 다분히 실용적 연구에 중점이 두어졌다. 이 과정에서 얻어진 연구 결과는 주로 국내 저널에 실리거나 국내특허로 출원되었다. 1980~90년대에는 국가 개발연구 사업이 대규모 형태로 강도 높게 추진되며 우수한 연구 성과가 급증했다. 산업기술 개발연구에 역점이 두어져 있었지만 기초연구도 뒤따라 새롭게 행해졌다. 국제 수준의 연구 논문과 특허 등이 활발히 얻어진 것은 이때부터였다.[21]

뿐만 아니라 과학기술에서 강한 분야와 약한 분야가 뚜렷이 구분되는 것도 제도와 실행의 특성 및 연관과 관련이 있다. 실제로 한국에서는 대학, 정부출연연구소, 대기업의 주요 연구 분야가 유사하고 상호 협력 및 공동

연구도 늘어나고 있다. 그 결과 대기업이 이끄는 한국의 주력 산업과 밀접히 관련된 분야에서 월등히 많은 연구 성과가 얻어지고 있다. 대표적인 분야가 정보통신, 전기전자, 신소재, 그리고 화학, 물리학, 생명의학 등이다. 개발연구만이 아니라 기초연구도 이와 연동되고 있는 것이다.[22] 이는 제도-실행 시스템이 과학기술 분야의 특성과 성과에까지도 규정력을 발휘하고 있음을 보여준다.

결국 과학기술의 성과는 제도와 실행이 상호작용하며 빚어낸 산물이다. 특정한 제도적 기반에서 그에 부응하는 실행이 추진됨으로써 특유의 내용과 방향을 지닌 과학기술 성과가 나타났다. 제도가 구조물이자 가이드라인이라면 실행은 행동양태이자 생산방식의 성격을 지녔다. 이로 인해 제도가 규정하는 프레임에 따라 실행을 통해 창출되는 과학기술의 성과가 시대별로 다르게 나타났다. 과학기술의 성과는 제도와 실행이 결부되며 빚어낸 주조물인 셈이었다. 이렇게 과학기술 제도와 실행이 독특한 연계를 맺으며 한국의 추격형 과학기술 발전, 구체적으로는 단속상승형 발전모형을 이루어냈다.

한국에서 과학기술의 도약은 제도, 실행, 그리고 이 둘의 상호 연계를 통해 일어났다. 과학기술 제도의 측면을 보면 중심 제도가 과학기술 자원의 집결과 운용에 효과적인 방향으로 교체되고 동시에 그 제도를 중심으로 네트워크를 구축해 체계적이고 복합적인 제도적 시스템을 빠르게 형성했다. 과학기술 제도는 핵심 제도를 근간으로 다른 제도들이 연결되어 침투, 치환 등이 일어나며 위계적 체계를 갖추었다. 과학기술 실행의 측면에서는 과학기술 생산성과 효율성을 높일 특유의 실행 방식이 시행되고 점차적으로 다양한 실행이 서로 결합되면서 과학기술 성과의 창출을 극대화시켰다. 과학기술 실행은 서로 다른 실행들이 상호 연결, 융합 등이 일어나며 수평적 체계를 갖추었다. 이들이 지닌 공통점은 서로 다른 구성 요소들이 연결을 이뤄 네트워크가 지닌 파워와 효과를 발휘했다는 것이다. 한국 과학기술의 남다른 속도전은 제도적 시스템과 실행적 복합체가 긴밀히 만나서 빚어낸 역동적 결합 덕분이었다.

물론 과학기술 제도는 새로운 변화를 거스르는 경향을 지니기도 한다. 제도는 그 자체가 가진 구조와 위력을 지속시키려는 온존성이 강하고 새로운 제도가 등장하더라도 그것을 자신 안에 종속시키려는 귀속성(歸屬性)이 존재하기 때문이다.[23] 이를테면, 대학은 교육적 기능을 주로 하더라도 이후에 연구 기능이 중요해지면 그것까지도 포괄하려고 한다. 즉, 새로운 연구소가 등장할 경우 그 확장을 억제시켜 자신의 라이벌이 과도하게 팽창하는 것을 막으려는 경향을 지닌다. 하지만 한국에서는 이러한 제도적 관성이 정치권력에 의해 통제되고 관리되었다는 점이 독특하다. 정치권력의 권한이 그 어떤 제도의 집단적이고 구조적인 위력보다 막강했던 것이다. 오히려 과학기술 제도는 정치권력에 순종함으로써 자신의 존재를 유지하고 나아가 위상을 높이려는 전략적 태도를 취했다.

이렇게 한국의 과학기술은 제도와 실행이 서로 연계되며 비약적 발전을 이루었다. 우선은 새로운 중심 제도의 구축으로 과학기술에서 도약의 기회가 열렸다. 근대 시기 이래로 이 중심 제도의 형성과 교체가 적어도 네 번에 걸쳐 전면적으로 일어남에 따라 비록 소폭이지만 다단계 도약이 이루어질 수 있었다. 과학기술 실행에서는 특유의 형태가 복합적으로 결합됨으로써 그 역동성과 효율성을 높여주었다. 선진 과학기술을 빠르게 추격할 수 있는 특화된 실행 체계가 갖추어져 과학기술 속도전이 본격적으로 펼쳐질 수 있었다. 말하자면, 한국의 과학기술 비약은 제도에 의한 다단계 도약과 실행에 따른 지속적 약진이 결합된 시너지 효과였다. 나는 그것을 '제도-실행 도약론(I-Pet: Institution-Practice escalation theory)'[24]이라 부르고자 한다.

20세기 중반 이후 한국에서 나타난 단속상승형 과학기술 발전은 제도-실행 도약론으로 잘 설명할 수 있다. 이 발전모형은 제도로 인한 도약과 실행에 의한 약진이 서로 밀접히 결합한, 즉 다단계 도약과 다량 혁신의 앙상블이다. 한국에서는 그 가운데서도 두 전환의 변곡점이 특히 두드러진다. 하나는 다른 개도국들을 추월하는 1960년대이고 또 다른 하나는 선진국들을 급속도로 추격하는 1980년대다. 개도국들을 넘어설 때는 선진 인프라의 구축과 해외 인력 유치, 선진국들에 근접할 때는 국가적 차원의 조직적 개발연구 사업과 고등 인력의 활용이 중요했다.[25] 이와 같이 한국 과학기술의 빠른 발전은 제도적 도약과 실행적 혁신이 연계되어 빚어낸 시너지 덕분이었다. 비록 개별적으로는 두드러진 변화를 일으키지 못할지라도 그 상호작용으로 증폭 현상을 유발해 과학기술 비약이 가능했던 것이다.

따라서 한국에서 과학기술은 빠르게 발전하여 선진국을 단기간에 추격할 수 있었다. 대부분의 개도국들이 과학기술을 급속히 발전시키는 데 실패했지만 한국은 완전히 달랐다. 그 방식은 선진국에서 나타난 과학기술의 거대한 혁명성이나 장기적 누적성이 아니라 제도와 실행의 상호 연계가 만들어낸 역동적 단속상승이었다. 비록 각각의 개별적 변화와 성과는 작지만, 제도의 개편에 따른 다단계 도약과 활발한 실행으로 인한 다량 혁신의 상호 결합은 과학기술 속도전에서 오히려 선진국들보다 효과적이기도 했다. 이렇게 제도-실행 도약론은 한국의 비약적 과학기술 발전을 잘 설명해줄 뿐만 아니라 개도국들이 선진국을 추격할 가시적 경로를 입증하는 것이기도 하다.

8장

과학기술의 성취와 한계

한국은 과학기술의 빠른 추격자로서 놀라운 성공을 거두었다. 그 주요 성과라 할 논문, 특허, 제품 등 모든 측면에서 선진국 수준으로 올라섰다. 20세기 후반기에 개도국이 보여준 가장 눈부신 과학기술 역사라 해도 지나치지 않는다. 그런데 과학기술의 발전은 국가마다 특정 부문을 중심으로 편중되게 이루어진다. 한국은 과학기술이 심히 불균등하게 발전된 나라의 하나였다. 경제 발전에 도움이 될 산업기술 위주의 개발연구가 한국이 주력한 발전 방향이었다. 그 이면에는 기초연구, 원천기술, 우수 인재의 해외 의존이라는 문제가 내재되어 있다. 이는 한국의 과학기술이 주요 선진국과 신흥국 사이에 낀 샌드위치의 처지에 몰리는 요인이 되고 있다. 특히 중국의 가파른 과학기술 성장은 한국에 커다란 위협으로 대두되고 있다. 한국이 과학기술의 지속 가능한 발전을 이루려면 그간의 패러다임을 넘어설 창의적 도전이 필요하다.

과학기술의 빠른 추격

과학기술의 발전 경로는 매우 다양하다. 과학기술이 지닌 보편성에 대한 강한 이미지에도 불구하고 과학기술을 추진하는 방식과 방향은 국가마다 크게 다르다. 과학기술의 영역이 광범위하고 그 사회적 가치가 다르게 발현되기 때문이다. 언뜻 보면 과학기술은 단일한 세계적 흐름을 형성하며 진전되는 것처럼 보이나 실제로는 나뭇가지처럼 분지(分枝)를 이루며 복잡하게 전개되어간다. 개도국은 과학기술 자체보다 그 사회적 활용에 깊은 관심을 가지므로 과학기술의 발전 경로가 더 다양하게 변형된 형태를 띠게 된다.

1945년에 제2차 세계대전이 끝나면서 개도국들은 새로운 과학기술의 기회를 가지게 되었다. 상당수의 나라들이 저마다 국가의 건설과 사회경제의 발전을 위해 과학기술에 관심을 가졌다. 과학기술 발전에 대한 열정과 기대가 넘쳐나던 시대였다. 현대 과학기술에 기반하거나 그에 힘입은 발전된 미래상이 그들의 청사진이었다. 많은 개도국들이 과학기술을 근본적으로 개선하여 새로운 도약을 모색하고자 했다.[1] 국가별로 과학기술 수준들이 차이가 나 있었을지언정 부푼 꿈을 가지고 도약의 출발선에 서 있었던 점은 비슷했다. 개도국들에서 과학기술을 향한 여정이 본격적으로 시작된 것이었다.

대부분의 개도국들은 과학기술 추진에서 저마다 상당한 혼란을 겪었다. 과학기술의 필요는 뚜렷했지만 그 발전 방안이 명확하게 세워져 있지 않았던 탓이다. 세계적으로 앞선 선진 과학기술을 뒤쫓아 따라가느냐 아니면 자국의 처지에 어울릴 적정 과학기술을 나름대로 열어가느냐? 선진 과학기술의 원천을 그동안 영향을 많이 준 나라에서 찾느냐 아니면 신흥 과학기술 강국에서 구할 것인가? 예전의 과학기술 기관을 중심으로 점진적인 진흥을 모색할 것인가 아니면 새로운 과학기술 기관을 만들어 전면적인 쇄신을 꾀할 것인가? 개도국들이 과학기술의 방향 설정과 추진 방식을 적절히 선택하고 결정하는 것은 쉽지 않았다.

이때 한국은 많은 개도국들과는 달리 초기 단계부터 과학기술 발전을 일관된 방향을 가지고 추진해나갔다. 과학기술 기반이 매우 취약한 상태에서 1950년에 일어난 전쟁으로 그마저 파괴되었으므로 과학기술을 완전히 새로 시작하는 처지에 있었다. 한국이 추구할 발전모델은 선진국, 그중에서도 한국에 강력한 영향을 미친 미국의 과학기술이었다. 자체적으로 과학기술을 발전시킬 역량이 없었던 탓에 선진국 과학기술에의 의존 말고는 다른 선택의 여지가 적었다. 초기에 한국이 선진적 과학기술을 적극적으로 본받아 따라가게 된 것은 우연적인 동시에 불가피했다.[2]

이는 한국이 20세기 중반 이후 선진국의 과학기술을 가장 적극적으로 뒤따르는 결과를 낳았다. 비록 근대 과학기술은 매우 뒤늦었으나 선진국, 특히 미국의 과학기술에 기울어진 발전의 추구는 오히려 다른 개도국들보다 앞선 편이었다. 많은 개도국들이 갖은 시행착오 끝에 미국이 주도하는 선진 과학기술에 적극적으로 합류하게 된 것은 1980년 전후에 이르러서였다.[3] 그마저 과학기술을 둘러싼 이해관계와 논란으로 일관되게 추진하는 것이 쉽지만은 않았다. 그와 달리 한국은 1950년대 초반부터 미국의 과학기술을 향한 지향이 국가와 대중 모두로부터 강하게 일어났다. 이처럼 미국을 위시한 세계의 주도적 과학기술을 뒤따르려는 움직임은 한국이 다른 개도국들보다 약 30년이나 빨랐던 것이다.

20세기 중반 이후 한국의 과학기술 발전은 크게 네 단계로 구분할 수 있다. 제1단계는 해방 이후부터 1950년대로, 제도 차원에선 교육기관인 대학의 설립과 확장이 주요하게 일어났다. 고등 인력의 양성에 초점이 맞추어졌고 연구 성과는 많지 않은 채 초보 수준에 머물렀다. 제2단계는 1960~70년대로, 연구개발에 대한 관심의 등장 속에 주된 활동은 그 인프라인 정부출연연구소의 설립과 확대에 치중되었다. 새롭게 얻어진 연구 성과는 주로 외국에서 도입한 기술의 소화 및 개량의 성격을 띠었다. 제3단계는 1980~90년대로, 정부출연연구소와 더불어 기업, 대학의 연구기관이 확대되고 이들이 참여하는 국가 개발연구 사업이 본격적으로 추진되었다. 이때부터 산업기술 중심으로 우수한 연구 성과가 얻어지고 선진국 수준으로의 도약이 이루어졌다. 제4단계는 1990년대 후반 이후로, 기초연구와 과학문화로까지 국가의 관심이 확대되고 국제 수준의 탁월한 연구 성과를 확보하려는 노력이 한층 더 거세지고 있다.

이로써 한국은 오랜 침체에서 벗어나 반세기 만에 과학기술 전성기를 맞았다.[4] 그간의 역사를 보면, 과학기술의 여러 측면들은 시대에 따라 그 구심점이 빠르게 이동했다. 과학기술 중심지는 대학→정부출연연구소→대기업, 중점 영역은 교육→인프라→개발연구, 주도 세력은 과학기술자 집단→정치권력→산학연 연합체, 발전 방식은 해외 도입→소화 및 개량→자체 개발 등으로 급격한 변화를 겪었다. 서구와는 다른 독특한 과학기술 진화 방식이었다. 이 덕분에 한국은 단기간에 낮은 수준에서 높은 수준으로 과학기술을 역동적으로 발전시켰다.

한국은 과학기술 발전 과정에서 괄목할 만한 성과들을 빠르게 거두었다.[5] 그 성과는 크게 세 가지로 나뉜다. 첫째는 과학기술의 학문적 성과로 여겨지는 연구 결과다. 선진국을 필두로 과학기술이 발전할수록 그 주요 목표는 우수한 연구 성과의 창출에 맞추어진다. 둘째는 과학기술의 기반에 관한 성과로 제도와 인력 등이다. 과학기술 수준이 낮을수록 이러한 성과는 그 기초로서 중요하다. 개도국일지라도 현대 과학기술을 발전시키려면 다양한 요소들을 필요로 한다. 셋째는 활용적 성과로 그 형태는 산업, 교육, 문화, 의식 등에 이르기까지 다양하다. 특히 산업 혁신은 경제 발전과 관련하여 중요한 의미를 지닌다. 이러한 세 유형의 성과가 상호 연계되어 '삼중구조(triple helix)'를 형성하며 과학기술이 발전되어나갔다. 말하자면, 과학기술 발전은 제도, 학문, 활용이라는 삼중주에 의해 직조(織造)된 결과다.

시대별로 과학기술의 성과는 다르게 나타났다. 한국의 과학기술에서 그 첫 번째 분기점은 1960년대였다. 개도국은 과학기술을 적극적으로 추진하더라도 상당 기간 연구 성과가 잘 나오지 않는다. 그 전제 조건으로 다양한 요소들로 구성된 복합적 시스템을 갖추어야 하기 때문이다. 연구 인력을 비롯한 다양한 학문 분야들의 형성, 복합적인 제도, 우수한 설비, 지식 정보의 체계적인 입수, 과학기술자사회의 문화, 대중의 과학기술 이해 등이 대표적으로 들 수 있는 필수 요소들이다. 초기 단계에는 과학기술 발전이 기반적 성과의 창출과 구축으로 표출된다. 한국은 1970년대 말까지 이러한 경향이 두드러졌다.

과학기술 기반의 구축에는 적지 않은 기간이 걸렸다. 한국의 과학기술 여건과 수준이 매우 열악한 한편, 그 인프라의 설치와 운영에서 상당한 시행착오를 겪었던 탓이다. 해방 이후 1950년대는 대학의 확장과 더불어 과학기술 인력의 양성이 활발히 이루어졌다. 많은 사람들이 해외로 유학을 떠났고 그 일부가 학위를 받고 돌아온 것도 이때부터였다. 과학기술자들의 대량 배출이 이 시기의 주요 성과라 할 만하다. 1960~70년대는 국가적 과학기술 진흥 계획, 정부출연연구소, 과학기술 법령, 학술단체 등이 새롭게 갖추어졌다. 과학기술 활동에 필수적인 인프라가 종합적이고 체계적으로 구축된 것이다. 과학기술 제도에서 가장 커다란 진전이 이루어진 시기였다. 물론 이때도 과학기술 인력이 지속적으로 확대되었으나 폭발적으로 늘어나지는 않았다. 연구 성과도 등장하지만 그 발전은 여전히 더디었다. 국내 학술지에 대한 연구 논문 발표는 대학에서, 국내특허 출원은 정부출연연구소에서 제한적으로 이루어졌다.

이 시기에 이루어진 과학기술의 주요 성과는 다음과 같은 것들이 있었다.[6] 1970년대 말의 상황을 보면, 제도적 측면에서는 정책 행정과 관련하여 과학기술 전담 부처인 과학기술처가 설치되고 그 주도하에 장단기 과학기술 발전 계획의 수립, 과학기술 법령의 제정, 학술단체의 지원 등이 추진되었다. 1979년 당시 교육기관으로는 서울대를 비롯하여 국립대, 사립대, 공과대, 그리고 이공계 특수 대학원인 한국과학원 등 과학기술계 학과를 갖춘 대학이 85개에 이르렀다. 연구기관으로는 KIST를 필두로 산업 분야별 전문 연구소와 정보센터 등에 이르는 19개의 정부 출연 기관이 돋보였다. 학술단체로는 한국과학기술단체총연합회와 그 산하 학회로 이공계 30개, 의약계 38개, 농수산계 18개, 종합 부문 8개 등으로 총 94개가 만들어졌다. 이들 학회가 발간하는 학술지가 89개에 달했고 그 가운데는 영문 저널 4개도 포함되어 있었다. 인력 양성 측면에서는 매년 과학기술 분야의 대학 졸업자가 2만5천 명, 석사 및 박사 학위자는 2천2백 명 정도가 배출되었다. 연구개발 인력은 총 27,941명으로 대학 31.1%, 공공연구소 34.0%, 기업 34.9%의 분포를 보였다. 연구 성과 측면에서는 연간 SCI급 연구 논문 약 1백 편, 국내특허 출원 4천여 건 등이 얻어졌다.[7] 그 양이 많지 않았을 뿐더러 수준도 낮았다. 전반적으로 볼 때 과학기술 기반이 될 제도의 창출에 중점이 두어지며 그 발전이 이루어졌다.

일례로, 당시 KIST는 한국의 대표적 연구소였다. 국가의 지원을 가장 많이 받으며 많은 과학기술 성과를 냈다. 연구개발은 KIST에서부터 본격적으로 시작되었다고 해도 틀린 말이 아니다. 하지만 1970년대 말까지는 주목할 만한 연구 성과를 그다지 거두지 못했다. 산업적 응용을 위한 폴리에스테르필름, 프레온가스, 가발용 합성섬유, 인공합성 내화갑, 분무금속분말, 누에용 인공사료 등을 주요 성취로 들 수 있다. 대부분이 외국에서 도입한 기술을 그대로 적용하거나 부분적으로 개량한 것들이었다. 오히려 KIST는 연구 성과보다 다른 성과들 때문에 긍정적인 평가를 받았다. 해외 과학기술자 유치, 연구개발 경험의 축적, 정책 연구 및 자문, 기업의 기술개발 지원, 과학기술 인력의 저변 확대 등이 그것들이다.[8] 이는 KIST가 한국 최고의 연구소였음에도 그 주요 역할이 과학기술의 기반 확충에 있었다는 것을 보여준다.

이러한 사정은 두 번째 분기점인 1980년대부터 급격히 달라졌다. 오랫동안 침체되어 있던 과학기술 연구 성과에서 두드러진 변화가 일어났다. 과학기술 인프라가 체계적으로 갖추어졌고 그에 기반해 개발연구 활동이 적극 펼쳐졌던 덕분이다. 물론 이 시기에도 제도적 측면이나 인력 양성 측면에서 발전이 이루어졌다. 선진국과 비교해도 그 차이가 크지 않을 정도로 과학기술 기반이 확고히 갖추어졌다. 시간이 지나면서는 드디어 국제적으로 주목을 끄는 한국의 대표적인 연구 성과들이 등장했고 그에 힘입어 선진국과의 격차도 급속히 줄어들었다. 과학기술 제도는 물론 인력 양성 등도 우수한 연구 성과의 창출을 뒷받침하려는 목적을 지녔다.

이때의 주요 과학기술 성과도 다양한 측면에서 살펴볼 수 있다. 2000년까지의 상황을 보면, 제도적 측면에서는 정책 행정과 관련하여 기술진흥확대회의, 국가과학기술자문회의, 과학기술부, 전자공업진흥법, 유전공학육성법, 기초과학연구진흥법, 물질특허제도 등을 들 수 있다. 교육 및 연구기관으로는 대학과 더불어 특히 대학원의 확대, 정부출연연구소 외에 대학 연구소와 기업 연구소들이 대거 세워졌다. 이 중에서도 대기업을 중심으로 한 기업 연구소의 확대가 가장 눈에 띄는 성과였다. 기업 연구소는 1991년 1,201개에서 2000년 7,110개로 가히 폭발적인 증가를 이루었다. 인력 양성 측면에서는 매년 과학기술 분야의 대학 졸업자는 10만 명, 석사 학위자는 2만6천 명, 박사 학위자는 4천3백 명에 달했다. 해외에서 취득한 사람들까지 포함할 경우 과학기술 분야 전체 박사 학위자가 연간 5천 명을 넘어섰다. 연구개발 인력은 총 24만 명으로 대학 42.4%, 공공연구소 9.1%, 기업 48.5%의 분포를 보였다. 연구 성과 측면에서는 연간 SCI급 연구 논문이 13,461편(세계 16위), 국제특허 출원이 1,582건(세계 10위) 등으로 엄청난 발전을 이루었다. 첨단제품 수출액은 그보다 순위가 높아 7위를 차지했다.[9] 이렇게 연구 성과에서 놀라운 도약이 일어나 한국의 과학기술이 드디어 선진국 수준으로 올라설 수 있었다.

과학기술 분야에서 메모리 반도체 개발연구는 한국의 과학기술 발전을 잘 보여준다. D램 개발연구는 1982년 정부가 새롭게 추진한 특정연구개발사업의 핵심 과제로 선정되었다. 이 국가적 개발연구 사업에는 정부출연연구소, 대학, 대기업 등이 모두 참여했다. 1986년에는 '초고집적 반도체기술 공동개발사업'이 본격화되었으며 동시에 대기업이 참여하는 반도체 연구조합이 결성되었다. 국가 차원에서 무려 7년간에 걸쳐 4M D램부터 16M D램까지를 산학연이 공동 개발하는 것을 목표로 삼았다. 이와 별도로 삼성전자는 1985년부터 대규모 재원을 투자하며 메모리 반도체의 독자적인 개발연구에 나섰다. 1990년에 이르면 16M D램을 자체 개발에 성공함으로써 선진국과 대등한 수준으로 올라섰다. 이후 삼성전자는 D램의 용량을 약 30개월마다 두 배씩 늘리는 방식으로 발전시키며 그 선두주자로서의 위치를 공고히 해나갔다.[10]

연구 성과의 측면에서 한국의 과학기술 발전을 살펴보면 그 과정에서 독특한 특성이 엿보인다. 무엇보다 과학기술 활동이 활발하게 추진되었음에도 상당 기간 동안은 우수한 연구 성과가 나오지 않았다는 점이다. 바로 과학기술 연구 성과의 '지체 현상'이다. 언뜻 보면 과학기술이 발전하지 못하고 정체되어 있었던 것처럼 보인다.[11] 연구 성과는 이러한 과학기술 임계점을 넘어선 다음부터 그 변화가 급격히 일어났다. 제도적 기반이 체계적으로 갖추어진 이후에야 연구 성과가 쏟아졌다. 말하자면, 과학기술의 오랜 지체와 단기적 도약이라는 상반된 속성이 교차하고 있는 것이다. 그러므로 한국의 과학기술 발전을 오로지 연구 성과에만 초점을 맞출 경우 그 전반적인 변화의 추세를 제대로 감지하지 못하는 문제를 지닐 수 있다.

이렇게 한국은 아주 뛰어난 과학기술 추격자가 되었다. 과학기술을 발전시키기 시작한 1950년대부터 선진국 수준으로 올라선 2000년 무렵까지 뚜렷이 대비되는 두 단계의 발전과정을 거쳤다. 하나는 약 '30년의 기반 구축' 단계와 다른 하나는 '20년의 연구 성과 창출' 단계였다. 전반기는 제도와 인력 양성 등과 같은 과학기술 기반을 갖추었고, 후반기는 연구 논문, 특허, 첨단제품 등과 같은 연구개발 성과를 거두었다. 이는 한국의 과학기술이 제도, 인력, 연구, 제품 등의 성과가 복합적으로 진전되는 방식을 띠었고, 그 발전 양상은 단선적 선형모델보다 다층적 연계모델(network model)에 가까웠다는 점을 보여준다.

구분	SCI 논문 편수(순위)	특허 출원 건수 국내/국제(순위)	첨단제품 수출액 1억 달러(순위)
1960		611/	
1965		1,018/	
1970		1,846/	
1975	50(—)	2,914/	
1980	159(60)	5,070/	
1985	571(42)	10,587/ 23(—)	
1990	1,603(34)	25,820/ 24(24)	109.4(9)
1995	5,900(23)	78,499/ 192(18)	297.9(7)
2000	13,461(16)	102,010/ 1,582(10)	543.3(7)
2005	27,839(11)	160,921/ 4,689(6)	839.1(6)
2010	39,834(11)	170,101/ 9,604(5)	1,214.8(6)

〈표 7〉 과학기술 성과의 시대별 변화

출처: 미래창조과학부·한국과학기술기획평가원, 『과학기술통계백서』, 각 연도판; 김영우 외, 『한국 과학기술정책 50년의 발자취』, 과학기술정책관리연구소, 1997, 347–50쪽; 한국정보화진흥원 공공데이터포털, "우리나라 과학기술논문 발표건수"; 특허청, "지적재산통계"; WIPO, "Statistical Country Profile: Republic of Korea"; World Bank, "High Tech Exports".

한국 과학기술은 여러 측면에서 선진국 수준에 올라섰다고 볼 수 있다. 2014년 국제적 평가를 보면, SCI 논문 편수 12위, 국제특허 출원 건수 4위, 첨단제품 수출액 4위, IMD 과학 경쟁력 6위, 기술 경쟁력 8위, 과학기술혁신역량지수(COSTII) 7위 등으로 아주 뛰어나다.[12] 동시에 세계 최고 수준을 보여주는 연구 성과도 지속적으로 확대되고 있다. 예로서, 산업기술 분야에서는 반도체의 D램과 플래시메모리, 이동통신의 CDMA, 원자력의 한국형 원자로 설계 기술, 철강의 코렉스공법과 파이넥스공법, 영상의 디스플레이 기술(LCD/LED), 의료기기의 PET 등이 있다. 기초과학 분야에서는 나노과학 분야의 나노물질 및 소재, 뇌과학 분야의 뇌파, 분자생물학 분야의 마이크로 RNA 연구 등을 중요하게 들 수 있다.[13]

과학기술 글로벌화

개도국이 선진국의 과학기술에 의존하는 것은 불가피하다. 세계 과학기술이 여전히 선진국의 원천으로부터 흘러나오고 있기 때문이다. 그래서 개도국의 과학기술 발전은 선진국과의 연관 정도에 크게 달려 있다. 양자 사이의 과학기술 거리, 다시 말해 '친화도(intimacy)'가 중요하다. 이는 과학기술에서 암묵적 지식이 중요한 부분을 차지한다는 점과도 관련이 있다. 선진국의 과학기술 원천에 근접해 있고 그것과의 유사성을 높일수록 개도국은 과학기술을 빠르게 발전시킬 수 있다.[14] 이렇게 해서 개도국의 과학기술은 선진국을 추격하는 양상을 띠게 된다.

과학기술의 발전에서 중요한 점의 하나는 개방성(openness)이다. 선진국들의 극히 일부 과학기술을 제외한 대부분은 이전의 지적 체계에 기반하여 발전해나가고 있다. 세계적으로 방대하게 축적해놓은 연장선상에서 과학기술이 진화를 거듭해가고 있는 상황이다. 과학기술의 발전을 위해서는 그에 대한 열린 구조와 의식이 필요하다. 개도국들도 다르지 않아 선진국에서 성취한 성과를 흡수하여 자신의 기반으로 삼는 발전 전략이 유용하다. 불리한 여건에서도 개도국이 과학기술을 발전시킬 기회를 갖게 되는 것은 과학기술의 이런 속성에서 연유한다.[15]

그런데 과학기술은 세계적 활동인 동시에 일국적 활동이다. 모든 국가들이 세계 과학기술의 네트워크에 연결되어 있으면서 한편으로는 특유의 과학기술 니치를 저마다 형성하고 있다. 동일한 과학기술이라도 상이한 역사적, 사회적 맥락에 의해 그 존재와 가치가 상당히 다르기 때문이다.[16] 이로 인해 선진국을 필두로 일부의 나라들이 주도하는 과학기술이 세계의 본류를 형성하고는 있으나 많은 나라들은 그 지류를 끊임없이 자체적으로 만들어가기도 한다. 과학기술의 보편성과 국지성이 이를 잘 표현해 준다.

개도국이 선진국의 과학기술을 받아들인다 해도 그 모든 것들을 한꺼번에 수용할 수 있는 것은 아니다. 현대 과학기술은 방대하고 복잡하며 그 발전에 막대한 자원을 필요로 한다. 현실적으로는 과학기술에 우선순위를 두어 그 경중을 달리할 수밖에 없다. 중점을 두는 과학기술이 있는가 하면 상대적으로 경시하는 과학기술도 있기 마련이다. 나라들마다 선진국 과학기술을 도입하는 패턴이 상당히 다르게 나타난다.

한국은 선진 과학기술의 추구에서 색다른 특성을 보여주고 있다. 그 하나는 과학기술 인력→제도 인프라→조직적 개발연구의 순서로 선진국의 과학기술을 따라갔다는 점이다. 다분히 서구에서 전개된 근대 과학기술의 계통 발생을 유사하게 따라가는 모습이었다. 다른 하나는 연구개발의 주요 주체의 변화다. 역사적인 등장은 대학→정부출연연구소→대기업의 순서로 이루어졌으나 그 연구 역량은 정부출연연구소→대기업→대학의 순서로 갖춰 선진국과는 역순으로 진행되었다는 것을 보여준다. 한국은 선진국의 과학기술을 따라가되 일부는 그대로 답습했고 다른 부분은 경로를 달리하기도 했던 것이다.

한국은 선진 과학기술을 강렬히 지향한 나라의 하나였다. 1950년대부터 특히 미국의 과학기술을 본격적으로 받아들였다. 그 중심지는 대학에서부터 시작되었다. 먼저, 선진국에서 새롭게 과학기술을 배우고 돌아온 과학기술자들이 대학에 터전을 잡았다. 이들은 세계를 이끌고 있는 미국의 과학기술에 감명을 받은 선구적 세대로서 과학기술자사회의 주도 세력으로 등장했다. 이때부터 과학기술자의 꿈을 가진 상당수의 사람들이 대학 학업 중에나 졸업 후에 미국 유학의 대열에 동참했다. 국내에 고등교육 체제가 제대로 정착되기도 전에 미국에 기반을 둔 우수 과학기술 인력의 재생산 구조가 확립되었던 것이다. 이로써 한국의 과학기술 주도 세력은 일찍부터 미국이 주도하는 선진 과학기술에 깊숙이 연루되었다.[17]

과학기술 분야에서 미국 유학파는 중추적인 유력 집단을 형성했다. 각 전문 분야의 과학기술을 이끌 뿐만 아니라 주요 발전 단계마다 선도적인 역할을 맡았다. 주요 대학의 교수진은 미국 유학 출신자들이 구심점이 되었고 새로운 연구개발도 이들의 주도로 이루어졌다. 과학기술 수준의 향상에 발맞춰 해외 유학의 형태는 학부→대학원→포닥으로 변모했다. 즉, 과학기술의 발전과 더불어 그 주도 세력의 학력도 동시에 높아졌던 것이다. 이들은 선진 과학기술에 민감하게 반응하며 한국이 그 방향으로 나아가게 하는 추동력을 제공했다.[18]

1960년대부터는 한국의 주요 과학기술 제도가 본격적으로 갖추어졌다. 이때도 선진국의 과학기술 제도가 중심적인 원천이었다. 대표적인 사례의 하나로 새롭게 설립된 정부출연연구소는 한국 과학기술의 떠오르는 메카로서 미국으로부터 도입된 것이었다. 그 효시라 할 KIST는 미국의 바텔기념연구소를 모델로 삼아 만들어진 최신 연구소였다. 바텔기념연구소의 도움을 받아 연구소의 구성은 물론 운영 전반까지도 그대로 본받았다. 이후 증설된 정부출연연구소가 KIST를 모체로 해서 등장했으니 미국의 연구소는 한국 과학기술의 중추적 제도의 기원이 된 셈이었다. 이렇게 연구소라는 핵심 과학기술 제도가 선진국을 닮는 방식으로 자리를 잡았다.[19]

미국에서 도입한 연구소는 한국 과학기술 제도의 중심 공간이 되었다. KIST를 비롯한 정부출연연구소는 선도적으로 세워졌을 뿐만 아니라 국가의 재정 지원을 전폭적으로 받았다. 이에 힘입어 정부출연연구소는 연구개발을 주도하는 새로운 상징적 제도로 발돋움했다. 한국의 연구개발은 정부출연연구소 주도로, 나중에는 그와 긴밀히 연계하는 방식으로 추진되었다. 이러한 연구개발 움직임은 점차 기업과 대학으로 확장되어 그 저변이 넓어졌다. 선진국의 주요 과학기술 제도가 한국으로 유입되어 빠르게 자리 잡는 방식이었다. 이로써 정부출연연구소에서 시작된 현대적 연구개발 제도는 한국 과학기술의 가장 중요한 근거지가 되었다.

한국이 연구개발을 추진해 그 성과가 뚜렷이 가시화된 것은 1980년대부터였다. 국가 차원의 조직적 개발연구 사업이 시행되면서 그동안 축적된 과학기술 제도와 자원이 집결될 수 있었다. 정부출연연구소, 대학, 기업 등이 국가적 연구 과제에 공동으로 참여하면서 수준 높은 연구개발이 추진되었다. 이때 과학기술의 연구 주제와 그 원천 지식이 미국을 위시한 선진국으로부터 새로이 들어왔다. 그사이에 구축된 미국 유학 출신의 우수한 과학기술자들과 선진적인 과학기술 제도는 수준 높은 연구개발을 위한 좋은 기반이 되었다. 한국의 과학기술 수준이 높아짐에 따라 선진국과 경쟁을 벌일 첨단 분야의 개발연구가 마침내 본격적으로 추진되었다.

'디지털 이동통신시스템 기술개발사업'이 그 대표 사례다. 체신부는 디지털 방식의 이동전화 시스템과 단말기를 자체적으로 개발하기 위해 1989년부터 1996년까지 약 1천억 원을 투자하는 국가 개발연구 사업을 추진했다. 당시 무선통신 기술을 확보하지 못한 상태라서 이동전화 장비는 해외로부터 전량 수입해오고 있었다. 이러한 상황에서 미국의 퀄컴(Qualcomm)

과 공동 연구개발 협약을 체결해 그로부터 CDMA 원천기술을 확보했다. 이 기술 개발 사업에는 한국전자통신연구소를 중심으로 삼성, 금성, 현대 등 대기업들이 적극 참여했다. 이 과제를 총괄하는 사업관리단 주도하에 많은 연구자들이 집결한 가운데 강도 높은 개발연구가 진행되었다. 그 결과 짧은 기간에 세계 최초로 CDMA 방식의 이동전화를 상용화하는 성과를 거두었고 이동통신은 일약 한국의 주력 첨단산업으로 떠올랐다.[20]

전반적으로 볼 때 한국의 과학기술은 선진국과 유사성이 높아지는 방향으로 진전되었다. 과학기술 발전이 갈수록 선진국과 닮은 점이 많아지는 과정이었다. 물론 초기 단계에는 한국 과학기술의 일부가 선진국을 뒤쫓는 모습을 띠었다. 과학기술의 보편성이 확대되어가지만 과학기술의 국지성이 여전히 남아 있었다. 그렇지만 시간이 지남에 따라 과학기술의 국지성은 줄어들고 그 자리를 선진 과학기술이 차지하게 되었다. 한국의 과학기술에서 지역적 특성은 주변으로 급속히 밀려나며 그 위력이 줄어들었다. 한국의 과학기술은 선진국과의 연결과 닮기를 통해 그 발전을 이루어 나갔다.

한국의 과학기술은 선진국이 이끄는 세계 과학기술에 더 깊게 연루되어가고 있다. 주요 과학기술자들은 미국을 위시한 선진국에서 양성된 박사학위자들이다. 2014년 해외에서 학위과정을 밟고 있는 이공계 대학원생이 1만 명이 넘고 이들 가운데 매년 1천 명 이상이 박사학위를 취득하고 있다. 상당수의 연구 성과가 해외 학술대회에서 발표된 후 국제 저명 학술지에 게재되고 있다. 해외 유수 학술지에 실린 연구 논문이 연간 5만 편 이상에 달하고 세계적으로도 그 증가가 아주 빠르다. 국제특허로 출원한 건수도 급속히 증가해 최근에는 매년 1만3천 건을 넘어서고 있다. 이것 역시 세계적으로 아주 빠르게 증가하고 있다. 선진국에서 들여오는 기술 도입도 폭발적으로 증가해 연간 1백억 달러를 훌쩍 초과하는 시대를 맞고 있다.[21] 이렇게 선진국과 한국의 과학기술은 서로 떼어놓을 수 없는 밀착된 공생 관계를 형성하고 있다. 한국의 과학기술은 세계의 과학기술을 표상(表象)하고 있는 것이기도 하다.

현재 과학기술은 국가와 민족의 경계를 넘어서며 그 활동이 전개되고 있다. 한국은 과학기술의 공간을 한반도와 한국인으로 한정하는 경향이 강한 나라다. 과학기술의 보편성이 확대되어나가면서도 그 민족적 정체성이 여전히 뚜렷하다. 실례로 선진국들 중에서 다른 나라의 과학기술자들과 공동 연구를 가장 적게 하고 있는 나라가 바로 한국이다.[22] 그런데 과학기술의 수준이 높아지면서 국제적 과학기술 경쟁을 돌파할 방안의 하나로 선진국과의 협력이 크게 요구되고 있다. 그 경쟁의 전면에 위치해 있는 글로벌 기업은 이미 해외에 현지 연구소를 세워 외국 과학기술자들을 대거 고용하고 있다. 특히 삼성, LG, 현대, SK, 포스코 등의 대기업들이 그 선두주자들이다. 최근에는 기초과학에서도 해외에 연구실을 만들어 외국 과학기술자들의 자유로운 참여를 보장하려 하고 있다. 기초연구의 세계적인 발전과 노벨상 수상자의 배출을 목표로 내걸고 세워진 기초과학연구원이 그 일례다.

이렇게 '글로벌 과학기술'은 과학기술의 또 다른 발전을 안내할 새로운 트렌드다. 세계적인 연구 성과를 최대한 빨리 효과적으로 얻기 위해서다. 이에 요구되는 탁월한 과학기술 인력, 최신 연구 동향, 원천 지식이나 기술 등을 확보하려면 더 많은 국가들과의 과학기술 교류 협력이 필수적이다. 과학기술 최전선에서 획기적인 연구 성과를 거두려면 선진국의 다양한 과학기술 원천에 더 깊숙이 다가가야 하기 때문이다.[23] 한국이 절실히 필요로 하나 실제로는 원활하게 확보하지 못하는 것들이다. 어찌 보면 글로벌 과학기술은 선진국 원천의 활용과 그에 대한 의존이라는 상반된 모습이 공존하는 발전 전략이다.

지금까지 보듯 한국의 과학기술은 선진국과의 긴밀한 연관 속에서 그 발전을 거듭해왔다. 한국의 과학기술 발전은 다름 아니라 선진국의 과학기술을 최대한 닮아가는 과정이었다. 이러한 과학기술 발전 방식은 이중성을 지니고 있다. 과학기술 속도전에 유리하다는 긍정적 측면과 함께 그 의존성이 심화된다는 부정적 측면이다. 구체적으로, 과학기술을 도전적이고 창의적으로 열어나가는 주체성과 창의성의 결여와 같은 새로운 문제가 발생한다. 더구나 한국은 선진국 수준으로 올라섬으로써 그 발전의 활력을 제공해줄 원천이 고갈되고 있는 상황이다. 갈수록 모방할 과학기술 대상이 줄어드는 동시에 선진국은 최신의 과학기술을 제공해주려 하지 않는다. 따라서 해외 과학기술에 대한 과도한 의존의 탈피, 나아가 과학기술의 새로운 개척과 돌파는 한국이 맞닥뜨린 엄중한 과제다.

특정 방향으로의 발전

과학기술 발전은 동시에 골고루 이루어지지 않는다. 현대 과학기술 자체가 다양하고 방대하고 그 진흥에 막대하게 요구되는 인적, 물적 자원이 한정되어 있는 탓이다. 미국만이 다소 예외일 뿐 선진국들도 어느 정도는 공통적으로 겪고 있는 현상이다. 이로 인해 과학기술은 특정 부문을 위주로 해서 발전하게 된다. 강점을 가진 과학기술이 저마다 서로 다르다. 국가별로 과학기술의 특성과 방향이 자못 다른 것은 이 때문이다.[24]

과학기술의 특성은 다양한 측면에서 드러난다. 중점 분야, 추진 방식, 주도 집단, 중심 조직, 활용 방법, 문화 의식 등이 그 주요 일부다. 예컨대, 과학기술의 다양한 분야 중에서 중점을 두는 분야가 다르고 그것을 사회에서 활용하는 방법도 차이가 난다. 특정 분야를 중시하더라도 연구개발에서 기초연구 아니면 개발연구를 유달리 강조할 수 있다. 사회적 활용의 측면에서도 산업, 그중에서 공업이나 농업, 의료, 문화와의 연관이 중시될 수 있다. 이렇게 현실에서 과학기술은 다양한 방향으로 변신이 가능하다.

그런데 개도국은 과학기술 발전에서 불균등성이 더 강하게 나타난다. 과학기술에 소요되는 인력, 설비, 재원 등이 부족해 선택과 집중이 불가피하다. 과학기술 발전이 궁극적으로는 선진국 수준으로의 향상을 의미하므로 그에 필요한 복합적 요소들을 수준 높게 갖추기 위해서다. 다양한 관심들이 표출되는 경우도 있으나 그럴 때는 과학기술 발전에서 일정한 한계에 부딪힌다. 과학기술의 균형 발전이 가능할지는 몰라도 발전의 속도가 무디어지게 된다. 현실적인 사정으로 개도국은 과학기술 분야와 주제를 특정해서 자원을 집중 투여하는 방식을 취한다.

이로써 개도국에서는 과학기술의 획일성, 집중성, 실용성과 같은 특성이 뚜렷이 드러난다. 중점을 두는 과학기술 분야가 한정적이고 그 추진 방향도 사회적 필요와 직결된다. 여력이 없는 상황에서 재원을 투여하기에 성과를 곧바로 얻기를 기대하는 것이다. 자연스럽게 과학기술의 발전이 가져올 단기 효과에 치중하게 된다. 개도국의 과학기술은 특정 부문 위주의 발전 추구로 이어진다. 이는 개도국에서 과학기술 발전이란 특정 방향으로의 추구와 불가분의 관계를 맺고 있다는 점을 보여준다.

한국은 개도국들 중에서 과학기술을 가장 급속히 발전시킨 나라다. 국가적으로 관심을 가진 특정 과학기술에 인적, 물적 자원을 집중시킴으로써 이룬 성취다. 그 이면에는 과학기술에서 불균등성이 강하고 특정 방향으로의 치중이 두드러지고 있다. 다시 말해, 외형적으로는 과학기술의 비약성이 나타나지만 내부적으로는 취약성도 커진다. 다양성과 네트워크를 근간으로 하는 과학기술 생태계의 구성 요소들 사이에 우열이 심해지는 한편, 서로 간의 지적, 물적 연결도 약화되는 현상이 나타나고 있다.[25] 과학 기술의 비약적 발전과 불균등의 심화는 한국 과학기술이 지닌 야누스의 얼굴이다.

과학기술을 단기간에 비약적으로 발전시킨 특유의 제도와 실행, 이들의 연관 속에 그 이유가 내재되어 있다. 한국의 과학기술은 정치권력의 의지 가 가세되어 첨단, 규모, 속도를 강렬히 추구해왔다. 이를 위해 정부의 주 도하에 대학, 연구소, 연구개발 사업 등이 등장했고 이들 사이에 강한 연결 망이 형성되었다. 특히 첨단기술 분야를 대규모로 추진함으로써 그 발전 속도를 높이려 대기업, 정부출연연구소, 연구중심대학이라는 핵심 집단 (inner circle)이 결성되었다. 이른바 삼각동맹이라고 불릴 '산학연의 카르텔' 이 만들어져 이곳에 연구개발비를 포함한 연구 인력, 실험 장비 등이 몰렸 다. 기업 중에서는 삼성, LG, 현대와 같은 대기업으로의 집중이 매우 두드 러졌고, 분야는 정보통신, 자동차, 화학이 대부분을 차지했다. 개발연구든 기초연구든 이와 관련된 분야들에서 많은 연구 성과가 얻어졌다.[26] 이로써 한국 과학기술은 발전 과정에서 몇몇 특성을 뚜렷이 보여주었다.

첫째는 분야의 측면에서 산업기술과 개발연구에 치중되어 있다는 점이 다. 일찍부터 과학기술과 경제개발의 연관이 강조된 탓에 응용적이고 실 용적인 학문 분야의 육성이 강화되어온 상태다. 당장 사회적으로 유용한 과학기술이 중시되고 그 우선적인 발전에 중점이 두어져 있다. 이로 인해 과학기술 분야들 중에서 산업기술이 주목을 받고 그 가운데서도 유용한 성과를 곧바로 낼 개발 및 상용화 연구가 활기를 띠고 있다. 산업기술 위 주의 개발연구가 가장 주된 흐름으로 자리 잡고 있는 것이다.

반면에 기초과학과 기초연구, 원천기술은 여전히 약한 편이다. 이 분야 에 대한 국가적 관심과 지원이 적은 데다가 소폭의 개선과 문제풀이로 뛰 어난 성과를 거두기 어려운 분야적 특성이 서로 맞물린 결과다. 물론 기초연구도 그동안 상당한 발전을 해오고 있으나 그 수준이 상대적으로 떨어지고 있음이 분명하다. 이는 기초과학이나 원천기술을 주요하게 담당하는 대학과 벤처 기업의 부진과도 맞물려 있다. 최근에는 그 상당 부분이 대기업들에서 점점 더 수행되고 있는데, 이는 기술 능력 향상에 따라 그와 밀접히 관련된 목적 지향적 기초연구도 자체적으로 벌일 필요가 커지기 때문이다.

둘째는 규모의 측면에서 대규모와 소규모, 대기업과 중소기업의 격차가 크다는 것이다. 과학기술의 돌파구를 대형 개발연구 사업에 의지해 열다 보니 국가적 연구개발과 대기업의 연구개발이 비대해져 있다. 국가적 연구 사업, 유명 연구중심대학, 우수 연구 집단, 대기업 등이 그 중심에 위치해 있다. 특히 대기업은 개발연구의 규모화를 이끌고 있는 주축 세력이다. 이러한 방식이 자원의 집중 투여를 통해 단기간에 가시적 성과를 거둘 수 있기에 선호되어오고 있다. 규모의 연구개발이 가지는 이점을 극대화하려는 움직임이 지속되어오고 있는 것이다.[27]

그 반대급부로 소규모 연구 사업과 중소기업의 기술 개발은 소홀히 여겨지고 있다. 재정 규모만이 아니라 그 지속성과 안정성에서도 취약하다. 소형 연구개발은 대체로 분산적이고 자유로운 경향이 있어 단기적인 목표 달성에 적합하지 않다고 여긴다. 그렇다 보니 이로부터 국가적인 파급 효과를 거두는 것도 기대하기 힘들다. 작은 연구개발이 국가적인 주목을 끌지 못하는 기본적인 이유다. 최근에 도전적인 소형 연구나 기술 벤처 등에 대한 관심이 차츰 늘고 있으나 그 비중은 여전히 낮다.

셋째는 활용의 측면에서 산업, 그중에서도 첨단공업에 크게 기울어져 있다는 사실이다. 과학기술은 경제와의 연관이 가장 중요하게 여겨지고 있다. 이른바 경제적 실용주의가 과학기술을 바라보는 중심적인 관점이다. 특히 첨단공업은 연구개발을 통해 그 부가가치를 크게 높일 핵심 산업으로 주목을 받고 있다. 정보통신, 자동차, 화학 등과 같은 몇몇 특정 분야로의 집중이 아주 두드러진다. 그렇다 보니 산업이라 할지라도 농업, 광업은 물론 공업 중에서도 많은 분야들이 관심을 받지 못하고 있다.

하물며 문화나 예술 등은 과학기술과 거리가 먼 영역으로 남아 있다. 개도국의 경우에는 생존과 직결된 산업 경제와는 달리 문화와 예술은 절실하지 않은, 심지어는 사치스러운 것으로 여겨지는 경향이 있다. 더구나 한국은 문과와 이과의 철저한 구분으로 인적, 제도적 측면에서 서로 분리된 영역으로 존재한다. 뒤늦게 문화기술(CT)이 첨단기술 분야로 선정되며 관심을 끌고 있는 상태다.

넷째는 의식문화의 측면에서 과학주의와 결과 중심적 사고가 만연되어 있다는 것이다. 과학기술자들은 자신이 전공하는 과학기술을 위주로 사고하고 단기적 성과에 치중하는 경향이 강하다. 좁은 기술적 전문성에 몰두하는 이러한 인식은 '중인(中人) 의식'으로 불리기도 한다. 전통 사회에서 기술직 중인들이 가졌던 사고와 비슷하다고 여기기 때문이다. 이는 과학기술에 집중하는 긍정적 효과가 있지만 한편으로는 구획화된 과학기술에 지나치게 안주하는 문제를 지닌다.[28] 이 과정에서 과학기술자들은 대중들과 거리를 둠으로써 양자의 관계가 소원해지기도 하는데 그 부정적 부수 효과라 할 수 있다.

과학기술자들은 인문적 사고나 사회적 의식의 수준이 전반적으로 낮은 편이다. 전공에 치중된 대학 교육과 과학기술적 성과 위주의 사회 풍토로 폭넓은 관심과 시야를 가지는 것이 어렵다. 기술적 전문성과 인문사회적 인식 사이에 불균형이 심화되는 현상이 나타난다. 과학기술자들은 과학기술 추구에서 획일적 가치에 의존하다 보니 삶의 질과 만족도가 크게 떨어지고 있다. 연구 성과를 많이 내도 행복하지 않은 딜레마가 발생한다. 게다가 그들의 윤리의식의 부족은 학문적 부정행위가 증가하는 배경 요인이

된다. 국제적으로 뜨거운 논란이 된 황우석 사태가 그 단적인 사례다.[29]

이 밖에 한국의 과학기술은 또 다른 문제나 과제를 지니고 있다. 몇몇 예로서, 개발연구를 강조한 나머지 대학의 과학기술 교육이 약화되는 경향을 보인다. 단기적인 성과 획득에 치중한 탓에 과학기술계의 세대 전승 및 세대 발전이 잘 이루어지지 않는다. 유명 과학기술자가 이끄는 연구팀이 후대에도 명성을 이어가는 경우는 드물다. 대부분이 일대를 끝으로 단절된다. 학문 분야와 소속 기관들 사이에 존재하는 장벽으로 서로 간에 유기적인 연관이 약하다. 인접한 전공이라 할지라도 조직이 다르면 소통과 교류가 어렵다. 과학기술과 관련된 사회적 이슈는 갈수록 급증하나 그에 대한 대처 능력은 초보 단계를 벗어나지 못하고 있다. 양극화를 비롯한 기후 변화, 초대형 건설 사업, 에너지 문제, 개인 정보 유출, 고령화 등이 그 주요 사례들이다.

이러한 문제들은 사회적 제도나 사람들의 의식 속에 깊게 내재되어 있다. 동시에 서로 네트워크를 형성하며 긴밀하게 얽혀 있기까지 하다. 그동안 과학기술 제도는 대기업이 포함된 산업기술 위주의 국가적 개발연구 사업이 주축을 이루었고, 과학기술 실행은 실무 중심과 대규모, 고강도 방식이 두드러졌다. 이는 한국의 과학기술이 특유한 제도와 실행 속에 하나의 패러다임처럼 자리 잡고 있다는 것을 말해준다. 현재 직면하고 있는 주요 현안들은 개별적으로 해결되거나 손쉽게 개선될 수 있는 성격의 것이 아니다. 결국 과학기술의 영역, 규모, 활용, 문화, 가치 전반을 변화시키는, 이른바 패러다임의 전환이 요구된다.

또 다른 추격자들의 등장

거시적으로 보면, 과학기술은 하나의 거대한 흐름으로 수렴되며 진전되고 있다. 선진국을 중심으로 하는 '세계 과학기술'이 그것이다.[30] 선두주자들이 그리는 궤적을 후발주자들도 열심히 뒤따르며 거대한 대열을 형성하고 있는 것이다. 구체적으로는, 과학기술 최빈국은 개도국을, 개도국은 신흥국을, 신흥국은 선진국을, 선진국은 과학기술 최강국을 닮아가려고 노력하고 있다. 마치 여러 갈래로 나 있는 등산로를 따라 높은 산을 끝없이 오르는 사람들의 행렬과 비슷하다.

세계의 과학기술이 하나의 거대한 대열을 지으며 진전되는 데는 몇몇 배경 요인이 작동하고 있다. 그 하나는 앞선 나라들에 의해 주요 과학기술의 성과와 가치가 비교적 명확히 드러나 있다는 점을 우선 들 수 있다. 과학기술이 지닌 불확실성과 예측 불가능성의 부담을 덜 수 있는 것이다. 다음으로는 앞선 과학기술을 모방해서 추격하는 발전 방식이 수월하고 효과적이라는 점이다. 과학기술이 발전되어온 구체적인 경로가 잘 드러나 있기에 시행착오를 줄일 수 있다. 아울러 과학기술을 발전시킬 때 다른 나라들로부터 도움과 지원을 받는 것도 가능하다. 선진국의 개도국 기술 원조가 대표적인 사례다.

이로 인해 과학기술을 둘러싼 세계의 역학 구도가 독특하게 형성되고 있다. 과학기술에 대한 협력과 경쟁이라는 이율배반적인 모습이다. 과학기술을 발전시키기 위해서는 다른 나라들과의 교류 협력이 중요하다. 세계 곳곳에서 이루어진 과학기술 성과를 시의적절하게 흡수하는 것이 발 빠른 과학기술 발전을 위한 필수 요건이다. 하지만 과학기술은 성장의 최고 엔진으로 여겨지며 그 주도권 다툼이 세계적으로 아주 치열하게 일어나고 있다. 특히 첨단 과학기술은 세계적인 각축의 대상이 되고 있다. 과학기술 선진국에 합류하는 나라들이 늘어나고 있기에 국가들 사이의 과학기술 경쟁은 더 가열되고 있다.

요즘은 세계 차원의 과학기술 협력과 경쟁이 권역별로도 강화되고 있다. 북미, 유럽, 동아시아가 그 주요 지역들이다. 미국의 과학기술 주도권이 여전히 지속되는 가운데 과학기술의 다극 체제가 형성되어가고 있는 것이다. 특히 일본, 한국, 중국 등을 포함하는 동아시아 권역의 가파른 부상이 주목을 끈다. 세계적으로 가장 빠르게 성장하고 있는 나라들이 대거 밀집되어 있는 곳이다. 이로 인해 동아시아 국가들은 과학기술 발전에서 시너지 효과를 얻을 수 있지만 한편으로는 더 치열한 경쟁 상태에 처하게 된다. 앞서가는 나라들조차 후발국까지 가세한 복잡한 경쟁 체제에 놓이게 된 것이다.

한국은 이중의 경쟁에 처해 있는 대표적인 나라다. 앞서 나가는 선발국과의 경쟁과 뒤쫓아오는 후발국과의 경쟁이 그것이다. 세계적 차원에서뿐만 아니라 동아시아 권역에서도 과학기술 경쟁이 심화되고 있다. 특히 최근 들어 일부 개도국들이 과학기술을 급속히 발전시킴에 따라 한국이 받는 위협은 더 심해지고 있다. 이른바 최상위 선발국과 신흥국 사이에 낀 '과학기술 샌드위치론'이다. 앞선 선진국과의 격차는 기대보다 줄어들지 않는 대신에 신흥국의 추격은 날로 거세지고 있다.[31] 이는 과학기술 분야별로 선도, 추격, 후발 등이 뒤섞여 있는 양상을 복잡하게 보여주고 있다. 정보통신처럼 뛰어난 과학기술 성취에 기반하여 세계를 선도하는 분야가 있는가 하면 여전히 낙후된 분야도 다수 존재한다.[32] 글로벌 선도 분야도 다른 나라들의 추격에 직면하고 있는 상태이니 그렇지 않은 분야는 그 전망이 더 불투명할 수밖에 없다. 다만, 한국이 겪고 있는 과학기술의 위기는 상대적이다. 세계의 국가들이 서로 맞물려 있는 글로벌 시대에 과학기술 경쟁은 아주 치열하다. 그 형태와 정도는 다를지라도 한국만큼 과학기술적 과제를 안고 있지 않은 나라는 거의 없다고 봐야 할 것이다.

그동안의 한국은 '추격의 귀재'로 불릴 만하다. 선진 과학기술의 모방과 개선을 통해 그 수준을 비약적으로 발전시켜오고 있다. 최신의 과학기술에 기민하게 대응하고 그것을 충실히 소화할 뿐만 아니라 다양하게 변형시키며 놀라운 성과를 거두고 있다. 한국 과학기술을 특징짓는 '소폭다량의 속도전'이다. 특정 분야에서의 이러한 경험은 다른 분야들로도 확대 적용되어 놀라운 '전이효과(spillover effect)'를 발휘한다.[33] 하지만 최근에는 한국 과학기술이 한계에 부딪히고 있다는 우려의 목소리가 커지고 있다. 비록 과학기술이 발전해가고는 있으나 몇몇 분야들을 제외하면 획기적 돌파(breakthrough)를 여는 성과가 여전히 드물다. 국가적 난관을 새롭게 헤쳐나갈 사회 발전의 동력을 과학기술이 특별히 제공해주지도 못하고 있다.

한국은 선도적 발전에 필요한 과학기술 원천을 적절히 확보하지 못하고 있다. 그 주요 원천은 크게 제도, 인력, 성과 등을 들 수 있다. 한국의 과학기술 발전에 막대한 영향을 미친 요소들이다. 그런데 한국이 발전할수록 활용할 과학기술 원천 자체가 급격히 줄고 있고 동시에 선진국은 그것의 이전과 유출을 꺼리고 있다. 이미 한국의 과학기술이 선진국과 치열하게 경쟁하는 수준으로 올라서 있기 때문이다. 결국 한국으로서는 새로운 과학기술 원천을 스스로 창출하는 역량을 갖추어나가지 않으면 안 된다. 이는 과학기술의 주요 과제로 떠오른 기초연구와 개발연구의 연관, 다른 연구기관들과의 협력 체제, 글로벌 과학기술과의 네트워크 등과 맞물려 있다.

그사이에 한국이 과학기술에서 창의성을 키우거나 발휘하지 않은 것은 아니다. 과학기술 창의성은 꾸준히 향상되어왔다고 볼 수 있다. 특히 앞선 과학기술을 효과적으로 쫓아가는 부분적이고 점진적인 창의성은 한국이 가진 커다란 장점의 하나다. 이때 기초과학과 그에 기반해 교육받은 과학기술자들이 적지 않은 역할을 했다. 한편, 그에 비해 과학기술의 패러다임을 바꿀 도전적이고 획기적인 창의성은 한국이 여전히 취약한 부분이다. 사회 전반적으로 안정 지향적인 성향이 강하고 최전선을 열어나갈 도전적 연구개발을 시도한 경험이 부족하다. 한국에서 과학기술 창의성은 여전히 점진적 개선의 수준을 넘어서지 못하고 있다. 이것 역시 기초과학의 취약성과 맞물려 있다고 보인다.

어찌 보면, 한국은 과학기술에서 '2등주자의 발전 전략'을 취하고 있다.[34] 이 발전 전략은 선두에 약간 뒤처진 주자로서 위험도 감소, 재원 절약, 손쉬운 성과 창출 등의 이점을 지닌다. 더구나 한국은 자원 집중, 고강도 실행, 상용화 단축의 이점을 이용해 2등주자임에도 때로는 선두주자의 효과를 누린다. 그렇지만 이 발전 전략은 최전선의 개척, 급진적 도약, 선두주자 위상 확보 등의 측면에서 한계가 뚜렷하다. 한국은 앞서는 일부 과학기술 분야라 할지라도 압도적인 선두주자로 치고 올라가지 못하고 있다. 급기야는 가까운 수준으로 올라오는 다른 후발주자들이 늘어나 갈수록 힘겨운 경쟁 상태에 놓이게 된다.

한국과 최상위 선진국들 사이의 과학기술 격차는 여전히 크다. 특히 미국, 일본 등과의 과학기술 수준 차이는 현저히 벌어져 있다. 예컨대, 한국의 SCI 논문 편수는 미국의 12.6%, 영국의 45.7%에 머물러 있고 국제특허 출원도 미국의 23.1%, 일본의 27.1%에 불과하다. 과학기술의 질적인 수준을 간접적으로 보여주는 노벨상 수상자는 미국이 전체의 절반 정도를 차지하고 있고 일본도 2000년 이래로 꾸준히 배출하며 그 인원이 급격히 늘고 있다. 이에 반해 한국은 아직까지 노벨상 수상자를 배출하지 못한 상태이고 앞으로도 한동안은 그 가능성이 희박할 것으로 전망되고 있다. 무엇보다 한국은 기초연구와 원천기술에서 최상위 선진국들과의 격차를 넘어서기 어려운 실정이다.

물론 한국은 특정 산업기술 분야에서 미국과 일본을 제치고 세계 최고 수준을 보이고 있다. 메모리 반도체, 휴대폰, 디스플레이, DVD(Digital Video Disk) 등을 포함하는 정보통신 분야가 가장 두드러진다. 일례로, 삼성전자는 애플과 스마트폰을 둘러싼 세기의 기술 대결을 벌이고 있다. 애플이 터치스크린, 음성인식, 디자인 등의 기술에 바탕해 2007년에 아이폰을 출시하며 혁신적인 선두주자로 나섰다. 삼성전자는 뒤늦은 2009년에 혁신적이지 못한 스마트폰 옴니아를 내놓으며 후발주자로 뛰어들었다. 그런데 2012년부터는 삼성전자가 애플을 따돌리고 세계 스마트폰 시장에서 1위의 기업으로 올라섰다. 삼성전자는 영향력 있는 특허를 가장 많이 보유하고(미국특허 취득 건수가 2015년 삼성전자 5천 건, 애플 2천 건)[35] 있을 뿐만 아니라 스마트폰 관련 LTE 표준기술을 대거 확보하며 주도적인 위치에 있다. 하지만 문제는 한국에서 이러한 기술 분야가 극히 제한적이며 불확실성을 지니고 있다는 점이다.

한편, 몇몇 개도국들의 과학기술 성장이 매우 가파르게 이루어지고 있다. 이미 상당한 수준에 올라서 있는 대만, 싱가포르는 말할 것도 없고 중국, 인도, 말레이시아, 터키, 브라질, 멕시코, 아르헨티나 등의 발전 속도도 빨라지고 있다. 중국과 인도의 SCI 논문 편수가 한국을 앞지르고 있고 브라질과 터키는 근접한 수준으로 따라오고 있다. 그 증가율이 한국을 앞지르고 있는 나라들 중에 중국, 브라질, 인도가 포함되어 있다. 몇몇 기술 분야에서는 한국과 치열한 각축을 벌이거나 오히려 한국을 넘어서는 나라들도 있다. 소프트웨어와 의약의 인도, 우주항공과 철강 산업의 중국과 인도, 브라질, 조선 산업과 정보통신의 중국 등을 중요하게 들 수 있다.

특히 중국의 과학기술 발전은 세계적으로 놀라움을 자아내고 있다. 막대한 연구개발비와 연구 인력은 중국이 가진 가장 큰 장점이다. 연구 인력은 한국의 5배에 달하며 그 개발 잠재력 또한 무궁무진하다. 현재 중국의

SCI 논문 편수는 한국의 5배, 국제특허 출원은 2배에 달하고 있다. 물론 과학기술의 질적인 수준은 일부를 제외하고는 여전히 한국에 뒤처져 있다. 국가 주도의 과학기술 추진과 기업의 연구개발 취약성은 중국이 지니고 있는 근본적인 문제다. 그럴지라도 국가가 대규모 자원을 집중 투여하는 거대 과학기술 분야와 외국의 기업들이 투자를 많이 하는 첨단기술 분야에서는 단기간에 두드러진 성과가 나타날 것으로 보인다. 중국이 대학과 국가 연구소를 중심으로 축적하고 있는 방대한 과학기술 역량은 그 중요한 기반이 되고 있다.[36]

중국이 한국의 과학기술 수준을 넘어서는 것은 시간의 문제다. 압도적인 규모에 기반한 과학기술의 발전 속도가 세계 최고를 보여주고 있다. 더구나 국가 차원에서 역점을 두고 있는 과학기술 및 산업 분야가 서로 유사하므로 중국의 놀라운 성장은 한국에 더 위협적이다. 정보통신, 생명공학, 재료공학, 에너지, 나노기술 등을 대표적으로 꼽을 수 있다. 이 중에서도 정보통신과 재료공학 등은 한국과의 격차를 급속히 줄여나가고 있다. 2015년 현황을 보면, 중국의 정보통신 업체인 화웨이(華爲技術)는 휴대폰 판매량이 삼성전자에 근접한 세계 3위로 올라서고 있을 만큼 그 성장이 눈부시다. 철강 업체인 바오스틸(寶鋼)은 연간 생산량이 한국의 포스코에 이어 세계 5위로 진입해 있는 상태다. 자동차 업체인 상하이자동차(上海汽車)는 생산 대수가 세계 4위인 현대자동차에 크게 뒤져 있기는 하나 세계 10위 진입을 앞두고 있다.[37] 이처럼 한국이 가장 우수성을 보이는 과학기술 및 산업 분야에서 중국의 추격이 목전에 다다르고 있다.

더구나 한국 과학기술의 주축을 차지하고 있는 대기업들은 세계적 경쟁에 직면하며 생산 공장은 물론 연구개발의 전진 기지를 해외로 이전하고 있다. 한국을 넘어서는 '다국적 과학기술'을 본격적으로 추구해 대기업의 연구개발 근거지가 다변화되는 장점도 있다. 한국에는 선도적인 연구개발을 이끌 연구기관과 연구 인력이 부족한 점, 수준이 높지 않은 과학기술 인력과 시설의 경우는 해외에서 더 저렴하게 갖출 수 있는 점이 배경이다. 그런 이유로 한국의 대기업들은 연구 성과를 더 효과적으로 창출할 수 있거나 그 잠재력이 풍부한 다른 나라들로 이동하게 된다. 대기업의 연구개발 역량은 지속해서 강화될 수 있어도 그 중심지로 역할을 하던 한국의 과학기술 기반은 약화될 것이 분명하다. 과학기술 글로벌화에 본격적으로 뛰어듦으로써 맞게 되는 부메랑이다.

한국은 과학기술에서 전환기를 맞이하고 있다. 과학기술이 선진국과 신흥국 사이에 갇히며 본래의 역동성이 급격히 떨어지고 있다. 그 문제 해결의 출구는 인류의 지속 가능한 발전과 국민들의 삶의 질 향상을 적극 고려하는 동시에 도전적이고 선도적인 창의성을 다양하게 발휘하는 방향으로 선회하는 것이다. 이는 현재의 과학기술 시스템을 부분적으로 개선한다고 해서 크게 달라지지 않을 것이다. 산업 발전에 치중한 소폭다량의 추격형 발전 방식이 사회 전반에 깊숙이 체화되어 있는 탓이다. 한국 과학기술의 발전을 견인해온 제도와 실행 모두에서 또 다른 변화가 요구되고 있는 시점이다.[38]

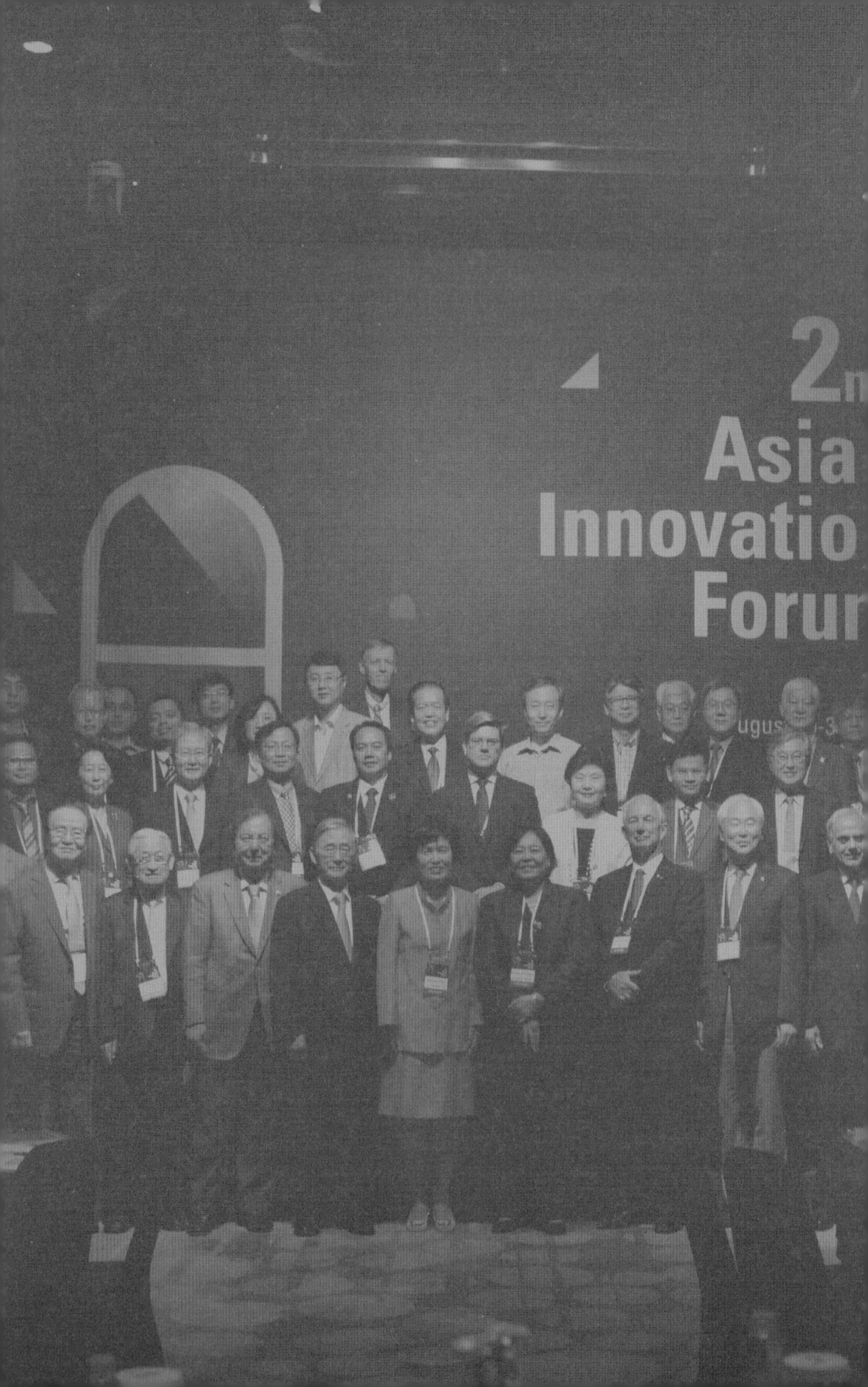
2n
Asia
Innovatio
Forur

9장

개도국에
주는
시사점

현재 개도국들의 과학기술을 향한 열기는 매우 뜨겁다. 과학기술과 사회경제 발전을 동시에 이룬 한국의 성취가 이러한 움직임에 커다란 자극을 주었고, 나아가 롤모델이 되기도 한다. 한국 사례는 과학기술 발전이 불가능하다는 개도국들의 통념(通念)을 깨뜨린 하나의 혁명적 사건이고 여러 발전 단계를 거쳐 간 세계적 과학기술 전시장이기도 하다. 개도국들의 과학기술 발전 방식은 일견 혼란스럽고 무질서해 보이지만 규모, 수준, 방식 등을 고려해 몇 가지 유형으로 나눌 수 있다. 한국 사례는 개도국들에게 의지적인 측면만이 아니라 실질적인 측면에서도 풍부한 시사점을 제공해준다. 앞으로 개도국들의 과학기술 발전은 더 두드러지게 이루어지고 그 파장은 세계 과학기술의 지형에 변화를 일으키는 새로운 요인이 될 것이다.

글로벌 시대와 한국 사례

개도국이 과학기술을 높은 수준으로 발전시키는 것은 흔치는 않으나 역사적으로 존재해오던 현상이다. 근대 과학이 태동한 이래 몇몇 나라들이 선진국 대열에 새로이 합류했다. 개도국의 현실을 보면 과학기술의 도약은 요원해 보이나 예상과 통념을 뒤엎고 실제로 일어나곤 했다. 20세기 후반의 한국 사례는 그중의 하나이고 앞으로도 또 다른 나라들이 과학기술 발전을 이루는 놀라운 경험을 하게 될 것이다. 과학기술의 사다리를 타고

높은 위치로 오르는 나라들이 갈수록 더 늘어날 전망이다.[1]

그동안의 역사를 보면 과학기술 수준을 비약적으로 높인 나라들이 지역적으로 확대되어왔다. 근대 과학이 등장한 16세기부터 19세기 중반에 이르기까지는 과학기술을 번창시킨 나라들이 유럽 지역에 집중되어 있었다. 지리적 인접성과 문화적 친화성의 영향이 컸다. 19세기 후반부터는 유럽의 세력 확장에 직접적으로 힘입어 북미 지역의 나라들이 과학기술 선진국에 가세했다. 20세기 이후에는 지구 반대편에 위치한 일본을 필두로 동아시아 국가들이 과학기술 선진국으로 뛰어올랐다. 과학기술의 교류 범위가 획기적으로 확장되며 비서구 국가들에서도 과학기술을 발전시키는 나라들이 등장하게 되었던 것이다.

세계의 역사는 과학기술의 지역적 확대를 기준으로 그 시대를 구분할 수 있을지도 모른다. 과학기술이 발전한 나라들과 그렇지 않은 나라들, 즉 선진국들과 개도국들이 지역적으로 철저히 나누어져 있는 탓이다. 과학기술의 지역적 확대는 이러한 경계를 깨뜨리는 세계사적 대변동이라 할 만하다. 특히 1백여 년 사이에 과학기술의 발전이 서구를 넘어 다른 지역으로 확대되고 급기야는 전 지구적으로 펼쳐지는 새로운 양상은 세계의 역사 그 자체를 변모시키고 있다. 세계의 지형을 급격히 변화시키는 중심에 과학기술이 위치하며 막강한 영향을 미치고 있는 것이다.

현재 강력히 전개되고 있는 세계 추세의 하나는 글로벌화다. 과학기술을 포함한 경제, 사회, 문화 전반에서 국가의 경계가 약화되며 그를 둘러싼 국제적 협력과 경쟁이 심화되고 있다. 이러한 시대 상황은 과학기술에서도 새로운 변화를 자극하고 있다. 과학기술 확대와 순환이 세계적 차원에서 이루어지고 개도국들 사이에서 과학기술 진전이 일어나고 있다.[2] 이 과정에서 선진 수준으로 올라서는 개도국들이 등장하며 그 발전 방식이 주목을 받고 있다. 한국 사례가 많은 나라들의 시선을 끄는 것은 이러한 이유에서다.

선진국들 간에는 물론 선진국과 개도국, 개도국과 개도국 간에도 과학기술 교류가 갈수록 급증하고 있다. 아울러 선진국의 과학기술 활동은 더욱더 세계적 네트워크 속에서 추진되고 있다. 중심부의 과학기술이 세계 도처의 과학기술과 연결망을 광범위하게 구축하며 그 위력을 높이고 있다. 이러한 환경에서 개도국들은 새로이 생겨난 다양한 원천에 기대어 저마다 과학기술의 활로를 찾아나가고 있는 중이다. 개도국의 입장에서도 과학기술 발전의 기회가 열리고 있는 것이다. 세계의 모든 국가들이 상호 연관을 맺으며 과학기술을 추구하는 이른바 네트워크형 발전 방식이다.

물론 한국이 보여준 과학기술 발전은 희소성과 국지성을 지니고 있다. 과학기술에 관심을 가지고 노력한다고 해서 모든 나라들이 그 성취를 이룰 수 있는 것은 아니다. 그만큼 한국 사례는 세계에서 찾아보기 힘든 희소성을 지니고 있다. 그리고 한국의 과학기술 발전에는 남다른 배경과 독특한 요인이 중요하게 작용했다. 한국의 과학기술 도약에 내재되어 있는 국지성이다. 다시 말해, 한국은 과학기술 발전에 도움이 되는 특유의 환경과 맥락이 존재함으로써 숱한 장애들을 넘어설 수 있었던 것이다.

구분	유사점(공통)	차이점(한국)
역사 문화	초기 낙후성	유교 전통
국제 환경	글로벌화	선진국 경쟁
정책 의지	국가적 추진	규모의 과학기술
사회 연관	사회경제 발전	첨단산업 발전
발전 방향	선진 과학기술 추격	미국 과학+일본 기술
추진 방식	제도–실행 연계	제도 선행
수행 주체	정치권력+과학자사회	대기업

〈표 8〉 한국과 개도국의 유사점 대 차이점

한국이 과학기술을 비약적으로 발전시킬 수 있었던 데에는 다른 개도국들과 구분되는 다양한 요소들이 있다.[3] 먼저, 현대 과학기술에 대한 자각이 상대적으로 빨랐다는 점이다. 식민지 지배, 한국전쟁, 남북 대치, 미국의 영향 등이 그 배경으로 작용했다. 과학기술은 예전부터 염원해오던, 국민적 관심사로 떠오른 부국강병을 이룰 중요한 수단이었다. 비유하면, 과학기술은 나락으로 떨어진 국가의 위기 상황을 일시에 벗어나게 해줄 비상 탈출구로 여겨졌다. 비록 근대 과학기술의 유입이 늦었을지라도 현대 과학기술은 많은 개도국들보다 오히려 앞선 시기에 그 필요성이 널리 공유되었다. '과학기술입국'으로 표현된 강렬한 과학주의가 시대정신으로 자리 잡았던 것이다.

다음으로는 과학기술에서 국가가 차지하는 역할이 대단히 컸던 점이다. 한국에서 과학기술을 지속적으로 추진해나간 강력한 주체는 다름 아닌 국가였다. 해방 이후 초기 단계부터 과학기술 주도권을 과학기술자 집단이 아니라 정치권력이 쥐었다. 근대 과학기술의 기반이 부실해 과학기술자사회가 제대로 형성되지 않을 때부터 국가의 과학기술 개입이 본격적으로 일어난 것이었다. 그래서 한국의 과학기술은 국가의 주도하에 물적, 인적 자원이 대대적으로 동원되는 방식으로 추진되었다. 과학기술이 정치권력이라는 막강한 엔진을 장착하게 된 것이었다. 과학기술 기반과 과학기술자들의 세력이 허약함에도 불구하고 과학기술이 강력하게 추진될 수 있었던 것은 이러한 국가 주도와 관련이 있다.

한국이 강력한 제도적 기반을 서둘러 갖춘 것도 또 다른 특성의 하나다. 이전과 달리 현대 과학기술이 지닌 핵심은 제도에 기반한 활동이라는 점이다. 과학기술 활동에서 우수한 성과들이 나오려면 다양하고 복합적인 제도가 그 전제 조건으로 잘 구축되어 있어야 한다. 한국은 무엇보다 과학기술 제도를 체계적으로 갖추는 데 많은 노력을 기울였다. 국가의 과학기술 개입과 주도는 정권별로 경쟁적으로 이루어져 새로운 제도의 창출과 확대로 나타났다. 행정기구, 고등교육기관, 연구소, 연구개발 사업, 학술단체, 법령 등에 관한 제도가 빠르게 갖추어졌다. 그 덕분에 한국에서는 제도에 기반한 과학기술 활동이 활발히 추진될 수 있었다.

과학기술 활동 중에서는 기업의 개발연구가 특히 두드러지게 성장했다. 한국이 과학기술에 주목을 한 가장 큰 목적은 그로부터 사회적 유용성을 얻기 위해서였다. 초기일수록 과학기술로부터 유용한 결과를 얻는 것이 쉽지 않았고 그 과정에서 크고 작은 시행착오도 많이 겪었다. 그러다가 주요 선진국들보다 산업기술, 그 가운데서도 개발연구에 중점을 둔 개발연구 시스템이 일찍 갖추어지며 과학기술의 산업적 효과를 높일 수 있었다. 특히 대기업이 주도한 규모의 개발연구는 단기간에 많은 실용적 결과를 창출했다. 이러한 기업의 개발연구 강화는 대학과 기초연구의 취약을 온존시켰지만 과학기술의 사회적 가치를 높여 국가적 관심을 지속적으로 이끌어내는 데는 효과적이었다.

끝으로, 과학기술자들이 열성적 태도를 가지고 있었다는 점이다. 유교 사회의 전통에 따라 한국인들은 교육열이 높고 근면한 생활 태도를 지녔다. 과학기술은 국가 차원에서 역점을 두는 영역으로 계층 상승과 입신양명(立身揚名)의 새로운 기회를 제공해줌으로써 우수한 젊은이들을 대대적으로 끌어들였다. 게다가 미국에서 유학하고 돌아온 해외파 과학기술자들이 주도 세력으로 부상하면서 선진국을 모방하며 과학기술의 수준이 빠르게 높아졌다. 다양한 분야로 진출한 과학기술 인력은 열심히 노력하여 비록 획기적이지는 않더라도 많은 성과들을 빠르게 내놓았다. 한국 과학기술의 발전은 알려지지 않은 많은 과학기술자들의 헌신적인 노력의 산물이었다.[4]

그렇지만 한국의 과학기술 발전은 다른 개도국들과 유사한 점들도 많이 지니고 있다. 우선은 많은 나라들처럼 선진 과학기술을 뚜렷이 지향했다는 점이다. 이른바 추격형 과학기술의 추구가 그것이다. 과학기술의 세계적 원천은 선진국으로부터 나오고 개도국들은 그것을 어떻게 적절히 흡수하고 활용하느냐에 따라 과학기술 발전이 크게 좌우되었다. 이 점을 대부분의 개도국들은 인식하여 선진 과학기술을 추구하려는 강한 동기를 지니게 되었다.[5] 한국은 다른 개도국들에 비해 앞서 나아갔고 많은 개도국들이 그 뒤를 따르고 있는 형국이다.

다음으로, 국가 차원에서 과학기술을 정책적으로 추진하고 있다는 점이다. 과학기술이 사회경제 발전에 아주 중요한 핵심 요소라는 사실은 비교적 널리 공감되었다. 한국은 국가권력의 주도로 과학기술을 강력하게 이끌고 과학기술 사업에 대중들의 참여를 적극 독려했다. 다른 개도국들도 과학기술의 국가적 중요성을 인지하고 그 발전을 위해 노력하고 있다. 정부의 과학기술 지원이 크게 늘어나고 국민들을 대상으로 과학기술을 알리며 우수 인재를 과학기술 분야로 끌어들이는 움직임을 보여주고 있다. 시기와 방식의 차이는 있을지언정 국가 차원에서 과학기술의 중요성에 대한 공감대가 널리 형성되어 있는 것이다.[6]

우수한 과학기술 인력의 확보에 심혈을 기울이고 있는 것도 서로 공통적인 점의 하나다. 과학기술은 수준 높은 전문 분야로 여겨진 까닭에 재능 있는 학생들을 최대한 끌어들이려고 한다. 한국이 과학기술을 발전시킬 수 있었던 원동력의 하나는 뛰어난 인적 자원의 확보에 있었다. 비슷하게 다른 개도국들도 우수한 과학기술 인력의 양성에 깊은 관심을 기울이고 있다. 미국을 위시한 선진국으로의 해외 유학과 더불어 좋은 시설을 갖춘 교육기관의 설치 등이 대부분의 개도국들에서 추진하고 있는 주요 시책이다. 국가에 상관없이 우수한 인적 자원은 과학기술 발전을 위한 선결 과제인 것이다.[7]

이와 함께 목적 지향적 과학기술의 추구도 많은 개도국들에서 나타나고 있는 유사한 특성이다. 열악한 현실 상황에서 당면한 국가적 과제에 도움이 될 실용적 성과를 중시하는 태도는 불가피하다. 한국에서 과학기술자들만이 아니라 정부, 기업, 국민들이 과학기술에 깊은 관심을 가지게 된 것은 과학기술이 가져다줄 과학기술의 유용성이다. 다른 개도국들도 목적 지향적 과학기술을 추구하려는 경향이 대체로 강하다. 물론 그 방향은 나라에 따라 다르다. 과학기술은 산업 가운데서도 농업 내지 공업과 연계될 수 있고 정치권력의 치적 및 대중 동원의 수단이 될 수 있으며 체제 유지와 국방 강화의 유용한 도구가 되기도 한다. 그럴지라도 사회적 유용성은 과학기술 추진의 주된 배경이 되고 있다.[8]

마지막으로, 과학기술을 추진하는 전반적인 양상이 많은 나라들에서 비슷하게 나타나고 있다는 점이다. 마치 앞선 국가들을 다른 나라들이 줄지어 뒤따라가고 있는 모습이다. 20세기 후반에 한국은 개도국들 가운데 과학기술을 발전시킨 예외적이고 독특한 나라였다. 그런데 현재는 과학기술을 빠르게 발전시키고 있는 나라들이 많아졌고 그들과 한국 사이에는 예상보다 유사성이 커지고 있다. 세계적으로 글로벌화가 급속도로 진전되고 앞선 성공 사례를 본받으려는 움직임이 커지고 있기 때문이다. 어떤 면에서 한국과 다른 후발주자들 간에는 시간적인 격차가 주되게 존재한다. 즉, 과학기술 발전의 방향보다 일단 속도가 관건이 되고 있는 것이다.

따라서 한국의 사례는 자국의 역사적 발전과 더불어 세계사적 전개의 소산이다. 다른 나라들의 입장에서 볼 때 한국의 과학기술 발전은 보편성과 특수성을 동시에 지니고 있다. 개도국들이 실제로 본받고 있는 점도 있지만 그렇지 않은 점도 있다. 나라들에 따라 서로 다른 국지성이 존재하고 있는 것이다. 그런데 세계는 점점 더 지구촌화되어가고 있다. 지식 정보의 빠른 확산, 물적·인적 교류의 증가, 국가들 사이의 치열한 경쟁 등이 개도국들을 세계 차원의 거대한 흐름에 합류하게 만든다. 그중에서도 과학기술은 가장 선두에 서 있다. 이러한 점에서 한국의 과학기술 성취는 앞으로 다른 개도국들이 더 뜨겁게 주목할 대상이 될 것으로 전망된다.

개도국의 과학기술 발전 유형

개도국들의 과학기술을 보면 세부적으로는 매우 다양한 모습을 하고 있다. 저마다 서구에서 과학기술이 유입된 시기와 그 내용이 커다란 편차를 지니고 있고 지역의 독특한 사회적, 문화적 맥락에 의해 과학기술의 변형과 진화가 다르게 일어난 결과다. 그렇더라도 개도국들의 과학기술이 전개되어나가는 양상은 무정형적(amorphous)이지만은 않다. 세계 과학기술의 흐름에 발맞추어 그 발전을 견인하는 거대한 힘들이 작동하고 있기 때문이다.

그것의 하나는 개도국들이 선진국의 과학기술에 전적으로 의존하고 있다는 점이다. 과학기술을 독자적으로 창출할 능력을 갖추지 못해 해외 원천에 기대고 있는 실정이다. 다음으로는 개도국들이 과학기술자 개인이 아니라 시스템에 기반해 과학기술 활동을 추진하고 있다는 점이다. 현대 과학기술이 제도적으로 확고히 정착한 20세기, 특히 그 후반부터는 더욱 본격적으로 그렇다. 그리고 개도국들은 산업기술 위주의 발전 전략을 취하는 경우가 많다는 점이다. 국가 차원에서 당면한 과제를 해결하기 위해 단기적이고 직접적인 효과를 발휘할 과학기술 분야에 주목하고 있다. 마지막으로는 과학기술의 발전이 급진적 형태가 아닌 점진적 형태로 일어난다는 점이다. 선진국에서 도입한 과학기술의 학습, 개량, 활용과 같은 모방과 문제풀이 방식의 활동이 주류를 형성하고 있는 것이다.

이러한 이유로 개도국들의 과학기술은 서로 간에 상당한 유사성을 지니고 있다. 과학기술의 다양한 차이에도 불구하고 그 발전에 필요한 공통 요소들이 뚜렷이 존재한다. 그러므로 개도국들의 과학기술은 몇 가지 특성을 중심으로 유형화할 수 있다. 그 방식들 중에 유력한 것은 과학기술의 주요 측면인 규모, 수준, 방식을 기준으로 구분하는 것이다.[9] 개도국들의 경우 과학기술 수준에는 연구 성과 못지않게 제도적 기반을 중요하게 포함해야 한다.

첫째는 활동 규모의 차이다. 현대 과학기술은 시스템적인 기반을 갖추어야 할 뿐 아니라 그 시스템을 뒷받침할 양적인 규모를 확보해야 한다. 과학기술에서 규모를 어떻게 실현하느냐가 중요한 관건이 된다. 특히 물적, 인적 자원은 과학기술 발전에서 매우 중요하다. 현대 과학기술은 다양한 자원을 막대하게 필요로 하는 자원 다소비적 활동이다. 자원의 규모에 따라 과학기술 생산이 대공업 방식이냐 수공업 방식이냐로 갈린다. 앞으로 개도국의 과학기술 발전은 국가의 자원 규모와 그 동원 능력에 의해 크게 좌우될 것이다.

둘째는 발전 수준의 차이다. 과학기술은 다분히 축적적 활동으로서 그 발전은 그동안 이루어놓은 성과에 의해 크게 영향 받는다. 개도국들은 현재의 과학기술 수준이 천차만별이다. 그 발전 여건이 나라에 따라 상당한 편차가 존재하고 있는 것이다. 과학기술 수준이 낮은 나라는 과학기술 발전에 많은 어려움을 겪을 것이다. 다른 나라들과의 격차를 줄이는 일에 상당한 시간과 노력을 투여하지 않으면 안 된다. 더구나 과학기술을 둘러싼 국가들 사이의 경쟁이 치열할수록 현재의 수준 차이는 앞으로의 발전에 더 직접적으로 작용하게 될 것이다.

셋째는 추구 방식의 차이다. 개도국들은 당면하고 있는 급박한 문제들로 말미암아 과학기술을 현실적 필요에 맞게 변형하려는 경향이 강하다. 이때 일부의 나라들은 자국의 현실에 초점을 맞춰 과학기술을 독자적으로 발전시키려는 움직임을 보이기도 한다. 그에 반해 상당수의 나라들은 이미 높은 수준으로 올라서 있는 선진국의 과학기술을 최대한 흡수하려는 노력을 기울인다. 다시 말해, 과학기술의 주요 원천을 자국에 두느냐 아니면 해외에 두느냐로 갈리게 된다. 이러한 추구 방식이 과학기술 발전에 결정적인 영향을 미친다.

구분	활동 규모	발전 수준	추구 방식	발전 가능성
1유형	대규모	중진	모방	높음
2유형	대규모	후진	모방	보통
3유형	대규모	후진	독자	낮음
4유형	소규모	중진	모방	높음/보통
5유형	소규모	후진	모방	낮음
6유형	소규모	후진	독자	낮음

〈표 9〉 개도국의 과학기술 발전 유형

개도국들 가운데 현재는 물론 앞으로도 발전 가능성이 가장 높은 유형은 대규모, 중진 수준, 모방 방식을 다 같이 지닌 경우다(제1 유형). 대표적으로 중국, 인도, 터키, 멕시코, 브라질, 아르헨티나, 남아프리카공화국 등을 들 수 있다.[10] 선진국의 과학기술을 적극적으로 받아들여 이미 상당한 수준으로 올라선 데다가 연구비, 연구 인력을 대규모로 투여할 여건을 갖추고 있다. 앞으로 이들 중에 실제로 과학기술을 빠르게 발전시킬 나라가 여럿 등장할 것으로 기대된다. 중국이 가장 눈에 띄는 나라다.

현재는 비록 수준이 다소 떨어지더라도 앞으로 과학기술 발전이 기대되는 유형은 대규모, 후진 수준, 모방 방식을 띠고 있는 경우다(제2 유형). 여기에 속하는 나라로는 태국, 인도네시아, 베트남, 이란, 이집트, 나이지리아,

콜롬비아 등이 있다.[11] 이들 나라는 아직 수준이 낮은 상태이나 선진국의 과학기술을 도입하여 점차 대규모 투자를 할 가능성이 높다. 이들 가운데 비교적 단기간에 과학기술을 빠르게 발전시켜 장차 중진 수준으로 올라설 나라들이 속속 나타날 전망이다.

현재는 과학기술 수준이 비교적 올라 있으나 앞으로 그 발전 가능성을 예측하기가 다소 어려운 유형은 소규모, 중진 수준, 모방 방식을 보이는 경우다(제4 유형). 주요 나라로는 헝가리, 체코, 불가리아, 카자흐스탄, 우루과이, 칠레, 볼리비아 등이 이에 속한다.[12] 무엇보다 이들 나라에서는 투여할 자원의 규모가 가장 커다란 걸림돌이 될 것으로 보인다. 규모의 과학기술을 실현하는 것이 벅찰 수 있다. 물론 일부의 나라들은 특정 분야를 선택적으로 발전시켜 비교우위를 뚜렷이 갖출 수도 있다.

현재는 물론 앞으로도 적지 않은 시행착오를 겪을 가능성이 높은 유형은 후진 수준과 동시에 소규모 혹은 독자 방식을 지닌 경우다(제3, 5, 6 유형). 특히 독자 방식을 고수하는 나라들은 규모와 수준에 관계없이 과학기술 발전에서 계속 난관에 직면할 우려가 높다. 예로서, 아프가니스탄, 북한, 쿠바 등을 대표적으로 들 수 있다.[13] 설령 모방 방식을 추구하더라도 소규모의 자원만을 확보할 수 있는 나라들도 비슷한 상황을 초래할 수 있다. 라오스, 잠비아, 토고, 소말리아, 니카라과 등을 포함한 많은 개도국들이 여기에 속한다.

따라서 개도국들은 일부 예외를 제외하고는 비교적 간단히 여섯 개의 과학기술 발전 유형으로 구분할 수 있다. 중진 수준의 대규모 모방 발전, 후진 수준의 대규모 모방 발전, 중진 수준의 소규모 모방 발전, 후진 수준의 소규모 모방 발전, 그리고 후진 수준의 대규모 혹은 소규모 독자 발전 유형이 그것들이다. 이러한 발전 유형에 따라 개도국들은 과학기술의 발전 가능성이 서로 다를 수 있는 것이다.

이 밖에 원론적으로는 대규모, 중진 수준, 독자 방식의 유형과 소규모, 중진 수준, 독자 방식의 유형이 있을 수 있으나 현실에서는 그렇지 않다. 독자적 발전 방식을 취한 나라들 중 중진 수준으로 발전하고 있는 나라는 없는 것으로 보인다. 즉, 독자적인 힘으로 과학기술의 수준을 빠르게 올리는 것은 실제로는 극히 어렵다. 물론 석유, 광물 및 자연자원을 막대하게 보유하고 있는 극히 일부의 나라들만은 예외일 수 있다.

한국 모델의 가치와 한계

한국의 사례를 완전히 그대로 적용할 수 있는 나라는 많지 않을 수 있다. 설령 적용을 한다 해도 다른 환경으로 인해 크고 작은 변형이 불가피하다. 마치 한국이 미국을 비롯한 선진국의 과학기술을 본받으려 했지만 실제로는 많은 부분을 한국화(Koreanization)했던 것처럼 말이다. 그러므로 한국 사례가 개도국의 완전한 모델로 여길 수 있는지에 대한 논의는 그다지 의미 있는 것이 아닐 수 있다.[14]

〈보첨 8〉 '한국 모델' 대 '동아시아 모델'
세계의 수많은 나라들 중에서 20세기 중반 이후에 과학기술의 비약적 발전을 이룬 경우는 신기하게도 동아시아에 집중되어 있다. 일본을 시작으로 한국, 대만, 싱가포르, 홍콩, 그 뒤를 이어 중국 등이 과학기술 사다리를 타고 선진국이 되었거나 그 근처에 도달하고 있다. 세계 어느 지역에서도 이렇게 여러 나라들이 비슷한 시기에 동반해서 과학기술 선진국이 된 경우는 찾아보기 어렵다.

분명 동아시아 나라들의 과학기술 간에는 강한 공통점이 존재한다. 서로 공유하고 있는 역사, 사회, 경제, 문화 등의 전통이 과학기술에 투영된 결과다. 유사한 경험과 자산이 이들의 과학기술 발전을 활발히 추동했다고 볼 수 있다. 비록 나라들마다 적지 않은 차이가 있음에도 이들이 비슷하게 과학기술을 비약적으로 발전시킨 데에는 서로 간에 오랜 경험과 의식의 친화도가 내재되어 있는 것이다. 특히 한국과 대만의 과학기술 발전에는 비슷한 점들이 아주 많다.

그렇다면 한국 모델은 특정 국가의 경험만을 지나치게 강조하는 문제를 지닌다. 동아시아 나라들이 가진 유사성에 기초하여 범용형 동아시아 모델을 밝혀내는 것이 더 바람직할 수 있다. 실제로 앞으로는 이에 대한 진지한 논의가 더 활기를 띨 것이다. 그럼에도 한국 모델은 현재는 물론 앞으로도 중요한 가치를 지닌다. 왜냐하면 첫째로 동아시아 모델의 정립에 중요한 기반이 될 수 있고, 둘째로 세계의 수많은 나라들 중에는 한국의 사례가 적합한 경우도 있기 때문이다. 한국 모델은 새로운 발전 방식을 제시하는 대안이자 동아시아 모델로 가는 길목이기도 하다.

그렇더라도 한국의 사례는 많은 개도국들에게 상당한 시사점을 제공해주고 있다. 먼저, 간접적이고 의지적 측면에서의 가치다. 한국은 낙후한 최빈국에서 선진 수준으로 도약을 이룬 대표적인 나라로 많은 개도국들에게 동기 부여와 자신감을 주고 있다. 그동안 개도국들은 선진국과의 극심한 격차로 인해 과학기술 추진에 대한 의욕이 크게 결여되어 있는 상태였다. 노력을 해도 열악한 현실에서 과학기술 발전은 불가능하고 그에 많은 자원을 투여하는 것은 낭비적이라는 의식이 팽배해 있었다. 이러한 통념을 깨뜨리는 한국과 같은 극적인 사례가 나타남으로써 과학기술에 대한 개도국들의 태도가 전향적으로 바뀌고 있다. 실제로 많은 개도국들은 한국의 성공 이후로 과학기술의 추구에 아주 의욕적으로 나서고 있다.

뿐만 아니라 한국의 사례는 개도국들에게 과학기술 발전의 거시적인 가이드라인을 제시해주고 있다. 후발자가 비교적 수월하게 선발자를 따라갈 수 있는 길이 존재한다는 것을 보여준다. 바로 선진국의 과학기술에 기반한 모방적 발전의 추구와 물적 자원의 동원이라는 한국의 발전 방식이다. 많은 개도국들이 단기간에 과학기술을 효과적으로 발전시키는 방안을 찾으려고 애쓴다. 이 점에서 한국의 사례는 개도국들에게 좋은 선례가 되고 있다. 특히 선진국 과학기술의 모방적 발전은 개도국들이 시행착오를 줄이고 후발자의 이점을 살릴 수 있는 방식이다. 아울러 현대 과학기술은 재정, 설비, 인력 등이 복합적으로 갖추어져야 하는 물적 자원에 기반한 활동이다. 이처럼 많은 개도국들은 과학기술의 빠른 발전을 위한 중요 조건으로 모방적 발전의 지향과 대규모 자원의 투여를 위해 상당한 노력을 기울이고 있다.

한국의 사례는 많은 개도국들에게 직접적이고 실질적인 가치도 지닌다. 한국의 지난 50년간의 역사는 온갖 과학기술이 다양하게 펼쳐진 과학기술의 세계 전시장과도 같다. 그 지나온 과학기술 궤적을 보면 가장 낮은 수준부터 선진 수준까지 모든 발전 단계를 빠짐없이 차례대로 밟아왔다. 다시 말해, 20세기 후반이라는 일정한 시간대에 과학기술의 모든 수준을 순차적으로 경험한 보기 드문 사례인 것이다. 이로써 세계의 모든 개도국들이 저마다 다르게 참조할 만한 다양한 성공 선례를 풍부하게 제공해줄 수 있다. 상위 수준은 물론 하위 수준의 개도국들도 한국의 경험으로부터 유익한 도움을 얻을 수 있다. 그만큼 한국은 개도국들의 과학기술 발전을 위한 풍부한 자산이자 원천이 될 수 있는 것이다.

우선, 과학기술 발전에서 제도 기반의 체계적인 구축이 지니는 선차적인 중요성을 제시할 수 있다. 한국이 과학기술을 도약시킬 수 있었던 토대는 무엇보다 제도적 시스템을 잘 갖춘 점에 있었다. 시대별로 새로운 제도의 창출과 축적을 통해 복합적 인프라를 빠르게 정착시켰다. 이러한 제도적 시스템은 연구개발을 본격적으로 추진하기 위한 핵심적인 조건이었던 것이다. 이와 함께 한국은 선진국과는 달리 정부→기업→대학 순서로 연구개발 능력을 키웠다. 연구 기반이 없는 상황에서 정부의 주도로 실용적인 개발연구 성과를 창출하기 위해서였다. 아울러 한국에서 제도적 기반의 구축은 정부의 역할이 결정적이었다. 과학기술 제도는 일종의 사회적 인프라로서 정부가 나서서 그 시스템을 적극적으로 갖추었던 것이다.

연구개발의 주체를 확대하여 국가적 총력 체제를 갖춘 점도 과학기술 발전에서 매우 중요하다. 한국은 대학, 정부, 기업이라는 연구개발의 근거지를 확고히 구축했다. 이 중에서도 개도국의 처지에서 기업이 과학기술의 중요한 주체로 성장한 것은 특별한 의미를 지닌다. 연구개발의 외연이 크게 확대되었을 뿐만 아니라 과학기술의 유용성을 직접적으로 실현할 수 있었기 때문이다. 이때 정부는 정책적 지원을, 대학과 정부출연연구소는 각각 우수한 인력과 연구개발 노하우를 전폭적으로 제공했다. 국가 차원에서 진행된 과학기술의 실용적 지향은 기업의 연구개발 참여를 적극적으로 이끌어내는 배경 요인이 되었다.

과학기술 분야의 우수 인력을 대량으로 양성한 점도 과학기술의 도약에 크게 기여했다. 과학기술자들은 과학기술 실행의 중심적인 행위자다.

한국에서 과학기술자는 크게 두 방식으로 배출되었다. 하나는 국내에서 대학의 팽창과 대학원의 설치로 대규모 과학기술 인력을, 다른 하나는 미국을 위시한 해외 유학을 통해 상당수의 뛰어난 과학기술 인력을 확보할 수 있었다. 우수한 대규모 과학기술 인력은 한국의 과학기술을 역동적으로 발전시키는 일차적 원동력이 되었다. 한국의 과학기술이 해외 원천을 잘 활용할 수 있었던 것은 선진국과의 인적 연계가 특별히 중요했다. 이들의 과학기술 실행이 생동력을 지니게 된 배경에는 대량으로 배출된 과학기술 인력의 협력과 경쟁이 있었다. 우수한 과학기술 인력의 이 같은 대규모 양성은 개도국의 과학기술 발전에 활기를 불어넣는 필수불가결한 요소다.

나아가 산업기술 위주로 발전 전략을 주되게 펼침으로써 과학기술의 사회적 효과와 가치를 크게 높인 것도 특기할 만하다. 과학기술은 개도국의 경우 사회와 동떨어져서는 발전할 수 없다. 그 국가적 필요가 사회적 공감을 얻을 만큼 뚜렷하고 강렬하지 않으면 안 된다. 그래서 선진국에서 일반화된 기초연구를 앞세우는 방식이 아니라 개발연구를 선행하는 방식을 선택했다. 연구를 앞세운 연구개발이 아닌 개발을 선행하는 '개발연구'였다. 기초연구일 경우에도 개발연구를 뒷받침하기 위한 목적 지향적 연구에 치중했다.[15] 이와 맞물려서 공동체, 실무 중심, 대규모, 고강도 실행이 이루어져 단기간에 기대 이상의 성과를 거두었다. 그 덕분에 과학기술은 국가의 사회경제와 밀접히 결부되며 그 위력을 발휘했고 사회적 인정도 받았다. 개도국에서 과학기술이 사회적 필요를 획득할 수 있는 유용한 방법이다.

그러나 한국의 사례는 앞으로 개도국들이 과학기술을 발전시킬 때 유념해야 할 교훈도 적지 않게 준다. 예를 들면, 과학기술이 경제 발전과 직결되어 있으나 그에 비해 삶의 질이나 지속가능성과의 관련은 약하다. 과학기술에서 보이는 불균형 발전은 한국이 가진 그늘진 단면이다. 분야와 집단, 지역별로 과학기술 격차의 확대는 심각한 사회문제의 하나가 되고 있다. 그리고 과학기술자들의 동원과 고강도 실행은 그들의 만족도를 떨어뜨리고 사회적으로 이공계 기피 현상을 초래한다. 과학기술자들이 자기 발전을 실현하기보다 소모적 존재로 여겨질 수 있는 것이다. 과학기술의 전문 분야에만 치중한 나머지 과학 문화의 형성과 대중의 과학 이해가 크게 미흡한 문제도 존재한다. 과학기술의 사회적 이슈에 대처하는 능력이 떨어져 그를 둘러싼 사회적 갈등이 갈수록 증폭되고 있다.

그럼에도 불구하고, 한국 사례가 지니는 가치는 개도국들의 과학기술 진전과 맞물리며 지속적으로 재해석(reinterpretation)될 것으로 보인다. 현재 상당수의 나라들이 한국을 주목하며 그와 유사한 방식으로 과학기술 발전을 추진하고 있는 것이 사실이다. 이들을 뒤이어 또 다른 나라들이 중진 수준의 과학기술 발전 대열에 계속해서 합류할 전망이다. 이 과정에서 개도국들은 한국이 그랬던 것처럼 그들의 사회문화적 맥락에 과학기술을 위치시키며 크고 작은 변형을 다양하게 이룰 것이 분명하다. 그 방향이 한국 모델의 연장일지, 새로운 모델의 창출일지는 앞으로 펼쳐질 과학기술의 역사가 보여줄 것이다.[16] 작은 규모일지라도 효과적인 과학기술 시스템을 갖추게 된다면 한국 모델을 넘어서는 새로운 대안이 될 수 있다.

한국의 과학기술혁명은 여전히 진행 중이다. 지금까지 엄청난 성공을 거두었지만 그 미래가 낙관적일지 아니면 비관적일지 예측하기가 쉽지 않다. 그 성공의 기간이 일시적일지 아니면 장기적일지 전망하는 것 역시 어렵다. 이미 예상되거나 예상치 못한 크고 작은 시련들이 앞으로의 과학기술 발전에 걸림돌로 등장할 것이다. 그럼에도 분명한 사실은 한국의 과학기술 성취는 지금까지만 보더라도 국내는 물론 세계적으로도 대단히 파격적이라는 점이다. 무엇보다 개도국들이 낙후한 과학기술을 어떻게 선진 수준으로 발전시킬 수 있는가라는 세계적 난제를 명쾌하게 풀었기 때문이다.

이솝 우화의 "토끼와 거북이"에서 느린 거북이와 같았던 한국이 세계적으로 전개된 과학기술 경주에서 수많은 나라들을 앞질렀다. 이는 선진국들의 과학기술을 본보기로 삼아 크게 두 가지 방식이 가미됨으로써 이루어졌다. 하나는 과학기술 제도로 발전 경로를 효과적으로 열어나갔다는 점이고, 다른 하나는 주자의 활동 역량을 남다른 실행 방식을 통해 막강하게 키웠던 점이다. 다시 말해, 이 책에서 제시하고 있는 '제도-실행 도약론'에 따라 거북이가 효과적인 경로를 찾아 빠른 속도로 달려나갔던 것이다. 현재는 이러한 발전 방식을 세계 곳곳의 또 다른 거북이들이 받아들여 과학기술 추격전을 더 거세게 벌이고 있다.[17] 그들 중에는 한국보다 더 미래 지향적이고 창의적인 제도와 실행, 그리고 그것들의 결합을 이루어내는 나라들도 등장할 수 있다. 소수가 아닌 수많은 거북이들이 참여해 부지런한 토끼들과 벌이는 과학기술 경주는 이제부터 본격화되고 있다. 토끼와 거북이의 새로운 우화가 과학기술 무대에서 흥미진진하게 펼쳐지고 있는 것이다.

1장 한국 과학기술의 패러독스

1. 이 책에서 한국의 과학과 기술은 1945년 해방 이후 한반도 남쪽 지역에서 전개된 이 공(理工) 분야를 주로 지칭하며 '과학기술'로 부르려고 한다. 과학기술이라는 말이 실제로 널리 사용되고 있을 뿐 아니라 한국적 특성을 잘 드러내고 있기 때문이다. 그 특성과 의미에 대해서는 2장과 4장에서 자세히 논의할 것이다.

2. "아시아의 네 마리 용"은 Ezra F. Vogel, *The Four Little Dragons: The Spread of Industrialization in East Asia* (Cambridge: Harvard University Press, 1993)에서 보듯 원래는 이들 국가의 놀라운 경제 발전을 표현하기 위해 사용했으나 이후에는 과학기술 논의에서도 널리 쓰이고 있다.

3. Michelle Jamrisko, "These Are the World's Most Innovative Economies: South Korea Dominates the Index, with Germany and Sweden Taking Silver and Bronze", *BloombergBusiness* (2016. 1. 19).

4. 어떤 측면을 중요하게 보느냐에 따라 한국의 과학기술 순위는 달라질 수 있는데, 여기서 제시한 지표는 OECD에서 핵심적으로 사용하고 있는 것들이다. Caroline S. Wagner, Irene Brahmakulam, Brian Jackson, Anny Wong, and Tatsuro Yoda, *Science and Technology Collaboration: Building Capacity in Developing Countries?* (RAND, 2001)는 연구개발비와 연구 인력(×3)을 가장 중요하게, 다음으로 논문 편수와 특허 건수(×2), 끝으로 연구기관 수와 미국 유학생 규모(×1) 등을 차등화해서 지표로 삼고 있다.

5. 과학기술 지표들 가운데 SCI 논문 편수의 순위가 유달리 낮은데 이는 국내에서 발표되는 논문의 대부분이 포함되지 않는 점과도 관련이 있다. 국내 논문 편수는 SCI 논문 편수를 상회할 것으로 보인다.

6. OECD, "Main Science and Technology Indicators"(2016); 미래창조과학부·한국과학기술기획평가원, 『과학기술통계백서』(2016). 한국의 과학·기술·산업 평가는 OECD,

"Science, Technology, and Industry Scoreboard 2015: Korea Highlights"(2015)에 잘 나와 있다. 2014년에 한국은 국내총생산(GDP) 대비 연구개발비가 4.3%로 이스라엘(4.1%)을 넘어 세계 1위로 올라섰다. 일본(3.6%)을 제외한 거의 모든 선진국들은 2~3% 수준에 머무르고 있다.

7. Michael Hobday, *Innovation in East Asia: The Challenge to Japan* (Cheltenham, UK: Edward Elgar, 1995), p. 15. 당시 한국에서 연구개발은 공공 연구소에서만 매우 낮은 수준으로 수행되었고 그 액수는 국민총생산(GNP)의 0.2%에 불과했다.

8. Sungchul Chung, "Innovation, Competitiveness and Growth: Korean Experiences", Justin Yifu Lin and Boris Pleskovic eds., *Lessons from East Asia and the Global Financial Crisis* (Washington DC: The World Bank, 2011), pp. 333-57; Joel R. Campbell, "Building an IT Economy: South Korean Science and Technology Policy", *Issues in Technology Innovation* 19(2012), pp. 1-9. 한편, 1980년대 세계의 과학을 다룬 Robert M. May, "The Scientific Wealth of Nations", *Science* 275(2 July 1997), pp. 793-96에는 거대 국가 중국과 인도만이 거론되고 있으나 1990년대를 다룬 David A. King, "The Scientific Impact of Nations", *Nature* 430(15 July 2004), pp. 311-16에서는 한국을 비롯한 아시아의 신흥 공업국들이 중요하게 포함되어 있다.

9. 2003년 이래 2016년까지 한국의 "과학기술인명예의전당"에 오른 근현대 시기의 과학자들은 총 21명에 이른다. (http://www.kast.or.kr/HALL/).

10. Joseph Ben-David, *The Scientist's Role in Society: A Comparative Study* (Englewood Cliffs: Prentice-Hall Inc., 1971); Peter L. Galison, *Image and Logic: A Material Culture of Microphysics* (Chicago: University of Chicago Press, 1997).

11. 유럽 중심적 과학 이해의 문제에 대해서는 John V. Pickstone, "Working Knowledge Before and After circa 1800: Practices and Disciplines in the History of Science, Technology, and Medicine", *Isis* 98-3(2007), pp. 489-516; David Wade Chambers and Richard Gillespie, "Locality in the History of Science: Colonial Science, Technoscience, and Indigenous Knowledge", *Osiris* 15(2000), pp. 221-40에 서술되어 있다.

12. Wesley Shrum and Yehouda Shenhav, "Science and Technology in Less Developed Countries", Sheila Jasanoff, Gerald E. Markle, James C. Peterson, and Trevor Pinch eds., *Handbook of Science and Technology Studies* (Thousand Oaks, California: Sage Publications, 1995), pp. 627-51. 비록 개도국의 과학기술과 관련한 연구 성과가 이후에 많이 얻어졌음에도 이러한 문제는 크게 개선되지 않은 상태다.

13. 선진국의 과학기술 논의에서 지식의 창출, 확산, 이용(utilization)에서 보듯 이용이라는 말은 많이 쓰이고 있으나 이는 기본적으로 지식 생산에 초점을 맞춰 그 파생 및 부수 효과로서의 의미를 강하게 지닌다.

14. Thomas S. Kuhn, *The Structure of Scientific Revolutions* (Chicago: University of Chicago Press, 1962). 번역본으로 토머스 S. 쿤, 김명자·홍성욱 옮김, 『과학혁명의 구조』 제4판, 까치, 2013이 있다.

15. 피인용도가 높은 몇몇 책과 논문을 보면, 학술서로 Richard R. Nelson ed., *National Systems of Innovation: A Comparative Study* (Oxford: Oxford University Press, 1993); Linsu Kim, *Imitation to Innovation: The Dynamics of Korea's Technological Learning* (Cambridge: Harvard Business School Press, 1997); Linsu Kim and Richard R. Nelson eds., *Technology, Learning, and Innovation: Experiences of Newly Industrializing Economies* (Cambridge: Cambridge University Press, 2000); Philippe Larédo and Philippe Mustar eds., *Research and Innovation Policies in the New Global Economy: An International Comparative Analysis* (Cheltenham: Edward Elgar Publishing, 2001); Jang-Sup Shin, *The Economics of the Latecomers: Catching-up, Technology Transfer and Institutions in Germany, Japan and South Korea* (New York: Routledge, 1996); John A. Mathews and Dong-Sung Cho, *Tiger Technology: The Creation of a Semiconductor Industry in East Asia* (Cambridge: Cambridge University Press, 2000); J. L. Enos and W. H. Park, *The Adoption and Diffusion of Imported Technology: The Case of Korea* (London: Croom Helm, 1988); Martin Fransman and Kenneth King, *Technological Capability in the Third World* (London: Macmilllan Press, 1984) 등이, 논문으로 Linsu Kim and Carl J. Dahlman, "Technology Policy for Industrialization: An Integrative Framework and Korea's Experience", *Research Policy* 21-5(1992); Linsu Kim, "Crisis Construction and Organizational Learning: Capability Building in Catching-up at Hyundai Motor", *Organization Science* 9-4(1998); Harvey Brooks, "The Relation between Science and Technology", *Research Policy* 23(1994); Maximilian von Zedtwitz and Oliver Gassmann, "Market versus Technology Drive in R&D Internationalization: Four Different Patterns of Managing Research and Development", *Research Policy* 31(2002); Edwin Mansfield and Jeong-Yeon Lee, "The Modern University: Contributor to Industrial Innovation and Recipient of Industrial R&D Support", *Research Policy* 25(1996); Jan Fagerberg, "A Technology Gap Approach to Why Growth Rates Differ", *Research Policy* 16-2~4(1987); Sanjaya Lall, "Technological

Capabilities and Industrialization", *World Development* 20-2(1992); Américo Tristão Bernardes and Eduardo da Motta e Albuquerque, "Cross-over, Thresholds, and Interactions between Science and Technology: Lessons for Less-developed Countriesa", *Research Policy* 32(2003); Loet Leydesdorff and Ping Zhou, "Are the Contributions of China and Korea Upsetting the World System of Science?", *Scientometrics* 63-3(2005); Sheila Jasanoff and Sang-Hyun Kim, "Containing the Atom: Sociotechnical Imaginaries and Nuclear Power in the United States and South Korea", *Minerva* 47(2009); Michael Hobday, Howard Rush, and John Bessant, "Approaching the Innovation Frontier in Korea: The Transition Phase to Leadership", *Research Policy* 33(2004); K Pavitt, "The Social Shaping of the National Science Base", *Research Policy* 27(1998); Eduardo da Motta e Albuquerque, "Scientific Infrastructure and Catching-Up Process: Notes about a Relationship Illustrated by Science and Technology Statistics", *Revista Brasileira de Economia* 55-4(2001); Ishtiaq P. Mahmood and Jasjit Singh, "Technological Dynamism in Asia", *Research Policy* 32(2003); Cheng-Fen Chen and Graham Sewell, "Strategies for Technological Development in South Korea and Taiwan: The Case of Semiconductors", *Research Policy* 25-5(1996); Han Woo Park, Heung Deug Hong, and Loet Leydesdorff, "A Comparison of the Knowledge-based Innovation Systems in the Economies of South Korea and the Netherlands Using Triple Helix Indicators", *Scientometrics* 65-1(2005) 등이 있다. http://scholar.google.com(2016. 9. 16 접속).

16. George Basalla, "The Spread of Western Science", *Science* 156(5 May 1967), pp. 611-22; David Wade Chambers and Richard Gillespie, "Locality in the History of Science: Colonial Science, Technoscience, and Indigenous Knowledge", *Osiris* 15(2001), pp. 221-40.

17. 일례로 Morteza Raei Dehaghi and Masoud Goodarzi, "Reverse Engineering: A Way of Technology Transfer in Developing Countries like Iran", *International Journal of e-Education, e-Business, e-Management and e-Learning* 1-5(2011), pp. 347-53을 참고할 수 있다.

18. 기업 차원에서 일어난 한국의 기술 혁신에 대한 그간의 논의를 잘 정리한 연구로는 Youngrak Choi, "Korean Innovation Model, Revisited", *STI Policy Review* 1-1(2010), pp. 93-109, 과학기술 정책과 산업 정책의 연관을 개관한 연구로는 Won-Young Lee, "The Role of Science and Technology Policy in Korea's Industrial Development", Linsu Kim and Richard R. Nelson eds., *Technology, Learning, and Innovation: Experiences of Newly Industrializing Economies* (Cambridge: Cambridge University Press, 2000), pp. 269-90

이 있다.

19. 김인수 저, 임윤철·이호선 역,『모방에서 혁신으로』, 시그마인사이트컴, 2000. 이 책
은 Linsu Kim, *Imitation to Innovation: The Dynamics of Korea's Technological Learning*
(Cambridge: Harvard Business School Press, 1997) 번역본이다.

20. 이근,『동아시아와 기술추격의 경제학: 신슘페터주의적 접근』, 박영사, 2007; Keun
Lee and Chaisung Lim, "Technological Regimes, Catching-up and Leapfrogging:
Findings from the Korean Industries", *Research Policy* 30(2001), pp. 459-83.

21. 한국의 과학기술 도약이 얼마나 혁명적인지 그 성격과 이유는 3장에서 더 자세히 살
펴볼 것이다. *Harvard Asia Pacific Review* 6-2(2002)는 그 이유를 밝히고 있지 않으나
특집 제목을 "The Scientific Revolution in Asia"로 달았다.

22. 과학과 기술은 제도, 실행, 지식 전통의 이질적 복합체라고 말할 수 있다. Fa-ti Fan,
"Redrawing the Map: Science in Twentieth-Century China", *Isis* 98-3(2007), pp. 524-
38; Paul. L. Gardner, "The Relationship between Technology and Science: Some Histor-
ical and Philosophical Reflections. Part I", *International Journal of Technology and Design
Education* 4(1994), pp. 123-53.

23. 휴즈의 기술시스템은 전등 및 전력시스템에서 보듯 조직, 인공물, 자연자원, 과
학, 교육, 법 등 과학기술적, 사회문화적 요소들로 구성되며 이러한 구성 요소
들이 서로 상호작용을 하는 체계다. Thomas P. Hughes, "The Evolution of Large
Technological Systems", Wiebe E. Bijker, Thomas P. Hughes, and Trevor Pinch eds., *The
Social Construction of Technological Systems: New Directions in the Sociology and History of
Technology* (Cambridge: MIT Press, 1989), pp. 51-82; Renate Mayntz and Thomas P.
Hughes eds., *The Development of Large Technical Systems* (Boulder: Westview Press, 1988).

24. Richard R. Nelson ed., *National Systems of Innovation: A Comparative Study* (Oxford:
Oxford University Press, 1993); 송위진,『기술혁신과 과학기술정책』, 르네상스, 2006.

25. Jae-Yong Choung, Hye-Ran Hwang, and Heeseung Yang, "The Co-evolution of
Technology and Institution in the Korean Information and Communications Industry",
International Journal of Technology Management 38-1~3(2006), pp. 249-66은 한국 정보
통신의 발전이 기술과 제도의 공진화를 통해 이루어졌다고 주장하며 제도를 그 중요
한 일부로 삼고 있다.

1. 일례로, 이문규·정원·강미화·김재상·김화선·선유정·신미영, 『과학사 산책』, 소리내, 2015를 보더라도 서구 국가들이 주도한 근현대 과학기술의 역사를 엿볼 수 있다.

2. 로버트 B. 마르크스 지음, 윤영호 옮김, 『어떻게 세계는 서양이 주도하게 되었는가』, 사이, 2014는 일부 과학기술과 사회의 결합이 빚어낸 위력을 생생히 보여주고 있다.

3. David Wade Chambers and Richard Gillespie, "Locality in the History of Science: Colonial Science, Technoscience, and Indigenous Knowledge", *Osiris* 15(2001), pp. 221-40; Jürgen Renn ed., *The Globalization of Knowledge in History* (epubli: Germany, 2012).

4. Grant K. Goodman, *Japan and the Dutch 1600-1853* (Richmond: Curzon Press, 2000).

5. Michela Fontana, *Matteo Ricci: A Jesuit in the Ming Court* (Lanham, MD: Rowman & Littlefield Publishers, 2011).

6. 박성래, "한·중·일의 서양 과학수용: 1800년 이전의 근대과학 잠재력 비교", 『한국과학사학회지』 3-1, 1981, 85-92쪽.

7. 번역의 부재는 한국이 이웃에 위치한 중국이나 일본과 다른 독특한 점의 하나로 중국 번역서를 직접 읽을 수 있는 식자층이 존재했고 한편으로 그 집단의 규모가 상대적으로 작았다는 사실 등이 영향을 미쳤던 것으로 보인다.

8. 일본에서 과학 용어의 등장과 정착 과정은 김성근, "일본의 메이지 사상계와 '과학'이라는 용어의 성립과정", 『한국과학사학회지』 25-2, 2003, 131-46쪽, 과학이 한국에 소개된 것에 대해서는 김성근, "동아시아에서 "자연(nature)"이라는 근대어휘의 탄생과 정착: 일본과 한국의 사전류를 중심으로", 『한국과학사학회지』 32-2, 2010, 259-89쪽, 특히 286쪽에 나와 있다.

9. 한국에서 과학과 기술의 관계가 역사적으로 변모하는 과정에 대해서는 4장에서 더 구체적으로 살피게 될 것이다.

10. 이와 비슷한 의미를 지닌 "개발을 위한 과학(science for development)"이, 특히 개도국을 겨냥해서 국제적으로 널리 통용된 시기는 1980년대부터였다. Gili S. Drori, John W. Meyer, Francisco O. Ramirez, and Evan Schofer eds., "The Discourses of Science Policy", *Science in the Modern World Polity: Institutionalization and Globalization* (Stanford: Stanford University Press, 2003), pp. 100-13.

11. 이와 비슷한 주장을 담고 있는 연구자들의 글로는 Paul Forman, "The Primacy of Science in Modernity, of Technology in Postmodernity, and of Ideology in the History

of Technology", *History and Technology* 23(2007), pp. 1-152; Jennifer Karns Alexander, "Thinking Again about Science in Technology", *Isis* 103-3(2012), pp. 518-26; Michael Gibbons, Camille Limoges, Helga Nowotny, Simon Schwartzman, Peter Scott, and Martin Trow, *The New Production of Knowledge: The Dynamics of Science and Research in Contemporary Societies* (London: Sage Publications, 1994) 등이 있다.

12. 이후 개도국들의 과학기술 변화 방향도 크게 다르지 않기에 '개발연구'는 한국을 넘어 후발국 과학기술이 보여주는 중요한 일반적 특징의 하나다. V. V. Krishna, Roland Waast, and Jacques Gaillard, "The Changing Structure of Science in Developing Countries", *Science, Technology, and Society* 5-2(2000), pp. 209-24. 연구와 개발이라는 용어가 서구 과학기술의 역사적 맥락에서 형성된 용어라는 점은 Benoît Godin, "The Linear Model of Innovation: The Historical Construction of a Analytical Framework", *Science, Technology, and Human Values* 31-6(2006), pp. 639-67; "Research and Development: How the 'D' Got into R&D", *Science and Public Policy* 33-1(2006), pp. 59-76 을 통해 알 수 있다.

13. 개도국에서 과학과 기술의 관계에 대한 중요한 논의의 하나는 Américo Tristão Bernardes and Eduardo da Motta e Albuquerque, "Cross-over, Thresholds, and Interactions between Science and Technology: Lessons for Less-developed Countries", *Research Policy* 32(2003), pp. 865-85로 이들은 개도국의 발전에서 특히 현대에 들수록 모방과 창출은 양면으로 과학이 그 "진입 티켓(entry ticket)"으로 중요하다는 점을 제시하고 있다.

14. 김영식, 『과학혁명—전통적 관점과 새로운 관점』, 아르케, 2001, 209-23쪽; 송성수, 『기술혁신이란 무엇인가』, 생각의힘, 2014, 7-26쪽; Paul. L. Gardner, "The Relationship between Technology and Science: Some Historical and Philosophical Reflections. Part I", *International Journal of Technology and Design Education* 4(1994), pp. 123-53.

15. Sungook Hong, "Historiographical Layers in the Relationship between Science and Technology," *History and Technology* 15-4(1999), pp. 291-96; Ana Cuevas, "The Many Faces of Science and Technology Relationship", *Essays in Philosophy* 6-1(2005), pp. 1-23; 도널드 스토크스 지음, 윤진효·이준영·고용수·윤성식·홍정진 옮김, 『파스퇴르 쿼드런트: 과학과 기술의 관계 재발견』, 북&월드, 2007.

16. Karen Kastenhofer and Astrid Schwarz, "Probing Technoscience", *Poiesis Prax* 8-2(2011), pp. 61-65; Barry Barnes, "Elusive Memories of Technoscience", *Perspectives on Science* 13-

2(2005), pp. 142-65.

17. Barry Barnes, "Elusive Memories of Technoscience", *Perspectives on Science* 13-2(2005), pp. 142-65. 독일 Technische Universität Darmstadt가 추진 중인 "Genesis and Ontology of Technoscientific Objects: GOTO" 프로젝트에서 정리한 "Science vs. Technoscience" 를 대표적인 예로 들 수 있다. 이 경우에도 Technoscience와 과학기술 사이에는 차이점이 존재하는데, 그에 대해서는 추가적인 연구가 필요하다.

18. 한국의 과학기술을 Scientechnology 혹은 Scientific Technology라는 말로 부를 수도 있으나 이보다는 Scientech가 Technoscience와도 대비되는 더 간결한 표현이라고 생각한다. 실제로 Tech는 바이오텍 등에서 보듯 Technology를 뜻하는 의미로 축약해서 널리 사용되고 있다.

19. 과학자사회와 기술자사회의 유사성과 차이점은 Norman Clark, "Similarities and Differences between Scientific and Technological Paradigms", *Futures* 19-1(1987), pp. 26-42; Paul. L. Gardner, "The Relationship between Technology and Science: Some Historical and Philosophical Reflections. Part II", *International Journal of Technology and Design Education* 5(1995), pp. 1-33에 비교되어 있고, 이로부터 개도국 과학기술자사회에 대한 여러 시사점을 얻을 수 있다.

20. 미국의 물리학자들을 중심으로 한 과학자사회에 대해서는 Daniel J. Kevles, *The Physicists: The History of a Scientific Community in Modern America* (New York: Vintage Books, 1979)를 통해 이해할 수 있다.

21. 머튼(Robert K. Merton)은 과학자사회의 내적 규범으로 보편성, 공유성, 이해초월성, 조직화된 회의주의를 제시한 적이 있다. 로버트 K. 머튼 지음, 석현호·양종회·정창수 옮김, 『과학사회학 I』, 민음사, 1998, 502-21쪽.

22. 개도국의 과학자사회에 대한 종합적인 사례 연구로는 Jacques Gaillard, V. V. Krishna, and Roland Waast eds., *Scientific Communities in the Developing World* (London: Sage Publication, 1997)를 대표적으로 들 수 있다.

23. 후발국에서 정치권력이 과학기술에 개입하는 방식은 다양하고 그 효과도 상당한 차이를 보인다. Jacques Gaillard, V. V. Krishna, and Roland Waast eds., *Scientific Communities in the Developing World* (London: Sage Publication, 1997); Muhammad Shahidullah, "Institutionalization of Modern Science and Technology in Non-Western Societies: Lessons from Japan and India", *Knowledge: Creation, Diffusion, Utilization* 6-4(1985), pp. 437-60. 최근에 나타나고 있는 과학과 정치의 관계는 Daniel Barben,

"Changing Regimes of Science and Politics: Comparative and Transnational Perspectives for a World in Transition", *Science and Public Policy* 34-1(2007), pp. 55-69를 참조할 수 있다.

24. 한국 과학자사회의 다양한 측면은 김환석·김동광·조혜선·박진희·박희제, 『한국의 과학자사회: 역사, 구조, 사회화』, 궁리, 2010; 엔지니어에 관해서는 Kyonghee Han and Gary Lee Downey, *Engineers for Korea* (San Rafael, California: Morgan & Claypool Publishers, 2014)를 중요하게 참고할 수 있다.

25. 김근배, "식민지 과학기술을 넘어서―근대 과학기술의 한국적 진화―", 『한국근현대사연구』 58, 2011, 특히 268-71쪽; 김동광, "해방 공간과 과학자사회의 이념적 모색", 『과학기술학연구』 6-1, 2006, 89-118쪽.

26. 김근배, "해방 이후의 과학기술계", 박성래·신동원·오동훈 편, 『우리 과학 100년』, 현암사, 2001, 154-59쪽.

27. 1950~70년대 원자력 분야에서 과학기술자와 정부의 관계는 Buhm Soon Park, "Technonationalism, Technology Gaps, and the Nuclear Bureaucracy in Korea, 1955-1973", Youngsoo Bae and Buhm Soon Park eds., *Bridging the Technology Gap: Historical Perspectives on Modern Asia* (Seoul: Seoul National University Press, 2013), pp. 153-97을 통해 살펴볼 수 있다.

28. Geun Bae Kim, "An Anatomical Chart of South Korean Science and Technology in the 1960s: Their Relationships with Political Power", *East Asian Science, Technology and Society: An International Journal* 5-4(2011), pp. 529-42; 강미화, "한국 과학자사회와 정부의 관계 변화―1960~70년대 한국과학기술단체총연합회를 중심으로―", 전북대학교 박사학위논문, 2015.

29. 생명공학 사례에 대한 연구로는 신향숙, "1980년대 한국에서 유전공학의 등장과 제도화", 전북대학교 박사학위논문, 2013이 있다.

30. 한국 과학기술자사회의 일부 특성은 김근배, "식민지 과학기술을 넘어서―근대 과학기술의 한국적 진화―", 『한국근현대사연구』 58, 2011, 252-83쪽, 특히 277쪽에 간략히 소개되어 있다.

31. 인도, 파키스탄, 브라질, 이라크 등에서 발생한 이와 관련한 문제를 지적한 글로는 José Goldemberg, "What is the Role of Science in Developing Countries?", *Science* 279(20 February 1998), pp. 1140-41이 있다.

32. 제임스 E. 매클렐란 3세·해럴드 도른 지음, 전대호 옮김, 『과학과 기술로 본 세계사

강의』, 모티브북, 2006, 546-48쪽.

33. 흔히 연구 성과의 중요한 척도로 사용되는 SCI 논문은 1990년대 초반 당시 선진국에서 발간되는 과학기술저널이 대부분을 차지하고 개도국에서 발간되는 경우는 2% 정도만이 포함되어 있었다. Jacques Gaillard, "The Behaviour of Scientists and Scientific Communities", Jean-Jacques Salomon, Francisco R. Sagasti, and Céline Sachs-Jeantet eds., *The Uncertain Quest: Science, Technology, and Development* (Tokyo: United Nations University Press, 1994), p. 224.

34. Christopher Freeman and Luc Soete, "Developing Science, Technology and Innovation Indicators: What We Can Learn from the Past", UNU-MERIT Working Paper Series(2007), pp. 1-19.

35. 기술의 특성과 그 발전 양상을 다룬 Rachel Laudan ed., *The Nature of Technological Knowledge. Are Models of Scientific Change Relevant?* (Dordrecht: D. Reidel Publishing Co., 1984)는 개도국의 과학기술 발전 이해에도 부분적으로 유용하게 참조할 수 있다.

36. Daniele Archibugi and Alberto Coco, "A New Indicator of Technological Capabilities for Developed and Developing Countries (ArCo)", *World Development* 32-4(2004), pp. 629-54는 선진국과 개도국의 기술 능력을 '기술 성과', '기술 인프라', '인력 수준'으로 평가할 것을 제시하고 있다.

37. Web of Science Website (http://wokinfo.com/products_tools/analytical/jcr/); OECD, *Frascati Manual 2002: Proposed Standard Practice for Surveys on Research and Experimental Development* (OECD Publication Service, 2002).

38. Fred Gault ed., *Handbook of Innovation Indicators and Measurement* (Cheltenham, UK: Edward Elgar, 2013).

39. 지금까지 개도국의 과학기술 발전에 대한 연구는 선진국처럼 연구 성과를 핵심 지표로 삼고 있으며 그 사회적 연관이나 제도적 기반은 설령 고려하더라도 부수적인 것들로 간주하는 경향이 강하다. 물론 과학기술, 그중에서도 특히 기술을 다양한 조직들과 그들의 관계라는 혁신체제론(innovation system) 시각에서 바라보는 주장도 있으나 이는 과학기술 자체에 대한 이해와 분석이 상대적으로 경시되고 있다는 점에서 상반된 한계를 지닌다.

40. 2012년 OECD Frascati Manual은 개도국의 과학기술을 연구개발에 초점을 맞추되 통상적인 방식보다 다양한 요소들을 포함해서 주목했다면 여기서는 과학기술 전반

과 함께 그 인프라에 해당되는 요소들까지 고려하고 있다는 점에서 서로 간에 차이가 존재한다. OECD, "Measuring R&D in Developing Countries: Annex to the Frascati Manual"(OECD Publication Service, 2012).

41. 인도, 중국, 베트남, 쿠바, 북한 등처럼 독자적인 과학기술 발전 전략을 구사한 적이 있던 나라들은 그 해당 기간 동안 상당한 지체를 겪었다. Franklin A. Long and Alexandra Oleson eds., *Appropriate Technology and Social Values: A Critical Appraisal* (Cambridge, MA: Ballinger, 1980); Charles V. Schwab, "Appropriate Technology for Socioeconomic Development in Third World Countries", *The Journal of Technology Studies* 26-1(2000).

42. Gili S. Drori, John W. Meyer, Francisco O. Ramirez, and Evan Schofer eds., ""Styles" of Science: Variations in Global Science", *Science in the Modern World Polity: Institutionalization and Globalization* (Stanford: Stanford University Press, 2003), pp. 196-213. 선진국에서 과학의 국가적 스타일에 대한 사례 연구로는 Jonathan Harwood, "National Styles in Science: Genetics in Germany and the United States between the World Wars", *Isis* 78-3(1987), pp. 390-414; Mary Jo Nye, "National Styles? French and English Chemistry in the Nineteenth and Early Twentieth Centuries", *Osiris* 8(1993), pp. 30-49 등이 있다.

43. 박성래·신동원·오동훈 편, 『우리 과학 100년』, 현암사, 2001; 김영우·최영락·이달환·이영희·하헌표·오동훈, 『한국 과학기술정책 50년의 발자취』, 과학기술정책관리연구소, 1997.

3장 얼마나 혁명적인가?

1. 제임스 E. 매클렐란 3세·해럴드 도른 공저, 전대호 옮김, 『과학과 기술로 본 세계사 강의』, 모티브북, 2006, 540-66쪽; *Social Studies of Science* 31-2(2001)의 특집호 "Science in the Cold War".

2. 20세기 중반 이후 과학기술에 대한 인식의 변화는 지나 콜라타 지음, 이한음 옮김, 『복제양 돌리』, 사이언스북스, 1998에 소개되어 있다.

3. 서구에서 16~17세기의 과학혁명도 상당히 오랜 기간에 걸쳐 일어난 장기적인 사건이었다. 피터 디어 지음, 정원 옮김, 『과학혁명—유럽의 지식과 야망, 1500-1700』, 뿌리와

이파리, 2011.

4. 대체적으로 볼 때 동아시아 국가들은 '사회경제 중심의 전략'을, 남아메리카의 국가 들은 '과학기술 중심의 전략'을 추구했다. Michael Hobday, *Innovation in East Asia: The Challenge to Japan* (Cheltenham, UK: Edward Elgar, 1995); Charles Cooper ed., *Science, Technology and Development: The Political Economy of Technical Advance in Underdeveloped Countries* (London: Frank Cass & Co., 1973); Sanjaya Lall, "Technological Capabilities and Industrialization", *World Development* 20-2(1992), pp. 165-86; Henry Etzkowitz and Sandra N. Brisolla, "Failure and Success: The Fate of Industrial Policy in Latin America and South East Asia", *Research Policy* 28(1999), pp. 337-50.

5. 과학기술 중심지의 변동과 기술 혁신의 역사적 추이는 Joseph Ben-David, *The Scientist's Role in Society: A Comparative Study* (Englewood Cliffs: Prentice-Hall Inc., 1971); Chris Freeman, "The 'National System of Innovation' in Historical Perspective", *Cambridge Journal of Economics* 19(1995), pp. 5-24 등에 잘 나타나 있다.

6. Loet Leydesdorff and Caroline Wagner, "Is the United States Losing Ground in Science? A Global Perspective on the World Science System", *Scientometrics* 78-1(2009), pp. 23-36; Richard R. Nelson and Gavin Wright, "The Rise and Fall of American Technological Leadership: The Postwar Era in the Historical Perspective", *Journal of Economic Literature* 30-4(1992), pp. 1931-64.

7. 일례로, 한국이나 중국의 놀라운 과학기술 발전을 주목하는 Loet Leydesdorff and Ping Zhou, "Are the Contributions of China and Korea Upsetting the World System of Science?", *Scientometrics* 63-3(2005), pp. 617-30; R. D. Shelton and P. Foland, "The Race for World Leadership of Science and Technology: Status and Forecasts", *Proceedings of the 12th International Conference on Scientometrics and Informetrics* (2009), pp. 369-80; Yu Xie, Chunni Zhang, and Qing Lai, "China's Rise as a Major Contributor to Science and Technology", *PNAS* 111-26(2014), pp. 9437-42 등이 있다.

8. David A. King, "The Scientific Impact of Nations", *Nature* 430(15 July 2004), pp. 311-16; Loet Leydesdorff and Ping Zhou, "Are the Contributions of China and Korea Upsetting the World System of Science?", *Scientometrics* 63-3(2005), pp. 617-30; Marcelo Hermes-Lima, Natacha C. F. Santos, Antonieta C. R. Alencastro, and Sergio T. Ferreira, "Whither Latin America? Trends and Challenges of Science in Latin America", *IUBMB Life* 59-4~5(2007), pp. 199-210; Muhammed Miah and Adnan Omar, "Technology

Advancement in Developing Countries during Digital Age", *International Journal of Science and Applied Information Technology* 1-1(2012) (www.warse.ijatcse.current).

9. Manuel M. Godinho and Jan Fagerberg, "Innovation and Catching-up", Jan Fagerberg, David C. Mowery, and Richard R. Nelson eds., *The Oxford Handbook of Innovation* (Oxford: Oxford University Press, 2004), pp. 514-42.

10. Daniele Archibugi and Carlo Pietrobelli, "The Globalisation of Technology and Its Implications for Developing Countries: Windows of Opportunity or Further Burden?", *Technological Forecasting and Social Change* 70(2003), pp. 861-83.

11. 한국과 일본의 경제 발전을 기술을 포함하여 설명한 선구적인 연구 저작으로는 Chalmers Johnson, *MITI and the Japanese Miracle: The Growth of Industrial Policy, 1925-1975* (Chicago: University of Chicago Press, 1982); Alice H. Amsden, *Asia's Next Giant: South Korea and Late Industrialization* (Oxford: Oxford University Press, 1989) 등이 있다.

12. 김근배, 『한국 근대 과학기술인력의 출현』, 문학과지성사, 2005.

13. 김근배, "식민지 과학기술을 넘어서—근대 과학기술의 한국적 진화—", 『한국근현대사연구』 58, 2011, 277-78쪽; 니시노 준야, "한국의 산업정책 변화와 일본으로부터의 학습: 1960~70년대를 중심으로", 연세대학교 박사학위논문, 2005.

14. 김영식, "동아시아 과학사에서 근대 일본의 문제", 『동아시아 과학의 차이』, 사이언스북스, 2013, 157-67쪽; Eikoh Shimao, "Some Aspects of Japanese Science, 1868-1945", *Annals of Science* 46(1989), pp. 69-91; James R. Bartholomew, *The Formation of Science in Japan: Building a Research Tradition* (New Haven: Yale University Press, 1989), pp. 49-198; 테사 모리스 스즈키 지음, 박영무 옮김, 『일본 기술의 변천』, 한승, 1998, 93-131쪽. 다른 과학 분야에 비해 수준이 떨어진다고 여겨졌던 물리학의 경우 20세기 초반 (1901~40)에 일본인이 *Nature*에만 318편의 논문을 게재한 사실이 Dong-Won Kim, "Two Different Influences on the Japanese Physics Community in the Early Twentieth Century," *Historia Scientiarum* 7-2(1997), p. 128에 밝혀져 있다.

15. 도쿠가와 시대와 메이지유신의 과학기술 관계에 대해서는 연속성을 지지하는 입장과 불연속성을 지지하는 입장으로 나뉘어 여전히 뜨거운 논쟁이 벌어지고 있다. 그럴지라도 한국과 비교해보면 양자 사이에는 과학기술의 연속성이 훨씬 뚜렷하게 드러난다. Morris Fraser Low, "The Butterfly and the Frigate: Social Studies of Science in Japan", *Social Studies of Science* 19-2(1989), pp. 324-26; James R. Bartholomew, *The*

Formation of Science in Japan: Building a Research Tradition (New Haven: Yale University Press, 1989), pp. 9-48; 테사 모리스 스즈키 지음, 박영무 옮김, 『일본 기술의 변천』, 한승, 1998, 25-90쪽.

16. 박성래, "한·중·일의 서양과학 수용", 『한국과학사학회지』 3-1, 1981, 85-92쪽; 박성래, 『한국사에도 과학이 있는가』, 교보문고, 1998, 197-208쪽.

17. Scott L. Montgomery, *Science in Translation: Movements of Knowledge through Cultures and Time* (Chicago: University of Chicago Press, 2000), pp. 217-26; Tessa Morris-Suzuki, "The Great Translation: Traditional and Modern Science in Japan's Industrialisation", *Historia Scientiarum* 5-2(1995), pp. 103-16.

18. 김근배, "식민지 과학기술을 넘어서―근대 과학기술의 한국적 진화―", 『한국근현대사연구』 58, 2011, 277-78쪽.

19. Michael Hobday는 그의 책 *Innovation in East Asia: The Challenge to Japan* (Cheltenham, UK: Edward Elgar, 1995), p. 3에서 한국을 비롯한 네 마리 용을 일본보다 단기간에 뛰어난 성취를 거둔 "진정한 후발주자"(genuine latecomer)라고 주장하고 있다.

20. 한국과 일본의 산업기술 연구개발에서 보이는 유사점과 차이점은 Mariko Sakakibara and Dong-Sung Cho, "Cooperative R&D in Japan and Korea: A Comparison of Industrial Policy", *Research Policy* 31(2002), pp. 673-92에 비교적 자세히 서술되어 있다.

21. 김용열, "한국의 대일 시장추격과 기술추격", 『일본연구논총』 34, 2011, 5-30쪽.

22. 일례로 Vuk Uskoković, Milica Ševkušić, and Dragan P. Uskoković, "Strategies for the Scientific Progress of the Developing Countries in the New Millennium", *Science, Technology & Innovation Studies* 6-1(2010), p. 36에서 필자들은 "한국은 과학 발전의 태동 단계에 있는 수많은 국가들에게 본보기가 되고 있다(set an example)"고 말하고 있다.

23. 한국과 과학기술 발전 경험을 교류하고 있는 나라들과 그 주요 사업은 이우성, "우리나라의 과학기술 ODA 현황과 발전방향", 『과학기술정책』 24-1(2014), 29-40쪽; 한국과학기술정책연구원 국제기술혁신협력센터 홈페이지(http://iicc.stepi.re.kr/)에 소개되어 있다.

24. 한국이 추격에 성공한 핵심 요인의 일부는 응용 위주, 문제풀이, 소비 부합적 기술 등과 같은 효과적인 연구개발에 있었다. Roberto Mazzoleni and Richard R. Nelson, "Public Research Institutions and Economic Catch-up", *Research Policy* 36(2007), pp.

1512-28; Eduardo da Motta e Albuquerque, "Scientific Infrastructure and Catching-Up Process: Notes about a Relationship Illustrated by Science and Technology Statistics", *Revista Brasileira de Economia* 55-4(2001), pp. 545-66.

25. 이는 일본의 저명 연구자 Ikujiro Nonaka 교수(히토츠바시대학)가 Linsu Kim, *Imitation to Innovation: The Dynamics of Korea's Technological Learning* (Cambridge: Harvard Business School Press, 1997)을 소개하면서 한 말이다.

26. 송성수, 『기술혁신이란 무엇인가』, 생각의힘, 2014.

27. 김영식, 『과학혁명—전통적 관점과 새로운 관점』, 아르케, 2001; 피터 디어 지음, 정원 옮김, 『과학혁명—유럽의 지식과 야망, 1500-1700』, 뿌리와이파리, 2011.

28. 혁명으로의 명명은 주체의 경우 자본가, 시민, 군인, 농민, 노동자, 종교인, 과학자, 학생, 분야는 과학과 기술은 물론 사회, 정치, 이념, 산업, 군사, 교육, 종교, 문화, 예술, 사상, 국가는 서구의 나라들만이 아니라 중남미, 아프리카, 이슬람, 아시아 등처럼 다양다종하다.

29. 산업기술과 그 경제적 활용을 구성하는 다양한 요소들의 형성과 시스템화는 한국이 1960년대부터 이루어진 데 비해 미국을 비롯한 서구의 선진국들은 냉전체제가 끝난 1980년대에 들어서야 본격적으로 추진되었다.

30. 전상운, 『한국과학사의 새로운 이해』, 연세대학교 출판부, 1998, 93-157쪽; 구만옥, 『세종시대의 과학기술』, 들녘, 2016.

31. Linsu Kim and Richard R. Nelson eds., *Technology, Learning, and Innovation: Experiences of Newly Industrializing Economies* (Cambridge: Cambridge University Press, 2000); Walter Arnold, "Science and Technology Development in Taiwan and South Korea", *Asian Survey* 28-4(1988), pp. 437-50; Joel R. Campbell, *The Technology Policy of the Korean State since 1961: Successful Development of Science and Technology* (New York: The Edwin Mellen Press, 2008), pp. 249-345. 전자 산업을 중심으로 한 연구로 Michael Hobday, *Innovation in East Asia: The Challenge to Japan* (Cheltenham, UK: Edward Elgar, 1995), 특허를 비교 분석한 연구로 Ishtiaq P. Mahmood and Jasjit Singh, "Technological Dynamism in Asia", *Research Policy* 32(2003), pp. 1031-54가 있다.

32. 이러한 인식의 전환은 한국을 비롯한 동아시아의 성공적 경험에 힘입어 1980년을 전후로 개도국에서 본격적으로 일어났다. V. V. Krishna, Roland Waast, and Jacques Gaillard, "The Changing Structure of Science in Developing Countries", *Science, Technology, and Society* 5-2(2000), pp. 209-24; Howard Pack, "Research and Devel-

opment in the Industrial Development Process", Linsu Kim and Richard R. Nelson eds., *Technology, Learning, and Innovation: Experiences of Newly Industrializing Economies* (Cambridge: Cambridge University Press, 2000), pp. 69-71.

33. Mark Dodgson, "Policies for Science, Technology, and Innovation in Asian Newly Industrializing Economics", Linsu Kim and Richard R. Nelson eds., *Technology, Learning, and Innovation: Experiences of Newly Industrializing Economies* (Cambridge: Cambridge University Press, 2000), p. 260은 한국을 비롯한 동아시아의 과학기술 발전을 "세계 기술적 파워의 균형(world technological balance of power)"을 가져오고 있다고 주장하고 있다.

34. 과학기술을 포함한 사회경제의 저발전을 제3세계의 시각으로 제시한 종속이론(dependency theory)이 남아메리카를 중심으로 풍미한 적이 있었으나 현재는 개도국의 과학기술을 중요하게 담고 있는 이론적 체계는 없는 상태다.

4장 과학기술 지형의 기초

1. 이와 관련한 연구로는 강재언, 『조선의 서학사』, 정음사, 1990, 특히 147-197쪽; 임종태, "'도리'의 형이상학과 '형기'의 기술—19세기 중반 한 주자학자의 눈에 비친 서양 과학기술과 세계: 이항로(1792-1868)", 『한국과학사학회지』 21-1, 1999, 58-91쪽; 김연희, "고종시대 근대 통신망 구축사업—전신사업을 중심으로—", 서울대학교 박사학위논문, 2006; 조형근, "식민지와 근대의 교차로에서: 의사들이 할 수 없었던 일", 『문화과학』 29, 2002, 185-99쪽 등을 들 수 있다.

2. 근대 과학 혹은 기술의 보편성과 그렇지 않은 측면에 대한 논의는 Andrew Feenberg, "Ten Paradoxes of Technology", *Techné* 14(2010), pp. 3-15; Jean-Jacques Salomon, "Modern Science and Technology", Jean-Jacques Salomon, Francisco R. Sagasti, and Céline Sachs-Jeantet eds., *The Uncertain Quest: Science, Technology, and Development* (Tokyo: United Nations University Press, 1994), pp. 57-61에 나와 있다.

3. 식민지 인도에 관해서는 이옥순, "19세기 식민지 인도의 과학기술—해방의 씨앗?", 『역사비평』 56, 2001, 314-33쪽; 식민지 조선에 대해서는 김근배, "20세기 식민지 조선의 과학과 기술—개발의 씨앗?", 『역사비평』 56, 2001, 297-313쪽을 참조할 수 있다.

4. 국내 학술논문 검색사이트 KISS와 DBpia를 찾아보면 2000년 이후 출간된 연구 논문

의 제목에 "추격"이 붙은 경우만 해도 수백 편에 달한다.

5. Jacques Gaillard, V. V. Krishna, and Roland Waast eds., *Scientific Communities in the Developing World* (London: Sage Publishing, 1997)에는 아프리카, 아시아, 남아메리카 국가들에 대한 많은 사례 연구가 담겨 있다.

6. 박성래, 『한국사에도 과학이 있는가』, 교보문고, 1998, 159-208쪽; 박성래, "개화기의 과학 수용", 김영식·김근배 편, 『근현대 한국사회의 과학』, 창작과비평사, 1998, 15-39 쪽.

7. 김연희, 『한국 근대과학 형성사』, 들녘, 2016; 신동원, 『한국근대보건의료사』, 한울아카 데미, 1997.

8. 김영식·김근배 편, 『근현대 한국사회의 과학』, 창작과비평사, 1998; 박성래·신동원·오 동훈 편, 『우리 과학 100년』, 현암사, 2001.

9. 김선희, "격물궁리지학, 격치지학, 격치학 그리고 과학―서양 과학에 대한 동아시아의 지적 도전과 곤경―", 『개념과 소통』 17, 2016, 119-57쪽; 김연희, "『한성순보』 및 『한성 주보』의 과학기술 기사로 본 고종시대 서구 문물 수용 노력", 『한국과학사학회지』 33-1, 2011, 1-39쪽; 김수자, "근대 초 『한성순보』에 나타난 공학으로서의 과학과 '근대지 식'", 『이화사학연구』 45, 2012, 141-68쪽. 유길준은 그의 저서 『서유견문』(1895)에서 서 양 학문의 일부로 산학(算學), 물리학, 화학, 식물학, 동물학, 광물학, 천문학, 농학, 의 학, 기계학 등을 들고 있다. 아직 과학이나 기술이라는 말은 사용되지 않고 있다.

10. 일본에서 과학 용어의 등장과 정착 과정은 김성근, "일본의 메이지 사상계와 '과학' 이라는 용어의 성립과정", 『한국과학사학회지』 25-2, 2003, 131-46쪽, 과학이 한국에 소개된 것에 대해서는 김성근, "동아시아에서 "자연(nature)"이라는 근대어휘의 탄생 과 정착: 일본과 한국의 사전류를 중심으로", 『한국과학사학회지』 32-2, 2010, 259-289쪽, 특히 286쪽에 나와 있다.

11. 예로서, 공업연구회가 1909년에 발간한 『공업계』를 보면 이들이 과학과 기술을 이해 한 단면을 곳곳에서 엿볼 수 있다.

12. 일제강점기의 과학과 기술 이해는 김근배, "식민지 조선의 과학과 기술―개발의 씨 앗?", 『역사비평』 56, 2001, 297-313쪽; 임종태, "김용관의 발명학회와 1930년대 과 학운동", 『한국과학사학회지』 17-2, 1995, 89-133쪽; Jung Lee, "Invention without Science: "Korean Edisons" and the Changing Understanding of Technology in Colonial Korea," *Technology and Culture* 54(2013), pp. 782-814 등을 통해 파악할 수 있다.

13. 신문들을 살펴보면 1930년대부터 과학과 기술을 과학기술로 표기하는 움직임이 시

작되었던 것을 알 수 있다. 이러한 경향이 한국 내부적으로 발생한 것인지 아니면 일본이나 중국으로부터 유입된 것인지에 대해서는 추가적인 연구가 필요하다.

14. 강명숙, "대학의 제도적 기반 형성과 학술 여건(1945~1955)", 『한국근현대사연구』 67, 2013, 8-40쪽을 보면 1950년대 대학의 중심은 문리과대학이었다.

15. 홍성주, "한국 과학기술정책의 형성과 과학기술행정체제의 등장, 1945-1967", 서울대학교 박사학위논문, 2010, 26-32쪽.

16. 1950년대 주요 신문을 보면 기술과 관련한 움직임이 다양하게 벌어지고 점차 그 빈도수가 늘어났던 것을 볼 수 있다.

17. Geun Bae Kim, "An Anatomical Chart of South Korean Science and Technology in the 1960s: Their Relationships with Political Power", *East Asian Science, Technology and Society: An International Journal* 5-4(2011), pp. 529-42.

18. 1967년 과학기술처 등장 이후 과학과 기술의 관계와 그 의미는 한국과학기술단체총연합회에서 발간한 『과학과 기술』을 통해 파악할 수 있다.

19. 과학이 기술과 가지는 다양한 관련에 대해서는 Keith Pavitt, "The Social Shaping of the National Science Base", *Research Policy* 27(1998), pp. 793-805에 비교적 간략하게 서술되어 있다.

20. 강미화, "한국 과학자사회와 정부의 관계 변화—1960~70년대 한국과학기술단체총연합회를 중심으로—", 전북대학교 박사학위논문, 2015.

21. 문리과대학에서 이과 분야가 연세대는 1962년, 고려대는 1963년, 서울대는 1975년, 전북대·전남대·충북대·충남대는 1979년에 각각 분리되었다.

22. 1990년대 초반 자료를 보면, 주요 선진국들이 대학에서 공학 대 과학의 학생 비율이 2 내외였던데 비해 한국은 5에 달했다. Sanjaya Lall, "Technological Change and Industrialization in the Asian Newly Industrializing Economics: Achievements and Challenges", Linsu Kim and Richard R. Nelson eds., *Technology, Learning, and Innovation: Experiences of Newly Industrializing Economies* (Cambridge: Cambridge University Press, 2000), pp. 41-46. 한편, 동아시아 및 동남아시아의 많은 국가들은 한국보다 기술을 훨씬 더 강조했고 공학 전공자의 비율도 2배 이상 높았다. 과학 전공자의 비율이 높을수록 선도적인 과학기술을 창출하려는 의지가 강한 편이었다.

23. Alice Lam, "From 'Ivory Tower Traditionalists' to 'Entrepreneurial Scientists'? Academic Scientists in Fuzzy University—Industry Boundaries", *Social Studies of Science* 40-2(2010), pp. 275-306.

24. Vannevar Bush, *Science: The Endless Frontier* (Washington DC: Government Printing Office, 1945); Daniel J. Kevles, "The National Science Foundation and the Debate over Postwar Research Policy, 1942-1945: A Political Interpretation of *Science—The Endless Frontier*", *Isis* 68-1(1977), pp. 4-26; Margherita Balconi, Stefano Brusoni, and Luigi Orsenigo, "In Defence of the Linear Model: An Essay", *Research Policy* 39(2010), pp. 1-13.

25. 선형모델이 개도국에서 지니는 문제는 José Goldemberg, "What is the Role of Science in Developing Countries?", *Science* 279(20 February 1998), pp. 1140-41에 서술되어 있다.

26. 김근배, "이승만 집권기의 과학기술—과학기술 공간의 내면 풍경—", 2011, 미발표 논문, 1-9쪽; 홍성주, "한국 과학기술정책의 형성과 과학기술행정체제의 등장, 1945-1967", 서울대학교 박사학위논문, 2010, 42-53쪽; 김성준, "한국 원자력 기술체제 형성과 변화, 1953-1980", 서울대학교 박사학위논문, 2012, 19-79쪽.

27. Gili S. Drori, "The Relationship between Science, Technology and the Economy in Lesser Developed Countries", *Social Studies of Science* 23-1(1993), pp. 201-15. 그렇다고 해서 개도국의 과학기술 발전이 완전히 역행적(inverted) 선형모델 방식으로만 이루어지지 않는다. 과학은 개도국의 경우에도 과학기술 발전 과정에서 다양한 이유로 필요하다. Américo Tristão Bernardes and Eduardo da Motta e Albuquerque, "Cross-over, Thresholds, and Interactions between Science and Technology: Lessons for Less-developed Countries", *Research Policy* 32(2003), pp. 865-85; Eduardo da Motta e Albuquerque, "Scientific Infrastructure and Catching-Up Process: Notes about a Relationship Illustrated by Science and Technology Statistics", *Revista Brasileira de Economia* 55-4(2001), pp. 545-66.

28. Edwin Mansfield, "Industrial R&D in Japan and the United States: A Comparative Study", *The American Economic Review* 78-2(1988), pp. 223-28; Shigeru Nakayama and Morris F. Low, "The Research Function of Universities in Japan", *Higher Education* 34(1997), pp. 245-58.

29. 강진구, 『삼성전자 신화와 그 비결』, 고려원, 1996, 210-35쪽; 송위진, 『기술정치와 기술혁신: CDMA 이동통신 기술개발 사례 분석』, 한국학술정보, 2007; 조현재·전효림·임상균, 『디지털 정복자: 삼성전자』, 매일경제신문사, 2005.

30. Keun Lee and Chaisung Lim, "Technological Regimes, Catching-up and Leapfrogging:

Findings from the Korean Industries", *Research Policy* 30(2001), pp. 459-83.

31. 김인수 지음, 임윤철·이호선 옮김, 『모방에서 혁신으로』, 시그마인사이트컴, 2000; Howard Pack, "Research and Development in the Industrial Development Process", Linsu Kim and Richard R. Nelson eds., *Technology, Learning, and Innovation: Experiences of Newly Industrializing Economies* (Cambridge: Cambridge University Press, 2000), pp. 69-94.

32. Jae-Yong Choung and Hye-Ran Hwang, "The Evolutionary Patterns of Knowledge Production in Korea", *Scientometrics* 94(2013), pp. 629-50.

33. 김근배, "이승만 집권기의 과학기술—과학기술 공간의 내면 풍경—", 2011, 미발표 논문, 1-9쪽.

34. 리처드 로즈 지음, 문신행 옮김, 『원자폭탄 만들기 1-2』, 사이언스북스, 2003; 카이 버드·마틴 셔윈 지음, 최형섭 옮김, 『아메리칸 프로메테우스—로버트 오펜하이머 평전』, 사이언스북스, 2005.

35. 사례로, 미국에서 대중들의 과학 이해는 도널드 스토크스 지음, 윤진효·이준영·고용수·윤성식·홍정진 옮김, 『파스퇴르 쿼드런트: 과학과 기술의 관계 재발견』, 북&월드, 2007, 170-76쪽에 간단히 언급되어 있다.

36. 과학 지식과 정치권력이 제도화를 매개로 서로의 권위를 높이는 것에 대해서는 Richard Harvey Brown, "Modern Science: Institutionalization of Knowledge and Rationalization of Power", *The Sociological Quarterly* 34-1(1993), pp. 153-68을 참조할 수 있다.

37. Geun Bae Kim, "An Anatomical Chart of South Korean Science and Technology in the 1960s: Their Relationships with Political Power", *East Asian Science, Technology and Society: An International Journal* 5-4(2011), pp. 529-42.

38. 김기형·김영섭 외, 『과학대통령 박정희와 리더십』, MSD미디어, 2010; 현원복, 『대통령과 과학기술』, 과학사랑, 2005.

39. Sheila Jasanoff, *States of knowledge: The Co-production of Science and the Social Order* (London: Routledge, 2004).

40. Frank W. Geels, "From Sectoral Systems of Innovation to Socio-technical Systems: Insights about Dynamics and Change from Sociology and Institutional Theory", *Research Policy* 33(2004), pp. 897-920.

41. 1960년대와 1980년대의 제도적 변화는 문만용, "1960년대 '과학기술의 붐': 한국의

현대적 과학기술체제의 형성", 『한국과학사학회지』 29-1, 2007, 67-96쪽; 신향숙, "제
5공화국의 과학기술정책과 박정희시대 유산의 변용: 기술드라이브정책과 기술진흥
확대회의를 중심으로", 『한국과학사학회지』 37-3, 2015, 519-53쪽을 참고할 수 있다.
42. 이 용어는 필자가 만든 것으로 '작은 혁신[小幅]의 많은 창출[多量]'을 뜻한다. 더 자
세한 논의는 6장에서 할 것이다.

5장 도약대로서의 제도: '다단계 점프'

1. Jean-Jacques Salomon, "Modern Science and Technology", Jean-Jacques Salomon, Fran-
cisco R. Sagasti, and Céline Sachs-Jeantet eds., *The Uncertain Quest: Science, Technology,
and Development* (Tokyo: United Nations University Press, 1994), pp. 29-64.

2. Takashi Hikino and Alice H. Amsden, "Staying Behind, Stumbling Back, Sneaking
Up, Soaring Ahead: Late Industrialization in Historical Perspective", William J. Baumol,
Richard R. Nelson, and Edward N. Wolff eds., *Convergence of Productivity: Cross-national
Studies and Historical Evidence* (Oxford: Oxford University Press, 1994), pp. 285-315.

3. Carlota Perez and Luc Soete, "Catching up in Technology: Entry Barriers and Windows
of Opportunity", Giovanni Dosi, Christopher Freeman, Richard Nelson, Gerald
Silverberg, and Luc Soete eds., *Technical Change and Economic Theory* (London: Priter
Publishers, 1988), pp. 458-79.

4. 서구에서 과학 중심지의 형성과 변동에 제도적 관점을 선구적으로 적용한 Joseph
Ben-David, *The Scientist's Role in Society: A Comparative Study* (Englewood Cliffs:
Prentice-Hall Inc., 1971); Joseph Ben-David(Gad Freundenthal ed.), *Scientific Growth:
Essays on the Social Organization and Ethos of Science* (Berkeley: University of California
Press, 1991)가 주목을 끈다. 후발국의 과학기술 제도화는 Hebe Vessuri, "The
Institutionalization Process", Jean-Jacques Salomon, Francisco R. Sagasti, and Céline
Sachs-Jeantet eds., *The Uncertain Quest: Science, Technology, and Development* (Tokyo:
United Nations University Press, 1994), pp. 168-200에 개관되어 있다.

5. Geoffrey M. Hodgson, "What Are Institutions?", *Journal of Economic Issues* 40-1(2006),
pp. 1-25; Frank W. Geels, "From Sectoral Systems of Innovation to Socio-technical
Systems: Insights about Dynamics and Change from Sociology and Institutional The-

ory", *Research Policy* 33(2004), pp. 897-920; Charles Edquist ed., *Systems of Innovation: Technologies, Institutions and Organizations* (London: Routledge, 1997), pp. 1-35. 그간의 연구는 많은 경우 제도를 규칙(rule)에 초점 맞추나 여기서는 특히 정책(policy)이나 조직(organization), 프로젝트 등을 주목하고 있다는 점에서 차이가 존재한다. 연구자들 중에는 조직을 제도적 인프라로 부르기도 한다.

6. Muhammad Shahidullah, "Institutionalization of Modern Science and Technology in Non-Western Societies: Lessons from Japan and India", *Knowledge: Creation, Diffusion, Utilization* 6-4(1985), pp. 437-60.

7. Joseph Ben-David, *The Scientist's Role in Society: A Comparative Study* (Englewood Cliffs: Prentice-Hall Inc., 1971), pp. 169-79.

8. 일본의 Institution-initiated Science와 대비되는 개념으로 서구의 Paradigm-initiated Science를 제시하고 있다. Shigeru Nakayama(Translated by Jerry Dusenbury), *Academic and Scientific Traditions in China, Japan, and the West* (Tokyo: University of Tokyo Press, 1984), pp. 212-15.

9. 후발주자에게 제도 및 구조가 지니는 의미에 대한 간단한 논의가 Manuel M. Godinho and Jan Fagerberg, "Innovation and Catching-up", Jan Fagerberg, David C. Mowery, and Richard R. Nelson eds., *The Oxford Handbook of Innovation* (Oxford: Oxford University Press, 2004), pp. 514-42; Mario Cimoli and Giovanni Dosi, "Technological Paradigms, Patterns of Learning and Development: An Introductory Roadmap", *Journal of Evolutionary Economics* 5(1995), pp. 243-68에 나와 있다.

10. Charles Edquist and Björn Johnson, "Institutions and Organizations in System of Innovation", Charles Edquist ed., *Systems of Innovation: Technologies, Institutions and Organizations* (London: Routledge, 1997), pp. 41-63.

11. Carlota Perez and Luc Soete, "Catching up in Technology: Entry Barriers and Windows of Opportunity", Giovanni Dosi, Christopher Freeman, Richard Nelson, Gerald Silverberg, and Luc Soete eds., *Technical Change and Economic Theory* (London: Priter Publishers, 1988), pp. 458-79.

12. Frank W. Geels, "From Sectoral Systems of Innovation to Socio-technical Systems: Insights about Dynamics and Change from Sociology and Institutional Theory", *Research Policy* 33(2004), pp. 897-920.

13. Alex Roland, "Theories and Models of Technological Change: Semantics and Sub-

stance", *Science, Technology, and Human Values* 17-1(1992), pp. 79-100. 과학기술에 관한 논의는 아니나 구현우, "제도변화의 통합적 접근: 신제도주의 하위 분파 간 통합적 접근의 가능성", 『국정관리연구』 7-2, 2012, 69-109쪽은 여러 시사점을 준다.

14. 개도국들 중에서 과학기술 발전에 비교적 성공한 나라들은 공통적으로 과학기술에 대한 '정치적 합법화(political legitimacy)'가 일어났다. Jacques Gaillard, V. V. Krishna, and Roland Waast eds., *Scientific Communities in the Developing World* (London: Sage Publication, 1997).

15. Jacques Gaillard, V. V. Krishna, and Roland Waast eds., *Scientific Communities in the Developing World* (London: Sage Publication, 1997).

16. 정치권력의 과학 제도화에 대한 연구로 Mario Biagioli, "Scientific Revolution, Social Bricolage, and Etiquette", Roy Porter and Mikuláš Teich eds., *The Scientific Revolution in National Context* (Cambridge: Cambridge University Press, 1992), pp. 11-54를 참고할 수 있다.

17. 홍성주, "한국 과학기술정책의 형성과 과학기술행정체제의 등장, 1945-1967", 서울대학교 박사학위논문, 2010.

18. Stevan Dedijer, "Underdeveloped Science in Underdeveloped Countries", *Minerva* 2-1(1963), pp. 61-81. 이 글은 한국에서 번역되어 "후진국에서의 과학의 후진성", 『신동아』 1965년 11월호에 실렸다.

19. 일례로, 박정희 시대의 정치권력과 과학기술에 대해서는 Geun Bae Kim, "An Anatomical Chart of South Korean Science and Technology in the 1960s: Their Relationships with Political Power", *East Asian Science, Technology and Society: An International Journal* 5-4(2011), pp. 529-42를 참고할 수 있다.

20. Joel R. Campbell, *The Technology Policy of the Korean State since 1961: Successful Development of Science and Technology* (New York: The Edwin Mellen Press, 2008), pp. 32-34.

21. 문만용, "1960년대 "과학기술 붐": 한국의 현대적 과학기술체제의 형성", 『한국과학사학회지』 29-1, 2007, 67-96쪽; 신향숙, "제5공화국의 과학기술정책과 박정희시대 유산의 변용: 기술드라이브정책과 기술진흥확대회의를 중심으로", 『한국과학사학회지』 37-3, 2015, 519-53쪽.

22. 세계적으로 과학기술 전담 부처는 2차 세계대전 이후에 등장했고, 유네스코가 "개발을 위한 과학(science for development)"을 내세운 1970년대부터 크게 늘어났다.

Yong Suk Jang, "The Global Diffusion of Ministries of Science and Technology", Gili S. Drori, John W. Meyer, Francisco O. Ramirez, and Evan Schofer eds., *Science in the Modern World Polity: Institutionalization and Globalization* (Stanford: Stanford University Press, 2003), pp. 120-35. 인도와 대만은 한국과 비슷한 시기에 과학기술 전담 부처를 설치했으나 대다수의 개도국들은 그보다 상당히 늦었다. 일례로, 태국의 경우 1979년에 과학기술에너지부를 설치하고 1982년부터 국가의 경제사회 개발계획에서 과학기술을 중요하게 다루기 시작했다. Patarapong Intarakumnerd, Pun-arj Chairatana, and Tipawan Tangchitpiboon, "National Innovation System in Less Successful Developing Countries: The Case of Thailand", *Research Policy* 31(2002), pp. 1445-57.

23. 현원복,『대통령과 과학기술』, 과학사랑, 2005; 김영우·최영락·이달환·이영희·하헌표·오동훈,『한국 과학기술정책 50년의 발자취』, 과학기술정책관리연구소, 1997.

24. 홍성주, "한국 과학기술정책의 형성과 과학기술행정체제의 등장, 1945-1967", 서울대학교 박사학위논문, 2010; Geun Bae Kim, "An Anatomical Chart of South Korean Science and Technology in the 1960s: Their Relationships with Political Power", *East Asian Science, Technology and Society: An International Journal* 5-4(2011), pp. 529-42; 신향숙, "제5공화국의 과학기술정책과 박정희시대 유산의 변용: 기술드라이브정책과 기술진흥확대회의를 중심으로",『한국과학사학회지』37-3, 2015, 519-53쪽.

25. 이와는 달리, Joel R. Campbell, *The Technology Policy of the Korean State since 1961: Successful Development of Science and Technology* (New York: The Edwin Mellen Press, 2008), p. 39는 기술 발전에서 박정희 정부, 전두환 정부, 노태우 정부가 행한 역할을 각각 "총감독(director)", "주연배우(premier actor)", "조연배우(secondary actor)"로 비유하고 있다.

26. 박정희 시대의 구체적인 모습은 강미화, "한국 과학자사회와 정부의 관계 변화—1960~70년대 한국과학기술단체총연합회를 중심으로—", 전북대학교 박사학위논문, 2015에 서술되어 있다.

27. 구현우, "제도변화의 통합적 접근: 신제도주의 하위 분파 간 통합적 접근의 가능성",『국정관리연구』7-2, 2012, 79쪽은 "급진적인 개혁 의지"로 표현하고 있다.

28. Sanjaya Lall, "Technological Capabilities and Industrialization", *World Development* 20-2(1992), pp. 165-86. 가장 대표적인 사례로 1960~70년대 문화대혁명기 중국의 과학기술은 Laurence Schneider, *Biology and Revolution in Twentieth-Century China* (Lanham: Rowman & Littlefield Publishers, 2005); Zuoyue Wang, "Science and the State in

Modern China", *Isis* 98-3(2007), pp. 558-70을 참고할 수 있다.

29. 대표적인 사례로 KIT 설립 및 운영에 관한 문만용, 『한국의 현대적 연구체제의 형성: KIST의 설립과 변천, 1966~1980』, 선인, 2010이 있다.

30. 대학-기업-정부의 상호 관계를 주목한 "삼중나선모델(Triple Helix Model)"에 대해서는 Henry Etzkowitz and Loet Leydesdorff, "The Dynamics of Innovation: From National Systems and "Mode 2" to a Triple Helix of University-Industry-Government Relations", *Research Policy* 29(2000), pp. 109-23; Loet Leydesdorff and Martin Meyer, "The Triple Helix of University-Industry-Government Relations", *Scientometrics* 58-2(2003), pp. 191-203; Loet Leydesdorff, "Triple Helix of University-Industry-Government Relations", Elias G. Carayannis ed., *Encyclopedia of Creativity, Invention, Innovation and Entrepreneurship* (New York: Springer, 2013), pp. 1844-51 등을 참조할 수 있다.

31. 홍성욱, "현대 과학연구의 지형도: 미국의 대학, 기업, 정부를 중심으로", 『과학은 얼마나』, 서울대학교출판부, 2004, 145-89쪽; Francis Narin, Kimberly S. Hamilton, and Dominic Olivastro, "The Increasing Linkage between U.S. Technology and Public Science", *Research Policy* 26(1997), pp. 317-30.

32. NASA에 대한 사례 연구로 Diane Vaughan, "The Role of the Organization in the Production of Techno-Scientific Knowledge", *Social Studies of Science* 29-6(1999), pp. 913-43이 있다.

33. 한국과학기술단체총연합회, 『한국과학기술30년사』, 1980, 81-129쪽; 馬越徹 지음, 한용진 옮김, 『한국 근대대학의 성립과 전개—대학 모델의 전파 연구—』, 교육과학사, 2001, 163-209쪽.

34. 김명진, "1950년대 고등교육 협력에 관한 연구: 서울대-미네소타대 프로젝트 사례", 서울대학교 박사학위논문, 2009; 이왕준, "미네소타 프로젝트가 한국 의학교육에 미친 영향", 서울대학교 박사학위논문, 2006; Eunhye Yoo, "Globalization, Power and Knowledge Production in South Korea: The University of Minnesota—Seoul National University Educational Cooperation Project from 1954 to 1962"(Doctoral Dissertation: University of Minnesota, 2012); John P. DiMoia, *Reconstructing Bodies: Biomedicine, Health, and Nation-Building in South Korea since 1945* (Stanford: Stanford University Press, 2013), pp. 72-106.

35. 과연회, 『국방부과학연구소』, 2003; 김성준, "한국 원자력 기술체제 형성과 변화, 1953-1980", 서울대학교 박사학위논문, 2012, 19-101쪽; 고대승, "원자력기구 출현

과정과 그 배경", 김영식·김근배 편, 『근현대 한국사회의 과학』, 창작과비평사, 1998, 277-307쪽.

36. 문만용, "1960년대 "과학기술 붐": 한국의 현대적 과학기술체제의 형성", 『한국과학사학회지』 29-1, 2007, 67-96쪽; Youngsoo Bae and Buhm Soon Park eds., *Bridging the Technology Gap: Historical Perspectives on Modern Asia* (Seoul: Seoul National University Press, 2013).

37. Geun Bae Kim, "An Anatomical Chart of South Korean Science and Technology in the 1960s: Their Relationships with Political Power", *East Asian Science, Technology and Society: An International Journal* 5-4(2011), pp. 529-42.

38. Joel R. Campbell, *The Technology Policy of the Korean State since 1961: Successful Development of Science and Technology* (New York: The Edwin Mellen Press, 2008), p. 126.

39. 한국과학기술연구소는 문만용, 『한국의 현대적 연구체제의 형성: KIST의 설립과 변천, 1966~1980』, 선인, 2010; 문만용, "KIST에서 대덕연구단지까지—박정희 시대 정부출연연구소의 탄생과 재생산", 『역사비평』 85, 2008, 262-89쪽; Dal Hwan Lee, Zong-Tae Bae, and Jinjoo Lee, "Performance and Adaptive Roles of the Government-supported Research Institutes in South Korea", *World Development* 19(1991), pp. 1421-40; Bang-Soon Launius Yoon, "State Power and Public R&D in Korea: A Case Study of the Korea Institute of Science and Technology"(Doctoral Dissertation: University of Hawaii, 1992) 등을 참고할 수 있다.

40. 그렇더라도 1970년대까지는 기업의 연구개발이 매우 취약했다. 일례로, 1974년 기업의 연구개발비는 일본의 0.5% 수준에 머무르고 있었다. 천병두, "한국기업의 고도성장을 위한 연구개발 방향", 『경영학연구』 8, 1979, 11-24쪽.

41. 전상근, 『한국의 과학기술정책—한 정책입안자의 증언』, 정우사, 1982.

42. Geun Bae Kim, "An Anatomical Chart of South Korean Science and Technology in the 1960s: Their Relationships with Political Power", *East Asian Science, Technology and Society: An International Journal* 5-4(2011), pp. 243-50; 문만용, "KIST에서 대덕연구단지까지—박정희 시대 정부출연연구소의 탄생과 재생산", 『역사비평』 85, 2008, 276-82쪽.

43. 의도한 건 아니나 오히려 과학기술이 사회경제와 다소 분리된 채 그에 앞서서 수준 높게 구축됨으로써 이후 첨단산업의 발전에 필요한 연구 성과를 시의적절하게 제공

할 수 있게 되었다.

44. 국민총생산(GNP) 대비 정부의 과학기술 예산은 1980년 0.37%에 머문 것에 보듯 이 때까지는 거의 전적으로 정부출연연구소들에 의해서만 개발연구가 이루어졌던 것을 알 수 있다.

45. 여기서 '국가적(national)'이 지닌 의미는 '국가의 주도'와 '국가적 가치'라는 두 가지 중 어느 하나 혹은 둘 모두를 담고 있다.

46. 신향숙, "제5공화국의 과학기술정책과 박정희시대 유산의 변용: 기술드라이브정책과 기술진흥확대회의를 중심으로", 『한국과학사학회지』 37-3, 2015, 519-53쪽.

47. 오세홍, "특정연구개발사업 프로그램 변화와 그 의미", 『과학기술정책』 101, 1997, 65-79쪽. 이 시기 유전공학에 대한 사례 연구로는 신향숙, "1980년대 한국에서 유전 공학의 등장과 제도화", 전북대학교 박사학위논문, 2013이 있다.

48. 김영우·최영락·이달환·이영희·하헌표·오동훈, 『한국 과학기술정책 50년의 발자 취』, 과학기술정책관리연구소, 1997, 265-95쪽; 이장재, "국가연구개발사업 비교연 구: 특정연구개발사업과 공업기반기술개발사업을 중심으로", 과학기술정책연구원, 1993; Mushin Lee, Byoungho Son, and Kiyong Om, "Evaluation of National R&D Projects in Korea", *Research Policy* 25(1996), pp. 805-18; 황혜란·윤정로, "한국의 기초 연구능력 구축과정―우수연구센터(ERC/SRC) 제도를 중심으로", 『기술혁신학회지』 6-1, 2002, 1-19쪽; Soon Il Ahn, "A New Program in Cooperative Research between Academia and Industry in Korea, Involving Centers of Excellence", *Technovation* 15-4(1995), pp. 241-57.

49. 김영우·최영락·이달환·이영희·하헌표·오동훈, 『한국 과학기술정책 50년의 발자취』, 과학기술정책관리연구소, 1997, 371-75쪽, 382-84쪽. 이후 한국의 연구개발비 구성 은 민간의 비중이 세계적으로 가장 높은 방향으로 바뀌었다.

50. 대학 및 정부출연연구소의 기초연구나 원천연구도 산업기술의 개발과 연관된 목 적 지향적 성격을 강하게 띠었다. Jae-Yong Choung and Hye-Ran Hwang, "The Evolutionary Patterns of Knowledge Production in Korea", *Scientometrics* 94(2013), pp. 629-50.

1. Daniel J. Kevles, *The Physicists: The History of a Scientific Community in Modern America* (New York: Vintage Books, 1979); Richard Harvey Brown, "Modern Science: Institutionalization of Knowledge and Rationalization of Power", *The Sociological Quarterly* 34-1(1993), pp. 153-68.

2. 과학기술은 교육, 연구, 활용 등을 포함하는 시스템이라는 간단한 언급은 Phillip A. Griffiths, "Strengthening Science and Technology in the Developing World", Sigma Xi Forum and Annual Meeting(Los Angeles, 2003), pp. 1-6에 나와 있다.

3. 아이작 뉴턴은 1676년 그의 라이벌 로버트 후크(Robert Hooke)에게 보낸 편지에서 "내가 더 멀리 볼 수 있었던 것은 거인들의 어깨 위에서 볼 수 있었기 때문이다"는 유명한 말을 남겼다.

4. Jacques Gaillard, "The Behaviour of Scientists and Scientific Communities", Jean-Jacques Salomon, Francisco R. Sagasti, and Céline Sachs-Jeantet eds., *The Uncertain Quest: Science, Technology, and Development* (Tokyo: United Nations University Press, 1994), pp. 223-24; P. B. Vose and A. Cervellini, "Problems of Scientific Research in Developing Countries", *IAEA Bulletin* 25-2(1983), pp. 37-40.

5. Roberto Mazzoleni and Richard R. Nelson, "The Roles of Research at Universities and Public Labs in Economic Catch-up", LEM Working Paper Series 1(2006), pp. 1-38; Franco Malerba and Richard Nelson, "Learning and Catching up in Different Sectoral Systems: Evidence from Six Industries", *Industrial and Corporate Change* 20-6(2011), pp. 1645-75.

6. 한국의 시기별 기술 습득 방식에 대해서는 Keun Lee, "How Can Korea Be a Role Model for Catch-up Development? A 'Capability-based View'", Research Paper/ UNU-WIDER No.2009.34(2009), pp. 1-22에 체계적으로 서술되어 있다.

7. Américo Tristão Bernardes and Eduardo da Motta e Albuquerque, "Cross-over, Thresholds, and Interactions between Science and Technology: Lessons for Less-developed Countries", *Research Policy* 32(2003), pp. 865-85.

8. 기술 변화에 영향을 미치는 다양한 내적, 외적 요인들은 Giovanni Dosi and Richard R. Nelson, "The Evolution of Technologies: An Assessment of the State-of-the Art", *Eurasian Business Review* 3-1(2013), pp. 3-46; Alex Roland, "Theories and Models of

Technological Change: Semantics and Substance", *Science, Technology, and Human Values* 17-1(1992), pp. 79-100에 체계적으로 서술되어 있다.

9. 개도국들 중에서 과학기술 발전이 두드러진 사례들은 중국, 인도, 브라질, 인도네시아 등에서 보듯 자원 동원력이 우수한 국가들이다.

10. Charles Cooper ed., *Science, Technology and Development: The Political Economy of Technical Advance in Underdeveloped Countries* (London: Frank Cass & Co., 1973); Jacques Gaillard, V. V. Krishna, and Roland Waast eds., *Scientific Communities in the Developing World* (London: Sage Publication, 1997).

11. Gili S. Drori, John W. Meyer, Francisco O. Ramirez, and Evan Schofer eds., *Science in the Modern World Polity: Institutionalization and Globalization* (Stanford: Stanford University Press, 2003).

12. Jacques Gaillard, "The Behaviour of Scientists and Scientific Communities", Jean-Jacques Salomon, Francisco R. Sagasti, and Céline Sachs-Jeantet eds., *The Uncertain Quest: Science, Technology, and Development* (Tokyo: United Nations University Press, 1994), pp. 201-36.

13. 물론 한국에서 과학기술에 대해 가지는 기대는 독특함이 존재했고, 원자력에 대한 사회·기술적 상상은 Sheila Jasanoff and Sang-Hyun Kim, "Containing the Atom: Sociotechnical Imaginaries and Nuclear Power in the United States and South Korea", *Minerva* 47(2007), pp. 119-46에 잘 나타나 있다. 한편, 과학기술과 민족주의의 관계가 한국보다 북한에서 훨씬 더 직접적이고 강력했다는 점은 흥미롭다.

14. 김근배, 『한국 근대 과학기술인력의 출현』, 문학과지성사, 2005, 268-70쪽; 안윤모, "1950년대 한국의 고급 인력 양성과 미국", 『인문논총』 17, 2008, 71-92쪽; 임대식, "1950년대 미국의 교육원조와 친미 엘리트의 형성", 역사문제연구소 편, 『1950년대 남북한의 선택과 굴절』, 역사비평사, 1998, 128-85쪽. 한편, 개도국들 중에는 영국과 프랑스 등에서 유학을 한 사람들도 많았다. Jacques Gaillard, "The Behaviour of Scientists and Scientific Communities", Jean-Jacques Salomon, Francisco R. Sagasti, and Céline Sachs-Jeantet eds., *The Uncertain Quest: Science, Technology, and Development* (Tokyo: United Nations University Press, 1994), p. 217.

15. 한국 유학생들과 미국의 관계, 그리고 그 사회적 영향은 Jane Jangeun Cho, "Immigration through Education: The Interwoven History of Korean International Students, US Foreign Assistance, and Korean Nation-State Building"(Doctoral

Dissertation: University of California at Berkeley, 2010)에 잘 밝혀져 있다.

16. 문만용, 『한국의 현대적 연구체제의 형성: KIST의 설립과 변천, 1966~1980』, 선인, 2010; 신동호, "과학기술계의 양대 인맥", 과학기자 모임 지음, 『신한국 과학기술을 위한 연합보고서』, 희성출판사, 1993, 130-216쪽.

17. 일례로, 1989년 당시 삼성반도체 개발팀의 선임연구자 36명 중에서 78%가 미국 유학 출신자들이었다. Jaeyong Song, "Technological Catching-Up of Korea and Taiwan in the Global Semiconductor Industry: A Study of Modes of Technology Sourcing", Discussing Paper No.15/ APEC Study Center(Columbia Business School, 2000), pp. 1-21; 강진구, 『삼성전자 신화와 그 비결』, 고려원, 1996, 191-235쪽.

18. Eunhye Yoo, "Globalization, Power and Knowledge Production in South Korea: The University of Minnesota—Seoul National University Educational Cooperation Project from 1954 to 1962"(Doctoral Dissertation: University of Minnesota, 2012); 송성수, "한국 철강산업의 기술능력 발전과정—1960~1990년대의 포항제철—", 서울대학교 박사학위논문, 2002; Mariko Sakakibara and Dong-Sung Cho, "Cooperative R&D in Japan and Korea: A Comparison of Industrial Policy", *Research Policy* 31(2002), pp. 673-92.

19. Gabriel Szulanski, "The Process of Knowledge Transfer: A Diachronic Analysis of Stickiness", *Organizational Behavior and Human Decision Processes* 82-1(2000), pp. 9-27.

20. Tae Gyun Park, "Development in Science and Technology of South Korea During the Cold War: Focusing on the US Policy Toward South Korea", Youngsoo Bae and Buhm Soon Park eds., *Bridging the Technology Gap: Historical Perspectives on Modern Asia* (Seoul: Seoul National University Press, 2013), pp. 63-93; Jane Jangeun Cho, "Immigration through Education: The Interwoven History of Korean International Students, US Foreign Assistance, and Korean Nation-State Building"(Doctoral Dissertation: University of California at Berkeley, 2010); 송성수, "한국 철강산업의 기술능력 발전과정—1960~1990년대의 포항제철—", 서울대학교 박사학위논문, 2002.

21. 이러한 구조가 지닌 문제에 대해서는 김종영, 『지배받는 지배자: 미국 유학과 한국 엘리트의 탄생』, 돌베개, 2015를 참조할 수 있다.

22. 제도와 기술의 관계는 Wanda J. Orlikowski, "The Duality of Technology: Rethinking the Concept of Technology in Organizations", *Organization Science* 3-3(1992), pp. 398-427, 기술 혁신이 일어나는 "혁신 공동체(innovation community)"는 Leonard H. Lynn, N. Mohan Reddy, and John D. Aram, "Linking Technology and Institutions: The

Innovation Community Framework", *Research Policy* 25(1996), pp. 91-106을 참고할 수 있다.

23. 이와 관련한 연구로 김동원, "과학자의 리더십: 유럽의 경우", "과학자의 리더십: 미국과 일본의 경우", 한양대학교 과학철학교육위원회 편, 『과학기술의 철학적 이해』, 한양대학교 출판부, 2006, 428-49쪽, 450-66쪽; Philip Mirowski and Esther-Mirjam Sent, "The Commercialization of Science, and the Response of STS", Edward J. Hackett, Olga Amsterdamska, Michael Lynch, and Judy Wajcman eds., *The Handbook of Science and Technology Studies* (Cambridge: MIT Press, 2008), pp. 635-89 등이 있다.

24. 다소 관련이 있는 연구로는 Mark Walker ed., *Science and Ideology: A Comparative History* (London: Routledge, 2003); Maria Inês Bastos and Charles Cooper eds., *Politics of Technology in Latin America* (London: Routledge, 1995) 등이 있다.

25. 일례로, 원자력 기술의 습득과 자립화 과정은 Byung-Koo Kim, *Nuclear Silk Road: The "Koreanization" of Nuclear Power Technology* (Scotts Valley: CreateSpace Independent Publishing Platform, 2011)에 잘 드러나 있다.

26. 한국에서 과학기술 집단의 구성원들은 목표와 활동 그리고 생활과 의식 등까지도 서로 공유한다는 점을 표현하기 위해 집단적(collective) 대신에 공동체적(communal) 실행으로 이름 붙였다. 한국의 기술 혁신에서 집단적 활동이 중요했다는 점을 지적한 글로는 Youngrak Choi, "Korean Innovation Model, Revisited", *STI Policy Review* 1-1(2010), pp. 93-109가 있다.

27. 신향숙, "한국 세포유전학의 근간을 세운 강영선", 한국과학사학회 추계대회 발표문, 2005, 1-8쪽; 김근배, "우장춘의 한국 귀환과 과학연구", 『한국과학사학회지』 26-2, 2004, 139-64쪽.

28. 연구소에서 활동한 연구원들은 그들이 실제로 성과를 거둘 수 있었던 직접적 배경 요인으로 현장직무교육을 중요하게 들고 있다. 조현재·전효림·임상균, 『디지털 정복자: 삼성전자』, 매일경제신문사, 2005.

29. 문만용, 『한국의 현대적 연구체제의 형성: KIST의 설립과 변천, 1966~1980』, 선인, 2010; Dal Hwan Lee, Zong-Tae Bae, and Jinjoo Lee, "Performance and Adaptive Roles of the Government-supported Research Institutes in South Korea", *World Development* 19(1991), pp. 1421-40.

30. 문만용, 『한국의 현대적 연구체제의 형성: KIST의 설립과 변천, 1966~1980』, 선인, 2010, 219-24쪽, 특히 241-44쪽.

31. 김영우·최영락·이달환·이영희·하헌표·오동훈,『한국 과학기술정책 50년의 발자취』, 과학기술정책관리연구소, 1997, 265-95쪽; 이장재, "국가연구개발사업 비교연구: 특정연구개발사업과 공업기반기술개발사업을 중심으로", 과학기술정책연구원, 1993.

32. Jae-Yong Choung, Hye-Ran Hwang, and Heeseung Yang, "The Co-evolution of Technology and Institution in the Korean Information and Communications Industry", *International Journal of Technology Management* 38-1~3(2006), pp. 249-66; 김재훈, "공동 개발사업과 기술 능력의 발전", 조형제·김창욱 편,『한국 반도체산업, 세계기술을 선도한다』, 현대경제사회연구원, 1997, 139-94쪽; 송위진,『기술정치와 기술혁신: CDMA 이동통신 기술개발사례 분석』, 한국학술정보, 2007, 123-230쪽.

33. Phillip A. Griffiths, "Strenthening Science and Technology in the Developing World", Sigma Xi Forum and Annual Meeting(Los Angeles, 2003), pp. 1-6은 후발국의 경우 정부의 정책과 더불어 "현장에서의 각고의 노력(hard work on the ground)"이 필요하다는 점을 지적하고 있다.

34. 연구실의 높은 노동 강도를 "월화수목금금금"으로 처음 표현한 것은 황우석 교수 연구실에서 비롯되었다. 김근배,『황우석 신화와 대한민국 과학』, 역사비평사, 2007, 123-44쪽.

35. 오준석, "최초의 산학협동연구", 환력기념집발간회,『과학기술과 더불어: 최형섭박사 환력기념 회상록』, 1981, 144-51쪽; 최형섭,『불이 꺼지지 않는 연구소』, 조선일보사, 1995, 26-41쪽; 강진구,『삼성전자 신화와 그 비결』, 고려원, 1996, 227-35쪽.

36. 송성수, "한국의 기술발전 과정에 나타난 특징 분석: 포스코와 삼성 반도체를 중심으로",『한국과학사학회지』34-1, 2012, 특히 128-32쪽; Ralph E. Gomory and Roland W. Schmitt, "Science and Production", *Science* 240(27 May 1988), pp. 1131-32, 1203-1204. 이 밖에 우수연구센터의 구성원들 간의 네트워크 구조를 분석한 이강춘, "우수연구센터의 네트워크 구조와 성과에 관한 연구",『한국공공관리학보』21-4, 2007, 201-24쪽 등의 연구도 흥미롭다.

37. 소폭다량 혁신은 영어로 'great quantity of incremental innovation'으로 번역할 수 있다. 소폭다량으로 개념화하고 있지는 않으나 후발국은 작고 점진적인 증진이 중요하다는 점을 Mike Hobday, "Innovation in Asian Industrialization: A Gerschenkronian Perspective", *Oxford Development Studies* 31-3(2003), p. 299는 지적하고 있다.

38. 한국이 일본과 가장 다른 점의 하나는 과학기술 분야의 해외 유학 및 연수 인력이 여전히 상당 규모로 지속되고 있다는 점이다. 자체 과학기술 역량의 강화에는 단점이

나 국제 과학기술 추세와의 연동에는 장점이 되기도 한다.

7장 역동적 발전의 구조: '제도-실행 도약론'

1. David A. King, "The Scientific Impact of Nations", *Nature* 430(15 July 2004), pp. 311-16; Marcelo Hermes-Lima, Natacha C. F. Santos, Antonieta C. R. Alencastro, and Sergio T. Ferreira, "Whither Latin America? Trends and Challenges of Science in Latin America", *IUBMB Life* 59-4~5(2007), pp. 199-210; Muhammed Miah and Adnan Omar, "Technology Advancement in Developing Countries during Digital Age", *International Journal of Science and Applied Information Technology* 1-1(2012) (www.warse.ijatcse.current).

2. Linsu Kim and Richard R. Nelson eds., *Technology, Learning, and Innovation: Experiences of Newly Industrializing Economies* (Cambridge: Cambridge University Press, 2000); Henry Etzkowitz and Sandra N. Brisolla, "Failure and Success: The Fate of Industrial Policy in Latin America and South East Asia", *Research Policy* 28(1999), pp. 337-50; Anastassios Pouris and Anthipi Pouris, "The State of Science and Technology in Africa (2000-2004): A Scientometric Assessment", *Scientometrics* 79-2(2009), pp. 297-309; Dave Kaplan, "Science and Technology Policy in South Africa: Past Performance and Proposals for the Future", *Science, Technology, and Society* 13-1(2008), pp. 95-122.

3. 한국의 과학기술을 다루는 거의 모든 연구자들은 현대적 과학기술 인프라가 본격적으로 갖추어지는 1960년대부터 주목하나 여기서는 고등 과학기술 인력의 양성도 중요하다고 판단해서 대학이 확대되는 해방 직후부터 눈여겨보고자 한다.

4. 예로서, 국제 수준의 연구 논문이나 특허를 보면 1980년대 중반이 지나야 눈에 띄게 늘어나는 것을 볼 수 있다. 미래창조과학부·한국과학기술기획평가원, 『과학기술통계백서』, 각 연도판; 김영우·최영락·이달환·이영희·하헌표·오동훈, 『한국 과학기술정책 50년의 발자취』, 과학기술정책관리연구소, 1997, 347-50쪽; 한국정보화진흥원 공공데이터포털, "우리나라 과학기술논문 발표건수"; 특허청, "지적재산통계".

5. 개도국들 중에서 가장 앞서가던 남아메리카의 국가들이 침체 상태에 빠진 것에 대해서는 Amilear Herrera, "Social Determinants of Science in Latin America: Explicit Science Policy and Implicit Science Policy", Charles Cooper ed., *Science, Technology and Development: The Political Economy of Technical Advance in Underdeveloped Countries*

(London: Frank Cass & Co., 1973), pp. 19-37을 통해 엿볼 수 있다.

6. Joseph Ben-David, *The Scientist's Role in Society: A Comparative Study* (Englewood Cliffs: Prentice-Hall Inc., 1971); 홍성욱, "현대 과학연구의 지형도: 미국의 대학, 기업, 정부를 중심으로", 『과학은 얼마나』, 서울대학교출판부, 2004, 145-89쪽.

7. 예를 들어, 현신규의 리기테다소나무 육종, 이호왕의 한탄바이러스 발견 등은 한국 현대 과학기술사에서 예외적인 사건으로 봐야 할 것이다. 선유정, "현신규의 임학연구 궤적—과학연구의 사회적 진화—", 전북대학교 박사학위논문, 2012; 신미영, "주변에서 중심으로—바이러스학자 이호왕의 연구활동—", 전북대학교 박사학위논문, 2015.

8. 홍성주, "한국 과학기술정책의 형성과 과학기술행정체제의 등장, 1945-1967", 서울대학교 박사학위논문, 2010; 문만용, "1960년대 "과학기술 붐": 한국의 현대적 과학기술 체제의 형성", 『한국과학사학회지』 29-1, 2007, 67-96쪽; 신향숙, "제5공화국의 과학기술정책과 박정희시대 유산의 변용: 기술드라이브정책과 기술진흥확대회의를 중심으로", 『한국과학사학회지』 37-3, 2015, 519-53쪽; 김영우·최영락·이달환·이영희·하헌표·오동훈, 『한국 과학기술정책 50년의 발자취』, 과학기술정책관리연구소, 1997; Joel R. Campbell, *The Technology Policy of the Korean State since 1961: Successful Development of Science and Technology* (New York: The Edwin Mellen Press, 2008).

9. 한국 과학기술의 발전모형으로 지칭한 단속상승형은 영어로 'Punctuated Ascension Model(PAM)'로 표현할 수 있을 것이다. 이는 진화론과 관련하여 Stephen Jay Gould가 주장한 Punctuated Equilibrium Theory(단속평형이론)와 단계별로 단절이 존재한다는 점에서 유사하나 그 이후의 과정은 평형이 아닌 상승을 보인다는 점에서 차이가 난다.

10. 일례로, 박정희 시대에 설립된 KIST는 다른 정부출연연구소와 함께 새로운 이공계 대학원의 등장을 촉발시켰다. 문만용, "KIST에서 대덕연구단지까지—박정희 시대 정부출연연구소의 탄생과 재생산", 『역사비평』 85, 2008, 262-89쪽; Kim Dong-Won and Stuart W. Leslie, "Winning Markets or Winning Nobel Prizes? KAIST and the Challenges of Late Industrialization", *Osiris* 13(1998), pp. 154-85.

11. Eduardo B. Viotti, "National Learning Systems: A New Approach on Technological Change in Late Industrializing Economies and Evidences from the Cases of Brazil and South Korea", *Technological Forecasting and Social Change* 69(2002), pp. 653-80은 한국과 브라질 과학기술의 가장 큰 차이로 "적절한 제도(adequate institution)"와 "활발한 학습(active learning)"을 제기하고 있다.

12. 하나의 사례로서 1980년대 한국에서 유전공학의 국가적 제도화로 생명과학의 지적,

물적, 인적 변동이 급격히 일어났다. 신향숙, "1980년대 한국에서 유전공학의 등장과 제도화", 전북대학교 박사학위논문, 2013.

13. 과학기술 제도의 변동은 그 중심과 주변의 교체로 이해하는 것이 더 적절하다. 박정희 시대에 정부출연연구소들이 중추적인 제도로 떠오르며 그와 동시에 대학원의 고등 인력, 나아가 기업 개발연구의 필요성도 커졌다. Geun Bae Kim, "An Anatomical Chart of South Korean Science and Technology in the 1960s: Their Relationships with Political Power", *East Asian Science, Technology and Society: An International Journal* 5-4(2011), pp. 529-42; 문만용, 『한국의 현대적 연구체제의 형성: KIST의 설립과 변천, 1966~1980』, 선인, 2010.

14. 과학기술 실행에는 국가 고유의 전통과 문화, 개인 및 집단의 의식과 가치 등이 복잡하게 스며들 가능성이 크다. 삼성전자의 개발연구 과정에서 나타난 독특한 실행의 모습은 강진구, 『삼성전자 신화와 그 비결』, 고려원, 1996; 조현재·전효림·임상균, 『디지털 정복자: 삼성전자』, 매일경제신문사, 2005 등을 참고할 수 있다.

15. 시대별로 주도적 제도는 그와 유사한 제도를 다수 복제하여 신속성, 광역성 그리고 우위성을 확보했다. 박정희 시대에 이루어진 KIST의 복제를 통한 정부출연연구소의 확대는 문만용, "KIST에서 대덕연구단지까지─박정희 시대 정부출연연구소의 탄생과 재생산", 『역사비평』 85, 2008, 262-89쪽; Dal Hwan Lee, Zong-Tae Bae, and Jinjoo Lee, "Performance and Adaptive Roles of the Government-supported Research Institutes in South Korea", *World Development* 19(1991), pp. 1421-40에서 자세히 살펴볼 수 있다.

16. 정부출연연구소와 대기업의 개발연구 간의 관계는 조형제·김창욱 편, 『한국 반도체 산업, 세계기술을 선도한다』, 현대경제사회연구원, 1997; 송위진, 『기술정치와 기술혁신: CDMA 이동통신 기술개발 사례 분석』, 한국학술정보, 2007 등을 통해 구체적으로 살펴볼 수 있다.

17. 한국과학기술단체총연합회, 『한국과학기술30년사』, 1980; 김영우·최영락·이달환·이영희·하헌표·오동훈, 『한국 과학기술정책 50년의 발자취』, 과학기술정책관리연구소, 1997.

18. 홍성욱, "현대 과학연구의 지형도: 미국의 대학, 기업, 정부를 중심으로", 『과학은 얼마나』, 서울대학교출판부, 2004, 145-89쪽; Loet Leydesdorff, "Triple Helix of University-Industry-Government Relations", Elias G. Carayannis ed., *Encyclopedia of Creativity, Invention, Innovation and Entrepreneurship* (New York: Springer, 2013), pp. 1844-51.

19. 이와 부분적으로 관련이 있는 연구로는 김근배, "우장춘의 한국 귀환과 과학연구", 『한국과학사학회지』 26-2, 2004, 139-64쪽; 문만용, 『한국의 현대적 연구체제의 형성: KIST의 설립과 변천, 1966~1980』, 선인, 2010; 송위진, 『기술정치와 기술혁신: CDMA 이동통신 기술개발 사례 분석』, 한국학술정보, 2007 등을 들 수 있다.

20. 1980~90년대 메모리 반도체나 CDMA 개발연구 사례는 송성수, "추격에서 선도로: 삼성 반도체의 기술발전 과정", 『한국과학사학회지』 30-2, 2008, 517-44쪽; 김재훈, "공동 개발사업과 기술능력의 발전", 조형제·김창욱 편, 『한국 반도체산업: 세계기술을 선도한다』, 현대경제사회연구원, 1997, 139-94쪽; 송위진, "기술혁신에서의 위기의 역할과 과정: CDMA 기술개발 사례연구", 『기술혁신연구』 7-1, 1999, 78-97쪽 등을 참조할 수 있다.

21. 문만용·김영식, 『한국 근대과학 형성과정 자료』, 서울대학교출판부, 2004; 문만용, 『한국의 현대적 연구체제의 형성: KIST의 설립과 변천, 1966~1980』, 선인, 2010; 신향숙, "1980년대 한국에서 유전공학의 등장과 제도화", 전북대학교 박사학위논문, 2013.

22. Jae-Yong Choung and Hye-Ran Hwang, "The Evolutionary Patterns of Knowledge Production in Korea", *Scientometrics* 94(2013), pp. 629-50; Keith Pavitt, "The Social Shaping of the National Science Base", *Research Policy* 27(1998), pp. 793-805.

23. Frank W. Geels, "From Sectoral Systems of Innovation to Socio-technical Systems: Insights about Dynamics and Change from Sociology and Institutional Theory", *Research Policy* 33(2004), pp. 897-920.

24. 이 '제도-실행 도약론'을 최근 제시되고 있는 사회기술시스템론, 특히 다층적 접근(multi-level perspective)과 어떤 관련이 있고 의미를 지닐지에 대해서는 추가적인 연구가 필요하다. 다층적 접근에 대한 논의로는 Frank W. Geels and John Schot, "Typology of Sociotechnical Transition Pathways", *Research Policy* 36(2007), pp. 399-417; Frank W. Geels, "Ontologies, Socio-technical Transition (to Sustainability), and the Multi-level Perspective", *Research Policy* 39(2010), pp. 495-510 등이 있다.

25. Bang-Soon L. Yoon, "Reverse Brain Drain in South Korea: State-led Model", *Studies in Comparative International Development* 27-1(1992), pp. 4-26; Jae-Yong Choung, Hye-Ran Hwang, and Heeseung Yang, "The Co-evolution of Technology and Institution in the Korean Information and Communications Industry", *International Journal of Technology Management* 38-1~3(2006), pp. 249-66.

1. Jacques Gaillard, V. V. Krishna, and Roland Waast eds., *Scientific Communities in the Developing World* (London: Sage Publication, 1997), pp. 33-35.

2. Tae Gyun Park, "Development in Science and Technology of South Korea During the Cold War: Focusing on the US Policy Toward South Korea", Youngsoo Bae and Buhm Soon Park eds., *Bridging the Technology Gap: Historical Perspectives on Modern Asia* (Seoul: Seoul National University Press, 2013), pp. 63-93.

3. 많은 개도국들은 식민지 지배에 대한 반발과 토착화에 대한 열정으로 상당 기간 동안 수입 대체 및 자립적 발전 전략을 추구했다. Jacques Gaillard, V. V. Krishna, and Roland Waast eds., *Scientific Communities in the Developing World* (London: Sage Publication, 1997), pp. 31-35; Jorge Katz, "Technology, Economics, and Late Industrialization", Jean-Jacques Salomon, Francisco R. Sagasti, and Céline Sachs-Jeantet eds., *The Uncertain Quest: Science, Technology, and Development* (Tokyo: United Nations University Press, 1994), pp. 243-52; Howard Pack, "Research and Development in the Industrial Development Process", Linsu Kim and Richard R. Nelson eds., *Technology, Learning, and Innovation: Experiences of Newly Industrializing Economies* (Cambridge: Cambridge University Press, 2000), pp. 69-71.

4. 한국에서 과학기술의 연구개발 투자는 오랫동안 국민총생산(GNP)의 증가율을 앞질렀다. 이는 20세기 후반기에 세계 최고였던 국민총생산 증가보다도 연구개발 투자가 더 빠르게 늘어났음을 보여준다.

5. 한국의 과학기술과 산업화 발전 과정은 Sungchul Chung, "Innovation, Competitiveness and Growth: Korean Experiences", Justin Yifu Lin and Boris Pleskovic eds., *Lessons from East Asia and the Global Financial Crisis* (Washington DC: The World Bank, 2011), pp. 333-57에 잘 정리되어 있다.

6. 과학기술 분야는 이학, 공학, 의약학, 농수산학과 더불어 사범계 이과를 지칭한다. 통계 자료에 사범계는 전공 구분이 없어 대략 그 절반을 이과로 간주했다.

7. 과학기술처, 『과학기술연감』, 1979, 1980; 문교부, 『문교통계연보』, 1979; National Science Foundation, *Survey of Earned Doctorates* (Washington DC, 1979); 특허청, "지적재산통계".

8. 문만용, 『한국의 현대적 연구체제의 형성: KIST의 설립과 변천, 1966~1980』, 선인,

2010, 특히 206-69쪽.

9. 과학기술부, 『과학기술연감』, 2000; 교육부, 『교육통계연보』, 2000; 한국과학기술 기획평가원, 『KISTEP 통계브리프』, 2010; National Science Foundation, *Science and Engineering Doctorate Awards* (Washington DC, 2002); WIPO, "Statistical Country Profile: Republic of Korea". 한편, Caroline S. Wagner, Irene Brahmakulam, Brian Jackson, Anny Wong, and Tatsuro Yoda, *Science and Technology Collaboration: Building Capacity in Developing Countries?* (RAND, 2001), pp. 11-12는 2000년 무렵 한국의 과학기술 능력을 세계 11위로 평가하고 있다.

10. 송성수, "추격에서 선도로: 삼성 반도체의 기술발전 과정", 『한국과학사학회지』 30-2, 2008, 517-44쪽; 김재훈, "공동 개발사업과 기술능력의 발전", 조형제·김창욱 편, 『한국 반도체산업: 세계기술을 선도한다』, 현대경제사회연구원, 1997, 139-94쪽; 신장섭·장성원, 『삼성 반도체 세계 일등 비결의 해부』, 삼성경제연구소, 2006.

11. 과학기술 지체 현상은 연구 성과가 나오기 이전의 과학기술 활동을 적절히 측정할 방법이 없다는 점과도 관련이 있다. Christopher Freeman and Luc Soete, "Developing Science, Technology and Innovation Indicators: What We Can Learn from the Past", UNU-MERIT Working Paper Series(2007), pp. 1-19; Chris Freeman and John Hagedoorn, "Convergence and Divergence in the Internationalization of Technology", John Hagedoorn ed., *Technical Change and the World Economy: Convergence and Divergence in Technology Strategies* (Aldershot: Edward Elgar, 1995), pp. 40-41.

12. 미래창조과학부·한국과학기술기획평가원, 『과학기술통계백서』, 2016; World Bank, "High Tech Exports". 2013년부터 한국이 첨단제품 수출액에서 일본을 추월한 것은 흥미롭다.

13. 철강의 파이넥스공법은 송성수·송위진, "코렉스에서 파이넥스로: 포스코의 경로실현형 기술혁신", 『기술혁신학회지』 13-4, 2010, 700-16쪽, 한국형 원자로의 설계 기술은 Byung-Koo Kim, *Nuclear Silk Road: The "Koreanization" of Nuclear Power Technology* (Scotts Valley: CreateSpace Independent Publishing Platform, 2011), 영상의료 기술은 이준석, "경합하는 기술, 경계의 재설정, 그리고 기표-정치(signifiant-politics)—기능성자기공명혈관조영술(fMRA)의 사례로 살펴본 신기술의 명명 작업", 『과학기술학연구』 14-2, 2014, 199-222쪽, 김빛내리 연구팀의 마이크로 RNA 연구는 홍성욱·장하원, "실험실과 창의성: 책임자와 실험실 문화의 역할을 중심으로", 『과학기술학연구』 10-1, 2010, 27-71쪽 등을 참조할 수 있다.

14. 과학기술 수원국(recipient)은 그들이 연결을 맺은 공여국의 영향을 크게 받는다. Gabriel Szulanski, "The Process of Knowledge Transfer: A Diachronic Analysis of Stickiness", *Organizational Behavior and Human Decision Processes* 82-1(2000), pp. 9-27; Gili S. Drori, John W. Meyer, Francisco O. Ramirez, and Evan Schofer eds., ""Styles" of Science: Variations in Global Science", *Science in the Modern World Polity: Institutionalization and Globalization* (Stanford: Stanford University Press, 2003), pp. 196-213; Muhammad Shahidullah, "Institutionalization of Modern Science and Technology in Non-Western Societies: Lessons from Japan and India", *Knowledge: Creation, Diffusion, Utilization* 6-4(1985), pp. 437-60.

15. Howard Pack, "Research and Development in the Industrial Development Process", Linsu Kim and Richard R. Nelson eds., *Technology, Learning, and Innovation: Experiences of Newly Industrializing Economies* (Cambridge: Cambridge University Press, 2000), pp. 72-79; Jörg Mahlich and Werner Pascha eds., *Korean Science and Technology in an International Perspective* (Heidelberg: Physica-Verlag, 2012), pp. 15-40.

16. Andrew Feenberg, "Ten Paradoxes of Technology", *Techné* 14(2010), pp. 3-15.

17. 안윤모, "1950년대 한국의 고급 인력 양성과 미국", 『인문논총』 17, 2008, 71-92쪽; 임대식, "1950년대 미국의 교육원조와 친미 엘리트의 형성", 역사문제연구소 편, 『1950년대 남북한의 선택과 굴절』, 역사비평사, 1998, 128-85쪽.

18. 해외 유치 과학기술자들이 반도체 산업에서 행한 주요 역할은 Jaeyong Song, "Technological Catching-Up of Korea and Taiwan in the Global Semiconductor Industry: A Study of Modes of Technology Sourcing", Discussing Paper No.15/APEC Study Center(Columbia Business School, 2000), pp. 1-21, 1992년 한 해에 외국에서 국내 기업 연구소로 뽑혀 온 과학기술자들이 427명에 달했다는 사실은 김인수 저, 임윤철·이호선 역, 『모방에서 혁신으로』, 시그마인사이트컴, 2000, 96쪽에 서술되어 있다.

19. 문만용, 『한국의 현대적 연구체제의 형성: KIST의 설립과 변천, 1966~1980』, 선인, 2010; Bang-Soon Launius Yoon, "State Power and Public R&D in Korea: A Case Study of the Korea Institute of Science and Technology"(Doctoral Dissertation: University of Hawaii, 1992).

20. 송위진, 『기술정치와 기술혁신: CDMA 이동통신 기술개발 사례 분석』, 한국학술정보, 2007.

21. 미래창조과학부·한국과학기술기획평가원, 『과학기술통계백서』, 2016; 한국정보화진흥원 공공데이터포털, "우리나라 과학기술논문 발표건수"; National Science Foundation, *Science and Engineering Doctorate Awards* (Washington DC, 2015); WIPO, "Statistical Country Profile: Republic of Korea".

22. Ki-Seok Kwon, Han Woo Park, Minho So, and Loet Leydesdorff, "Has Globalization Strengthened South Korea's National Research System? National and International Dynamics of the Triple Helix of Scientific Co-authorship Relationships in South Korea", *Scientometrics* 90(2012), pp. 163-76.

23. Royal Society, "Knowledge, Networks and Nations: Global Scientific Collaboration in the 21st Century", RS Policy Document 03/11(London: The Royal Society, 2011)은 한국을 포함한 여러 나라들에 대한 풍부한 정보와 앞으로 중요하게 고려해야 할 방안 제시를 담고 있다.

24. Franco Malerba and Richard Nelson, "Learning and Catching up in Different Sectoral Systems: Evidence from Six Industries", *Industrial and Corporate Change* 20-6(2011), pp. 1645-75.

25. OECD, "Science, Technology, and Industry Scoreboard 2015: Korea Highlights"(2015); Jörg Mahlich and Werner Pascha eds., *Korean Science and Technology in an International Perspective* (Heidelberg: Physica-Verlag, 2012)에는 한국 과학기술의 전반적인 상황과 함께 주요 강점과 약점이 정리되어 있다.

26. Jae-Yong Choung and Hye-Ran Hwang, "The Evolutionary Patterns of Knowledge Production in Korea", *Scientometrics* 94(2013), pp. 629-50; Keith Pavitt, "The Social Shaping of the National Science Base", *Research Policy* 27(1998), pp. 793-805. 예로서, 미국 특허 등록 건수를 보면 대기업(삼성, LG, 현대), 정부출연연구소(KIST, ETRI), 그리고 카이스트 등이 압도적으로 높은 비중을 차지하고 있는 점은 Ishtiaq P. Mahmood and Jasjit Singh, "Technological Dynamism in Asia", *Research Policy* 32(2003), pp. 1031-54. 최근 정부 지원 연구개발비의 경우 서울대와 카이스트를 비롯한 상위 10개 대학이 50% 이상을 차지하고 있는 점은 이동현, "국가연구비 50.4%, 상위 10개 대학 독식", 『EBS 뉴스』(2016. 9. 29)를 통해 알 수 있다.

27. 한국과 대만의 과학기술이 가진 가장 큰 차이는 이 점에 있다. Jae-Yong Choung and Hye-Ran Hwang, "The Evolutionary Patterns of Knowledge Production in Korea", *Scientometrics* 94(2013), pp. 629-50; John A. Mathews, "The Origins and Dynamics of

Taiwan's R&D Consortia", *Research Policy* 31(2002), pp. 633-51; Walter Arnold, "Science and Technology Development in Taiwan and South Korea", *Asian Survey* 28-4(1988), pp. 437-50.

28. Yung Sik Kim, "Some Reflections on Science and Technology in Contemporary Korean Society", *Korea Journal* 28(1988), pp. 4-15.

29. 김근배, 『황우석 신화와 대한민국 과학』, 역사비평사, 2007.

30. Gili S. Drori, John W. Meyer, Francisco O. Ramirez, and Evan Schofer eds., *Science in the Modern World Polity: Institutionalization and Globalization* (Stanford: Stanford University Press, 2003).

31. Somi Seong and Steven W. Popper, *Strategic Choices in Science and Technology: Korea in the Era of a Rising China* (RAND, 2005); Joel R. Campbell, "Building an IT Economy: South Korean Science and Technology Policy", *Issues in Technology Innovation* 19(2012), pp. 1-9; Mark Zastrow, "Why South Korea Is the World's Biggest Investor in Research", *Nature* 534 (02 June 2016), pp. 20-23.

32. Michael Hobday, Howard Rush, and John Bessant, "Approaching the Innovation Frontier in Korea: The Transition Phase to Leadership", *Research Policy* 33(2004), pp. 1433-57.

33. 몇몇 사례 연구로 Tae-Young Park, Jae-Yong Choung, and Hong-Ghi Min, "The Cross-industry Spillover of Technological Capability: Korea's DRAM and TFT-LCD Industries", *World Development* 36-12(2008), pp. 2855-73; Tae-Young Park, "How a Latecomer Succeeded in a Complex Product System Industry: Three Case Studies in the Korean Telecommunication Systems", *Industrial and Corporate Change* 22-2(2012), pp. 363-96 등이 있다.

34. OECD, "Science, Technology, and Industry Scoreboard 2015: Korea Highlights"(2015)를 보면 한국이 20개의 첨단기술 분야 중 11개에서 "선두주자(top player)"라고 하나 구체적으로는 1등이 아닌 그 아래에 위치해 있는 것을 볼 수 있다.

35. IFI CLAIMS, "2015 Top 50 US Patent Assignees" (http://www.ificlaims.com).

36. 미래창조과학부·한국과학기술기획평가원, 『과학기술통계백서』, 2016; Somi Seong and Steven W. Popper, *Strategic Choices in Science and Technology: Korea in the Era of a Rising China* (RAND, 2005).

37. 중국이 보유한 주요 업체들의 세계 순위는 구글 웹사이트(http://www.google.com)의

검색을 통해 쉽게 확인할 수 있다.

38. 추격형 발전의 진단과 탈추격형 발전으로의 전환 모색에 대해서는 정재용·황혜란 엮음, 『추격형 혁신시스템을 진단한다』, 한울아카데미, 2013을 참조할 수 있다.

9장 개도국에 주는 시사점

1. 개도국의 과학기술은 대체로 느린 발전을 보여준다. 그러다가 과학기술 임계점에 도달하면 한국과 대만 등에서 보듯 짧은 기간에 엄청난 도약을 이룬다.

2. Gili S. Drori, John W. Meyer, Francisco O. Ramirez, and Evan Schofer eds., *Science in the Modern World Polity: Institutionalization and Globalization* (Stanford: Stanford University Press, 2003); Andrea Morrison, Carlo Pietrobelli, and Roberta Rabellotti, "Global Value Chains and Technological Capabilities: A Framework to Study Industrial Innovation in Developing Countries", *Oxford Development Studies* 36-1(2008), pp. 39-58.

3. Franco Malerba and Richard Nelson, "Learning and Catching up in Different Sectoral Systems: Evidence from Six Industries", *Industrial and Corporate Change* 20-6(2011), pp. 1645-75는 산업 부문별로 그 발전에 필요한 요소들 사이에 유사점과 차이점이 존재하고 있다는 점을 지적하고 있다.

4. 과학기술자들에 대한 것은 아니지만 한국인들의 주요 특성에 대해서는 다니엘 튜더 지음, 노정태 옮김, 『기적을 이룬 나라 기쁨을 잃은 나라』, 문학동네, 2013; 임마누엘 페스트라이쉬(이만열), 『한국인만 모르는 다른 대한민국』, 21세기북스, 2013 등을 참조할 수 있다.

5. Jean-Jacques Salomon, Francisco R. Sagasti, and Céline Sachs-Jeantet eds., *The Uncertain Quest: Science, Technology, and Development* (Tokyo: United Nations University Press, 1994).

6. Phillip A. Griffiths, "Strengthening Science and Technology in the Developing World", Sigma Xi Forum and Annual Meeting(Los Angeles, 2003), pp. 1-6.

7. Evan Schofer and John W. Meyer, "The Worldwide Expansion of Higher Education in the Twentieth Century", *American Sociological Review* 70(2005), pp. 898-920.

8. 후발국으로서 과학기술 발전에 성공한 나라들은 공통적으로 응용 지향적 연구에 치중했던 것을 볼 수 있다. Roberto Mazzoleni and Richard R. Nelson, "Public Research

Institutions and Economic Catch-up", *Research Policy* 36(2007), pp. 1512-28.

9. 개도국의 과학기술에서 규모가 차지하는 중요성에 대해서는 Jacques Gaillard, V. V. Krishna, and Roland Waast eds., *Scientific Communities in the Developing World* (London: Sage Publishing, 1997), pp. 41-42에 간단히 언급되어 있다. International Council for Science Policy Studies, *Science and Technology in Developing Countries: Strategies for the 1990s, A Report to UNESCO* (Paris: UNESCO, 1992), pp. 65-79는 개도국을 "과학기술 기반(base)을 잘 갖춘 나라", "과학기술 기반의 기본 요소를 갖춘 나라", "과학기술 기반이 없는 나라"로, Caroline S. Wagner, Irene Brahmakulam, Brian Jackson, Anny Wong, and Tatsuro Yoda, *Science and Technology Collaboration: Building Capacity in Developing Countries?* (RAND, 2001), pp. 9-18은 세계의 모든 나라들을 "과학적으로 진보한 나라", "과학적으로 역량 있는 나라", "과학적으로 발전 중인 나라", "과학적으로 낙후한 나라"로 구분한 적이 있다.

10. 멕시코와 브라질은 OECD, "Science, Technology, and Industry Scoreboard 2013: Mexico Highlights"(2013); "Science, Technology, and Industry Scoreboard 2013: Brazil Highlights"(2013)를 참고할 수 있다.

11. 인도네시아의 과학기술 발전 과정은 Sulfikar Amir, *The Technological State in Indonesia: The Co-constitution of High Technology and Authoritarian Politics* (London: Routledge, 2013)에 자세히 서술되어 있다.

12. 칠레의 과학기술 현황은 Lauritz Holm-Nielsen and Natalia Agapitova, "Chile—Science, Technology and Innovation", LCSHD Paper Series No.79(Latin America and the Caribbean Regional Office: The World Bank, 2002); Department of Education (in Chile), "Science, Technology and Innovation for the Development of Chile"(2011)를 통해 엿볼 수 있다.

13. 북한의 과학기술 발전 과정은 김근배, "북한 과학기술의 변천: 주체 대 선진", 『북한과학기술연구』 1, 2003, 349-63쪽; 강호제, 『북한 과학기술 형성사 I』, 선인, 2007을 참고할 수 있다.

14. Mike Hobday, "Learning from Asia's Success beyond Simplistic 'Lesson-making'", Working Paper/ World Institute for Development Economics Research No.2011.42(2011), pp. 1-20.

15. Américo Tristão Bernardes and Eduardo da Motta e Albuquerque, "Cross-over, Thresholds, and Interactions between Science and Technology: Lessons for Less-developed

Countries", *Research Policy* 32(2003), pp. 865-85에서 보듯, 한국의 경우도 개발연구에 중점을 두긴 했으나 그렇다고 해서 기초연구를 무시했던 것은 아니다.

16. 한국과 대만, 싱가포르, 중국 등의 기술 추격에서 나타나는 유사점과 차이점은 이 근, 『동아시아와 기술추격의 경제학: 신슘페터주의적 접근』, 박영사, 2007, 231-47쪽; John A. Mathews, "National Systems of Economic Learning: The Case of Technology Diffusion Management in East Asia", *International Journal of Technology Management* 22-5~6(2001), pp. 455-79; Poh-Kam Wong, "National Innovation Systems for Rapid Technological Catch-up: An Analytical Framework and a Comparative Analysis of Korea, Taiwan and Singapore", DRUID Summer Conference on National Innovation System, Industrial Dynamics and Innovation Policy(1999), pp. 1-32; Manuel M. Godinho and Jan Fagerberg, "Innovation and Catching-up", Jan Fagerberg, David C. Mowery, and Richard R. Nelson eds., *The Oxford Handbook of Innovation* (Oxford: Oxford University Press, 2004), pp. 514-42 등을 참고할 수 있다.

17. 최근 국제 과학사학계에서 논의되고 있는 "과학지식의 순환적 시각"(circulatory perspective)은 서구 선진국→동아시아의 네 마리 용→개도국으로 이어지는 세계적 과학기술 순환의 이해에 도움이 될 수 있다. Kapil Raj, "Beyond Postcolonialism... and Postpositivism: Circulation and the Global History of Science", *Isis* 104-2(2013), pp. 337-47; James A. Secord, "Knowledge in Transit" *Isis* 95-4(2004), pp. 654-72.

〈표, 그림 및 보첨 일람〉

표 일람

그림 일람

보첨 일람

〈보첨 3〉 '한국 과학기술혁명(scientech revolution in Korea)'

〈보첨 4〉 '개발연구체제(D&R system)'

〈보첨 5〉 '소폭다량' 혁신

〈보첨 6〉 '단속상승형' 발전모델(PAM)

〈보첨 7〉 '제도–실행 도약론(I–Pet)'

〈보첨 8〉 '한국 모델' 대 '동아시아 모델'

〈참고문헌〉

1. 국문 저서

강재언, 『조선의 서학사』, 정음사, 1990.

강진구, 『삼성전자 신화와 그 비결』, 고려원, 1996.

강호제, 『북한 과학기술 형성사 I』, 선인, 2007.

구만옥, 『세종시대의 과학기술』, 들녘, 2016.

국사편찬위원회 편, 『근현대 과학기술과 삶의 변화』, 두산동아, 2005.

김근배, 『한국 근대 과학기술인력의 출현』, 문학과지성사, 2005.

김근배, 『황우석 신화와 대한민국 과학』, 역사비평사, 2007.

김기형 외, 『과학대통령 박정희와 리더십』, MSD미디어, 2010.

김연희, 『한국 근대과학 형성사』, 들녘, 2016.

김영식, 『과학혁명—전통적 관점과 새로운 관점』, 아르케, 2001.

김영식, 『동아시아 과학의 차이』, 사이언스북스, 2013.

김영식·김근배 편, 『근현대 한국사회의 과학』, 창작과비평사, 1998.

김영우·최영락·이달환·이영희·하헌표·오동훈, 『한국 과학기술정책 50년의 발자취』, 과
  학기술정책관리연구소, 1997.

김인수 저, 임윤철·이호선 역, 『모방에서 혁신으로』, 시그마인사이트컴, 2000.

김인수·이진주, 『기술혁신의 과정과 정책』, 한국개발연구원, 1982.

김종범, 『한국 기술혁신의 이론과 실제』, 백산서당, 2002.

김종영, 『지배받는 지배자: 미국 유학과 한국 엘리트의 탄생』, 돌베개, 2015.

김진현, 『한국은 어떻게 가야하는가』, 매일경제신문사, 1995.

김환석·김동광·조혜선·박진희·박희제, 『한국의 과학자사회: 역사, 구조, 사회화』, 궁리,
  2010.

다니엘 튜더 지음, 노정태 옮김, 『기적을 이룬 나라 기쁨을 잃은 나라』, 문학동네, 2013.

도널드 스토크스 지음, 윤진효·이준영·고용수·윤성식·홍정진 옮김, 『파스퇴르 쿼드런

트: 과학과 기술의 관계 재발견』, 북&월드, 2007.

로버트 B. 마르크스 지음, 윤영호 옮김, 『어떻게 세계는 서양이 주도하게 되었는가』, 사이, 2014.

로버트 K. 머튼 지음, 석현호·양종회·정창수 옮김, 『과학사회학 I』, 민음사, 1998.

리처드 로즈 지음, 문신행 옮김, 『원자폭탄 만들기 1-2』, 사이언스북스, 2003.

馬越徹 지음, 한용진 옮김, 『한국 근대대학의 성립과 전개─대학 모델의 전파 연구─』, 교육과학사, 2001.

문만용, 『한국의 현대적 연구체제의 형성: KIST의 설립과 변천, 1966~1980』, 선인, 2010.

문만용·김영식, 『한국 근대과학 형성과정 자료』, 서울대학교출판부, 2004.

박범순·김소영, 『과학기술정책 이론과 쟁점』, 한울아카데미, 2015.

박성래, 『한국사에도 과학이 있는가』, 교보문고, 1998.

박성래·신동원·오동훈 편, 『우리 과학 100년』, 현암사, 2001.

박우희·배용호, 『한국의 기술발전』, 경문사, 1996.

박익수, 『한국원자력창업비사』, 과학문화사, 1999.

서현진, 『끝없는 혁명: 한국 전자산업 40년의 발자취』, 이비컴, 2001.

성기수, 『조국에 날개를: 성기수 자서전』, 1999 (http://www.sungkisoo.pe.kr).

송성수, 『기술혁신이란 무엇인가』, 생각의힘, 2014.

송위진, 『기술정치와 기술혁신: CDMA 이동통신 기술개발 사례 분석』, 한국학술정보, 2007.

송위진, 『기술혁신과 과학기술정책』, 르네상스, 2006.

신동원, 『한국근대보건의료사』, 한울, 1997.

신장섭·장성원, 『삼성 반도체 세계 일등 비결의 해부』, 삼성경제연구소, 2006.

오원철, 『한국형 경제건설 1-7』, 기아경제연구소/한국형경제정책연구소, 1996-1999.

위비 바이커 외 지음, 송성수 편, 『과학 기술은 사회적으로 어떻게 구성되는가』, 새물결, 1999.

이공래 외, 『한국의 국가혁신체제─경제위기 극복을 위한 기술혁신정책의 방향─』, 과학기술정책관리연구소, 1998.

이근, 『동아시아와 기술추격의 경제학: 신슘페터주의적 접근』, 박영사, 2007.

이기열, 『소리없는 혁명: 80년대 전기통신 비사』, 전자신문사, 1995.

이문규·정원·강미화·김재상·김화선·선유정·신미영, 『과학사 산책』, 소리내, 2015.

임마누엘 페스트라이쉬(이만열), 『한국인만 모르는 다른 대한민국』, 21세기북스, 2013.

장하준·신장섭 지음, 장진호 옮김, 『주식회사 한국의 구조조정─무엇이 문제인가』, 창비,

2004.

전상근, 『한국의 과학기술정책—한 정책입안자의 증언』, 정우사, 1982.

전상운, 『한국과학사의 새로운 이해』, 연세대학교 출판부, 1998.

정재용·황혜란 엮음, 『추격형 혁신시스템을 진단한다』, 한울아카데미, 2013.

제임스 E. 매클렐란 3세·해럴드 도른 공저, 전대호 옮김, 『과학과 기술로 본 세계사 강의』, 모티브북, 2006.

조현재·전효림·임상균, 『디지털 정복자: 삼성전자』, 매일경제신문사, 2005.

조형제·김창욱 편, 『한국 반도체산업, 세계기술을 선도한다』, 현대경제사회연구원, 1997.

존 프레스턴 지음, 박영태 옮김, 『쿤의 『과학혁명의 구조』 해제』, 서광사, 2011.

지나 콜라타 지음, 이한음 옮김, 『복제양 돌리』, 사이언스북스, 1998.

최형섭, 『개발도상국의 과학기술 개발전략 1-3』, 한국과학기술연구소/한국과학기술연구원, 1980-1981.

최형섭, 『불이 꺼지지 않는 연구소』, 조선일보사, 1995.

카이 버드·마틴 셔윈 지음, 최형섭 옮김, 『아메리칸 프로메테우스—로버트 오펜하이머 평전』, 사이언스북스, 2005.

테사 모리스 스즈키 지음, 박영무 옮김, 『일본 기술의 변천』, 한승, 1998.

토머스 S. 쿤, 김명자·홍성욱 옮김, 『과학혁명의 구조』 제4판, 까치, 2013.

피터 디어 지음, 정원 옮김, 『과학혁명—유럽의 지식과 야망, 1500-1700』, 뿌리와이파리, 2011.

한국과학기술단체총연합회, 『한국과학기술30년사』, 1980.

현원복, 『대통령과 과학기술』, 과학사랑, 2005.

홍성욱, 『과학은 얼마나』, 서울대학교출판부, 2004.

2. 국문 논문

강명숙, "대학의 제도적 기반 형성과 학술 여건(1945~1955), 『한국근현대사연구』 67, 2013.

강미화, "한국 과학자사회와 정부의 관계 변화—1960~70년대 한국과학기술단체총연합회를 중심으로—", 전북대학교 박사학위논문, 2015.

고대승, "원자력기구 출현과정과 그 배경", 김영식·김근배 편, 『근현대 한국사회의 과학』, 창작과비평사, 1998.

구현우, "제도변화의 통합적 접근: 신제도주의 하위 분파 간 통합적 접근의 가능성",『국정관리연구』7-2, 2012.

김근배, "20세기 식민지 조선의 과학과 기술—개발의 씨앗?",『역사비평』56, 2001.

김근배, "북한 과학기술의 변천: 주체 대 선진",『북한과학기술연구』1, 2003.

김근배, "식민지 과학기술을 넘어서—근대 과학기술의 한국적 진화—",『한국근현대사연구』58, 2011.

김근배, "우장춘의 한국 귀환과 과학연구",『한국과학사학회지』26-2, 2004.

김근배, "이승만 집권기의 과학기술—과학기술 공간의 내면 풍경—", 2011, 미발표 논문.

김동광, "해방 공간과 과학자사회의 이념적 모색",『과학기술학연구』6-1, 2006.

김동원, "과학자의 리더십: 미국과 일본의 경우", 한양대학교 과학철학교육위원회 편,『과학기술의 철학적 이해』, 한양대학교 출판부, 2006.

김동원, "과학자의 리더십: 유럽의 경우", 한양대학교 과학철학교육위원회 편,『과학기술의 철학적 이해』, 한양대학교 출판부, 2006.

김명진, "1950년대 고등교육 협력에 관한 연구: 서울대-미네소타대 프로젝트 사례", 서울대학교 박사학위논문, 2009.

김선희, "격물궁리지학, 격치지학, 격치학 그리고 과학—서양 과학에 대한 동아시아의 지적 도전과 곤경—",『개념과 소통』17, 2016.

김성근, "동아시아에서 "자연(nature)"이라는 근대어휘의 탄생과 정착: 일본과 한국의 사전류를 중심으로",『한국과학사학회지』32-2, 2010.

김성근, "일본의 메이지 사상계와 '과학'이라는 용어의 성립과정",『한국과학사학회지』25-2, 2003.

김성준, "한국 원자력 기술체제 형성과 변화, 1953-1980", 서울대학교 박사학위논문, 2012.

김수자, "근대 초『한성순보』에 나타난 공학으로서의 과학과 '근대지식'",『이화사학연구』45, 2012.

김연희, "고종시대 근대 통신망 구축사업—전신사업을 중심으로—", 서울대학교 박사학위논문, 2006.

김연희, "『한성순보』및『한성주보』의 과학기술 기사로 본 고종시대 서구 문물 수용 노력",『한국과학사학회지』33-1, 2011.

김용열, "한국의 대일 시장추격과 기술추격",『일본연구논총』34, 2011.

김태호, "'통일벼'와 1970년대 쌀 증산체제의 형성", 서울대학교 박사학위논문, 2009.

니시노 준야, "한국의 산업정책 변화와 일본으로부터의 학습: 1960~70년대를 중심으로",

연세대학교 박사학위논문, 2005.

문만용, "1960년대 "과학기술의 붐": 한국의 현대적 과학기술체제의 형성", 『한국과학사학회지』 29-1, 2007.

문만용, "KIST에서 대덕연구단지까지—박정희 시대 정부출연연구소의 탄생과 재생산", 『역사비평』 85, 2008.

박명호, "유럽과 한국의 산업화 과정 분석: 거셴크론 이론을 중심으로", 『비교경제연구』 10-1, 2003.

박성래, "한·중·일의 서양 과학수용: 1800년 이전의 근대과학 잠재력 비교", 『한국과학사학회지』 3-1, 1981.

박성래, "한국과학사의 시대구분", 『한국학연구』 1, 1994.

선유정, "현신규의 임학연구 궤적—과학연구의 사회적 진화—", 전북대학교 박사학위논문, 2012.

송성수, "추격에서 선도로: 삼성 반도체의 기술발전 과정", 『한국과학사학회지』 30-2, 2008.

송성수, "한국 철강산업의 기술능력 발전과정—1960~1990년대의 포항제철—", 서울대학교 박사학위논문, 2002.

송성수, "한국의 기술발전 과정에 나타난 특징 분석: 포스코와 삼성 반도체를 중심으로", 『한국과학사학회지』 34-1, 2012.

송성수·송위진, "코렉스에서 파이넥스로: 포스코의 경로실현형 기술혁신", 『기술혁신학회지』 13-4, 2010.

송위진, "국가혁신체제론의 혁신정책", 『행정논총』 47-3, 2009.

송위진, "기술혁신에서의 위기의 역할과 과정: CDMA 기술개발 사례연구", 『기술혁신연구』 7-1, 1999.

신동호, "과학기술계의 양대 인맥", 과학기자 모임 지음, 『신한국 과학기술을 위한 연합보고서』, 희성출판사, 1993.

신미영, "주변에서 중심으로—바이러스학자 이호왕의 연구활동—", 전북대학교 박사학위논문, 2015.

신향숙, "1980년대 한국에서 유전공학의 등장과 제도화", 전북대학교 박사학위논문, 2013.

신향숙, "제5공화국의 과학기술정책과 박정희시대 유산의 변용: 기술드라이브정책과 기술진흥확대회의를 중심으로", 『한국과학사학회지』 37-3, 2015.

신향숙, "한국 세포유전학의 근간을 세운 강영선", 한국과학사학회 추계대회 발표문,

2005.

안윤모, "1950년대 한국의 고급 인력 양성과 미국", 『인문논총』 17, 2008.

오세홍, "특정연구개발사업 프로그램 변화와 그 의미", 『과학기술정책』 101, 1997.

이강춘, "우수연구센터의 네트워크 구조와 성과에 관한 연구", 『한국공공관리학보』 21-4, 2007.

이옥순, "19세기 식민지 인도의 과학기술―해방의 씨앗?", 『역사비평』 56, 2001,

이왕준, "미네소타 프로젝트가 한국 의학교육에 미친 영향", 서울대학교 박사학위논문, 2006.

이장재, "국가연구개발사업 비교연구: 특정연구개발사업과 공업기반기술개발사업을 중심으로", 과학기술정책연구원, 1993.

이정, "식민지 조선의 식물 연구(1910-1945): 조일 연구자의 상호 작용을 통한 상이한 근대 식물학의 형성", 서울대학교 박사학위논문, 2013.

이준석, "'경합하는 기술, 경계의 재설정, 그리고 기표-정치 (signifiant-politics)―기능성자기공명혈관조영술(fMRA)의 사례로 살펴본 신기술의 명명 작업", 『과학기술학연구』 14-2, 2014.

이창건 역, "후진국에서의 과학의 후진성", 『신동아』 1965년 11월호.

임대식, "1950년대 미국의 교육원조와 친미 엘리트의 형성", 역사문제연구소 편, 『1950년대 남북한의 선택과 굴절』, 역사비평사, 1998.

임종태, "'도리'의 형이상학과 '형기'의 기술―19세기 중반 한 주자학자의 눈에 비친 서양 과학 기술과 세계: 이항로(1792-1868)", 『한국과학사학회지』 21-1, 1999.

임종태, "김용관의 발명학회와 1930년대 과학운동", 『한국과학사학회지』 17-2, 1995.

조형근, "식민지와 근대의 교차로에서: 의사들이 할 수 없었던 일", 『문화과학』 29, 2002.

천병두, "한국기업의 고도성장을 위한 연구개발 방향", 『경영학연구』 8, 1979.

하연섭, "신제도주의의 최근 경향: 이론적 자기 혁신과 수렴", 『한국행정학보』 36-4, 2002.

홍성욱·장하원, "실험실과 창의성: 책임자와 실험실 문화의 역할을 중심으로", 『과학기술학연구』 10-1, 2010.

홍성주, "한국 과학기술정책의 형성과 과학기술행정체제의 등장, 1945-1967", 서울대학교 박사학위논문, 2010.

황혜란·윤정로, "한국의 기초연구능력 구축과정―우수연구센터(ERC/SRC) 제도를 중심으로", 『기술혁신학회지』 6-1, 2002.

황혜란·정재용·송위진, "탈추격 연구의 이론적 지향성 및 과제", 『기술혁신연구』 20-1,

2012.

3. 국문 자료

과연회, 『국방부과학연구소』, 2003.

『과학과 기술』, 한국과학기술단체총연합회.

『과학기술연감』, 과학기술처/과학기술부.

『과학기술통계백서』, 미래창조과학부·한국과학기술기획평가원.

『교육통계연보』, 문교부/교육부.

네이버 뉴스라이브러리 (http://newslibrary.naver.com/search/searchByKeyword.nhn).

특허청, "지적재산통계" (http://www.kipo.go.kr/kpo/user.tdf?a=user.main.MainApp).

한국과학기술정책연구원 국제기술혁신협력센터 홈페이지 (http://iicc.stepi.re.kr/).

한국정보화진흥원 공공데이터포털, "우리나라 과학기술논문 발표건수" (https://www.data.go.kr/#/L21haW4=).

『KISTEP 통계브리프』, 한국과학기술기획평가원.

4. 영문 저서

Amir, Sulfikar, *The Technological State in Indonesia: The Co-constitution of High Technology and Authoritarian Politics* (London: Routledge, 2013).

Amsden, Alice H., *Asia's Next Giant: South Korea and Late Industrialization* (Oxford: Oxford University Press, 1989).

Bae, Youngsoo and Buhm Soon Park eds., *Bridging the Technology Gap: Historical Perspectives on Modern Asia* (Seoul: Seoul National University Press, 2013).

Bartholomew, James R., *The Formation of Science in Japan: Building a Research Tradition* (New Haven: Yale University Press, 1989).

Bastos, Maria Inês and Charles Cooper eds., *Politics of Technology in Latin America* (London: Routledge, 1995).

Ben-David, Joseph(Gad Freundenthal ed.), *Scientific Growth: Essays on the Social Organization and Ethos of Scienc* (Berkeley: University of California Press, 1991).

Ben-David, Joseph, *The Scientist's Role in Society: A Comparative Study* (Englewood Cliffs: Prentice-Hall Inc., 1971).

Biagioli, Mario ed., *The Science Studies Reader* (New York: Routledge, 1999).

Bush, Vannevar, *Science: The Endless Frontier* (Washington DC: Government Printing Office, 1945).

Campbell, Joel R., *The Technology Policy of the Korean State since 1961: Successful Development of Science and Technology* (New York: The Edwin Mellen Press, 2008).

Choi, Hyaeweol, *An International Scientific Community: Asian Scholars in the United States* (Westport: Praeger, 1995).

Cooper, Charles ed., *Science, Technology and Development: The Political Economy of Technical Advance in Underdeveloped Countries* (London: Frank Cass & Co., 1973).

DiMoia, John P., *Reconstructing Bodies: Biomedicine, Health, and Nation-Building in South Korea since 1945* (Stanford: Stanford University Press, 2013).

Drori, Gili S., John W. Meyer, Francisco O. Ramirez, and Evan Schofer eds., *Science in the Modern World Polity: Institutionalization and Globalization* (Stanford: Stanford University Press, 2003).

Edquist, Charles ed., *Systems of Innovation: Technologies, Institutions and Organizations* (London: Routledge, 1997).

Fontana, Michela, *Matteo Ricci: A Jesuit in the Ming Court* (Lanham, MD: Rowman & Littlefield Publishers, 2011).

Gaillard, Jacques, V. V. Krishna, and Roland Waast eds., *Scientific Communities in the Developing World* (London: Sage Publication, 1997).

Galison, Peter L., *Image and Logic: A Material Culture of Microphysics* (Chicago: University of Chicago Press, 1997).

Gault, Fred ed., *Handbook of Innovation Indicators and Measurement* (Cheltenham, UK: Edward Elgar, 2013).

Gibbons, Michael, Camille Limoges, Helga Nowotny, Simon Schwartzman, Peter Scott, and Martin Trow, *The New Production of Knowledge: The Dynamics of Science and Research in Contemporary Societies* (London: Sage Publications, 1994).

Goodman, Grant K., *Japan and the Dutch 1600-1853* (Richmond: Curzon Press, 2000).

Han, Kyonghee and Gary Lee Downey, *Engineers for Korea* (San Rafael, California: Morgan & Claypool Publishers, 2014).

Hobday, Michael, *Innovation in East Asia: The Challenge to Japan* (Cheltenham, UK: Edward Elgar, 1995).

International Council for Science Policy Studies, *Science and Technology in Developing Countries: Strategies for the 1990s, A Report to UNESCO* (Paris: UNESCO, 1992).

Jasanoff, Sheila, *States of knowledge: The Co-production of Science and the Social Order* (London: Routledge, 2004).

Johnson, Chalmers, *MITI and the Japanese Miracle: The Growth of Industrial Policy, 1925-1975* (Chicago: University of Chicago Press, 1982).

Kevles, Daniel J., *The Physicists: The History of a Scientific Community in Modern America* (New York: Vintage Books, 1979).

Kim, Byung-Koo, *Nuclear Silk Road: The "Koreanization" of Nuclear Power Technology* (Scotts Valley: CreateSpace Independent Publishing Platform, 2011).

Kim, Linsu and Richard R. Nelson eds., *Technology, Learning, and Innovation: Experiences of Newly Industrializing Economies* (Cambridge: Cambridge University Press, 2000).

Kim, Linsu, *Imitation to Innovation: The Dynamics of Korea's Technological Learning* (Cambridge: Harvard Business School Press, 1997).

Kuhn, Thomas S., *The Structure of Scientific Revolutions* (Chicago: University of Chicago Press, 1962).

Laudan, Rachel ed., *The Nature of Technological Knowledge. Are Models of Scientific Change Relevant?* (Dordrecht: D. Reidel Publishing Co., 1984).

Long, Franklin A. and Alexandra Oleson eds., *Appropriate Technology and Social Values: A Critical Appraisal* (Cambridge, MA: Ballinger, 1980).

Lucena, Juan C., *Defending the Nation: U.S. Policymaking to Create Scientists and Engineers from Sputnik to the 'War against Terrorism'* (Lanham: University Press of America, 2005).

Lundvall, Bengt-Åke, K. J. Joseph, Cristina Chaminade, and Jan Vang eds., *Handbook of Innovation Systems and Developing Countries: Building Domestic Capabilities in a Global Setting* (Cheltenham, UK: Edward Elgar, 2009).

Mahlich, Jörg and Werner Pascha eds., *Innovation and Technology in Korea: Challenges of a Newly Advanced Economy* (Heidelberg: Physica-Verlag, 2007).

Mahlich, Jörg and Werner Pascha eds., *Korean Science and Technology in an International Perspective* (Heidelberg: Physica-Verlag, 2012).

Mayntz, Renate and Thomas P. Hughes eds., *The Development of Large Technical Systems*

(Boulder: Westview Press, 1988).

Montgomery, Scott L., *Science in Translation: Movements of Knowledge through Cultures and Time* (Chicago: University of Chicago Press, 2000).

Nakayama, Shigeru, *Science, Technology and Society in Postwar Japan* (London: Kegan Paul International, 1991).

Nakayama, Shigeru(Translated by Jerry Dusenbury), *Academic and Scientific Traditions in China, Japan, and the West* (Tokyo: University of Tokyo Press, 1984).

Nelson, Richard R. ed., *National Systems of Innovation: A Comparative Study* (Oxford: Oxford University Press, 1993).

Nelson, Richard R., *Technology, Institutions, and Economic Growth* (Cambridge, MA: Harvard University Press, 2005).

Renn, Jürgen ed., *The Globalization of Knowledge in History* (epubli: Germany, 2012) (http://edition-open-access.de/studies/1/index.html).

Saad, Mohammed and Girma Zawdie eds., *Theory and Practice of the Triple Helix Model in Developing Countries: Issues and Challenges* (New York: Routledge, 2011).

Salomon, Jean-Jacques, Francisco R. Sagasti, and Céline Sachs-Jeantet eds., *The Uncertain Quest: Science, Technology, and Development* (Tokyo: United Nations University Press, 1994).

Schneider, Laurence, *Biology and Revolution in Twentieth-Century China* (Lanham: Rowman & Littlefield Publishers, 2005).

Seong, Somi and Steven W. Popper, *Strategic Choices in Science and Technology: Korea in the Era of a Rising China* (RAND, 2005).

Suh, Joonghae and Derek H. C. Chen eds., *Korea as a Knowledge Economy: Evolutionary Process and Lessons Learned* (Washington DC: The World Bank, 2007).

Vogel, Ezra F., *The Four Little Dragons: The Spread of Industrialization in East Asia* (Cambridge: Harvard University Press, 1993).

Wagner, Caroline S., Irene Brahmakulam, Brian Jackson, Anny Wong, and Tatsuro Yoda, *Science and Technology Collaboration: Building Capacity in Developing Countries?* (RAND, 2001).

Walker, Mark ed., *Science and Ideology: A Comparative History* (London: Routledge, 2003).

5. 영문 논문

Ahn, Soon Il, "A New Program in Cooperative Research between Academia and Industry in Korea, Involving Centers of Excellence", *Technovation* 15-4(1995).

Albuquerque, Eduardo da Motta e, "Scientific Infrastructure and Catching-Up Process: Notes about a Relationship Illustrated by Science and Technology Statistics", *Revista Brasileira de Economia* 55-4(2001).

Alexander, Jennifer Karns, "Thinking Again about Science in Technology", *Isis* 103-3(2012).

Archibugi, Daniele and Alberto Coco, "A New Indicator of Technological Capabilities for Developed and Developing Countries (ArCo)", *World Development* 32-4(2004).

Archibugi, Daniele and Carlo Pietrobelli, "The Globalisation of Technology and Its Implications for Developing Countries: Windows of Opportunity or Further Burden?", *Technological Forecasting and Social Change* 70(2003).

Arnold, Walter, "Science and Technology Development in Taiwan and South Korea", *Asian Survey* 28-4(1988).

Balconi, Margherita, Stefano Brusoni, and Luigi Orsenigo, "In Defence of the Linear Model: An Essay", *Research Policy* 39(2010).

Barben, Daniel, "Changing Regimes of Science and Politics: Comparative and Transnational Perspectives for a World in Transition", *Science and Public Policy* 34-1(2007).

Barnes, Barry, "Elusive Memories of Technoscience", *Perspectives on Science* 13-2(2005).

Basalla, George, "The Spread of Western Science", *Science* 156(5 May 1967).

Bernardes, Américo Tristão and Eduardo da Motta e Albuquerque, "Cross-over, Thresholds, and Interactions between Science and Technology: Lessons for Less-developed Countries", *Research Policy* 32(2003).

Biagioli, Mario, "Scientific Revolution, Social Bricolage, and Etiquette", Roy Porter and Mikuláš Teich eds., *The Scientific Revolution in National Context* (Cambridge: Cambridge University Press, 1992).

Brooks, Harvey, "The Relation between Science and Technology", *Research Policy* 23(1994).

Brown, Richard Harvey, "Modern Science: Institutionalization of Knowledge and Rationalization of Power", *The Sociological Quarterly* 34-1(1993).

Campbell, Joel R., "Building an IT Economy: South Korean Science and Technology Policy", *Issues in Technology Innovation* 19(2012).

Chambers, David Wade and Richard Gillespie, "Locality in the History of Science: Colonial Science, Technoscience, and Indigenous Knowledge", *Osiris* 15(2000).

Cho, Jane Jangeun, "Immigration through Education: The Interwoven History of Korean International Students, US Foreign Assistance, and Korean Nation-State Building"(Doctoral Dissertation: University of California at Berkeley, 2010).

Choi, Youngrak, "Korean Innovation Model, Revisited", *STI Policy Review* 1-1(2010).

Choung, Jae-Yong and Hye-Ran Hwang, "The Evolutionary Patterns of Knowledge Production in Korea", *Scientometrics* 94(2013).

Choung, Jae-Yong, Hye-Ran Hwang, and Heeseung Yang, "The Co-evolution of Technology and Institution in the Korean Information and Communications Industry", *International Journal of Technology Management* 38-1~3(2006).

Chung, Sungchul, "Innovation, Competitiveness and Growth: Korean Experiences", Justin Yifu Lin and Boris Pleskovic eds., *Lessons from East Asia and the Global Financial Crisis* (Washington DC: The World Bank, 2011).

Cimoli, Mario and Giovanni Dosi, "Technological Paradigms, Patterns of Learning and Development: An Introductory Roadmap", *Journal of Evolutionary Economics* 5(1995).

Clark, Norman, "Similarities and Differences between Scientific and Technological Paradigms", *Futures* 19-1(1987).

Crookes, Paul Irwin, "China's New Development Model: Analysing Chinese Prospects in Technology Innovation", *China Information* 26-2(2012).

Cuevas, Ana, "The Many Faces of Science and Technology Relationship", *Essays in Philosophy* 6-1(2005).

Dedijer, Stevan, "Underdeveloped Science in Underdeveloped Countries", *Minerva* 2-1(1963).

Dehaghi, Morteza Raei and Masoud Goodarzi, "Reverse Engineering: A Way of Technology Transfer in Developing Countries like Iran", *International Journal of e-Education, e-Business, e-Management and e-Learning* 1-5(2011).

Dosi, Giovanni and Richard R. Nelson, "Technical Change and Industrial Dynamics as Evolutionary Process", LEM Working Paper Series 1(2006).

Dosi, Giovanni and Richard R. Nelson, "The Evolution of Technologies: An Assessment of the State-of-the-Art", *Eurasian Business Review* 3-1(2013).

Drori, Gili S., "The Relationship between Science, Technology and the Economy in Lesser

Developed Countries", *Social Studies of Science* 23-1(1993).

Drori, Gili S., John W. Meyer, Francisco O. Ramirez, and Evan Schofer eds., ""Styles" of Science: Variations in Global Science", *Science in the Modern World Polity: Institutionalization and Globalization* (Stanford: Stanford University Press, 2003).

Edquist, Charles and Björn Johnson, "Institutions and Organizations in System of Innovation", Charles Edquist ed., *Systems of Innovation: Technologies, Institutions and Organizations* (London: Routledge, 1997).

Eikoh, Shimao, "Some Aspects of Japanese Science, 1868-1945", *Annals of Science* 46(1989).

Etzkowitz, Henry and Loet Leydesdorff, "The Dynamics of Innovation: From National Systems and "Mode 2" to a Triple Helix of University-Industry-Government Relations", *Research Policy* 29(2000).

Etzkowitz, Henry and Sandra N. Brisolla, "Failure and Success: The Fate of Industrial Policy in Latin America and South East Asia", *Research Policy* 28(1999).

Fan, Fa-ti, "Redrawing the Map: Science in Twentieth-Century China", *Isis* 98-3(2007).

Feenberg, Andrew, "Ten Paradoxes of Technology", *Techné* 14(2010).

Forman, Paul, "The Primacy of Science in Modernity, of Technology in Postmodernity, and of Ideology in the History of Technology", *History and Technology* 23(2007).

Freeman, Chris and John Hagedoorn, "Convergence and Divergence in the Internationalization of Technology", John Hagedoorn ed., *Technical Change and the World Economy: Convergence and Divergence in Technology Strategies* (Aldershot: Edward Elgar, 1995).

Freeman, Chris, "The 'National System of Innovation' in Historical Perspective", *Cambridge Journal of Economics* 19(1995).

Freeman, Christopher and Luc Soete, "Developing Science, Technology and Innovation Indicators: What We Can Learn from the Past", UNU-MERIT Working Paper Series(2007).

Gardner, Paul. L., "The Relationship between Technology and Science: Some Historical and Philosophical Reflections. Part I", *International Journal of Technology and Design Education* 4(1994).

Gardner, Paul. L., "The Relationship between Technology and Science: Some Historical and Philosophical Reflections. Part II", *International Journal of Technology and Design Education* 5(1995).

Geels, Frank W. and John Schot, "Typology of Sociotechnical Transition Pathways", *Research Policy* 36(2007).

Geels, Frank W., "From Sectoral Systems of Innovation to Socio-technical Systems: Insights about Dynamics and Change from Sociology and Institutional Theory", *Research Policy* 33(2004).

Geels, Frank W., "Ontologies, Socio-technical Transition (to Sustainability), and the Multi-level Perspective", *Research Policy* 39(2010).

Godin, Benoît, "Research and Development: How the 'D' Got into R&D", *Science and Public Policy* 33-1(2006).

Godin, Benoît, "The Linear Model of Innovation: The Historical Construction of a Analyti-cal Framework", *Science, Technology, and Human Values* 31-6(2006).

Godinho, Manuel M. and Jan Fagerberg, "Innovation and Catching-up", Jan Fagerberg, David C. Mowery, and Richard R. Nelson eds., *The Oxford Handbook of Innovation* (Oxford: Oxford University Press, 2004).

Goldemberg, José, "What is the Role of Science in Developing Countries?", *Science* 279(20 February 1998).

Griffiths, Phillip A., "Strengthening Science and Technology in the Developing World", Sigma Xi Forum and Annual Meeting(Los Angeles, 2003).

Harwood, Jonathan, "National Styles in Science: Genetics in Germany and the United States between the World Wars", *Isis* 78-3(1987)4.

Hermes-Lima, Marcelo, Natacha C. F. Santos, Antonieta C. R. Alencastro, and Sergio T. Ferreira, "Whither Latin America? Trends and Challenges of Science in Latin America", *IUBMB Life* 59-4~5(2007).

Hobday, Michael, Howard Rush, and John Bessant, "Approaching the Innovation Frontier in Korea: The Transition Phase to Leadership", *Research Policy* 33(2004).

Hobday, Mike, "Innovation in Asian Industrialization: A Gerschenkronian Perspective", *Oxford Development Studies* 31-3(2003).

Hobday, Mike, "Learning from Asia's Success beyond Simplistic 'Lesson-making'", Working Paper/ World Institute for Development Economics Research No.2011.42(2011).

Hodgson, Geoffrey M., "What Are Institutions?", *Journal of Economic Issues* 40-1(2006).

Holm-Nielsen, Lauritz and Natalia Agapitova, "Chile—Science, Technology and Innova-tion", LCSHD Paper Series No.79(Latin America and the Caribbean Regional Office:

The World Bank, 2002).

Hong, Sungook, "Historiographical Layers in the Relationship between Science and Technology," *History and Technology* 15-4(1999).

Hughes, Thomas P., "The Evolution of Large Technological Systems", Wiebe E. Bijker, Thomas P. Hughes, and Trevor Pinch eds., *The Social Construction of Technological Systems: New Directions in the Sociology and History of Technology* (Cambridge: MIT Press, 1989).

Intarakumnerd, Patarapong, Pun-arj Chairatana, and Tipawan Tangchitpiboon, "National Innovation System in Less Successful Developing Countries: The Case of Thailand", *Research Policy* 31(2002).

Jang, Yong Suk, "The Global Diffusion of Ministries of Science and Technology", Gili S. Drori, John W. Meyer, Francisco O. Ramirez, and Evan Schofer eds., *Science in the Modern World Polity: Institutionalization and Globalization* (Stanford: Stanford University Press, 2003).

Jasanoff, Sheila and Sang-Hyun Kim, "Containing the Atom: Sociotechnical Imaginaries and Nuclear Power in the United States and South Korea", *Minerva* 47(2007).

Kaplan, Dave, "Science and Technology Policy in South Africa: Past Performance and Proposals for the Future", *Science, Technology, and Society* 13-1(2008).

Kastenhofer, Karen and Astrid Schwarz, "Probing Technoscience", *Poiesis Prax* 8-2(2011).

Kevles, Daniel J., "The National Science Foundation and the Debate over Postwar Research Policy, 1942-1945: A Political Interpretation of *Science—The Endless Frontier*", *Isis* 68-1(1977).

Kim, Dong-Won, "Two Different Influences on the Japanese Physics Community in the Early Twentieth Century," *Historia Scientiarum* 7-2(1997).

Kim, Dong-Won and Stuart W. Leslie, "Winning Markets or Winning Nobel Prizes? KAIST and the Challenges of Late Industrialization", *Osiris* 13(1998).

Kim, Geun Bae, "An Anatomical Chart of South Korean Science and Technology in the 1960s: Their Relationships with Political Power", *East Asian Science, Technology and Society: An International Journal* 5-4(2011).

Kim, Yung Sik, "Some Reflections on Science and Technology in Contemporary Korean Society", *Korea Journal* 28(1988).

King, David A., "The Scientific Impact of Nations", *Nature* 430(15 July 2004).

Krishna, V. V., Roland Waast, and Jacques Gaillard, "The Changing Structure of Science in

Developing Countries", *Science, Technology, and Society* 5-2(2000).

Kwon, Ki-Seok, Han Woo Park, Minho So, and Loet Leydesdorff, "Has Globalization Strengthened South Korea's National Research System? National and International Dynamics of the Triple Helix of Scientific Co-authorship Relationships in South Korea", *Scientometrics* 90(2012).

Lacey, Hugh, "Reflections on Science and Technoscience", *Scientiae Studia* 10(2012).

Lall, Sanjaya, "Technological Capabilities and Industrialization", *World Development* 20-2(1992).

Lall, Sanjaya, "Technological Change and Industrialization in the Asian Newly Industrializing Economics: Achievements and Challenges", Linsu Kim and Richard R. Nelson eds., *Technology, Learning, and Innovation: Experiences of Newly Industrializing Economies* (Cambridge: Cambridge University Press, 2000).

Lam, Alice, "From 'Ivory Tower Traditionalists' to 'Entrepreneurial Scientists'? Academic Scientists in Fuzzy University-Industry Boundaries", *Social Studies of Science* 40-2(2010).

Laudan, Rachel, "Natural Alliance or Forced Marriage? Changing Relations between the Histories of Science and Technology", *Technology and Culture* 36-2(1995).

Lee, Dal Hwan, Zong-Tae Bae, and Jinjoo Lee, "Performance and Adaptive Roles of the Government-supported Research Institutes in South Korea", *World Development* 19(1991).

Lee, Jung, "Invention without Science: "Korean Edisons" and the Changing Understanding of Technology in Colonial Korea," *Technology and Culture* 54(2013).

Lee, Keun and Chaisung Lim, "Technological Regimes, Catching-up and Leapfrogging: Findings from the Korean Industries", *Research Policy* 30(2001).

Lee, Keun, "How Can Korea Be a Role Model for Catch-up Development? A 'Capability-based View'", Research Paper/ UNU-WIDER No.2009.34(2009).

Lee, Mushin, Byoungho Son, and Kiyong Om, "Evaluation of National R&D Projects in Korea", *Research Policy* 25(1996).

Lee, Won-Young, "The Role of Science and Technology Policy in Korea's Industrial Development", Linsu Kim and Richard R. Nelson eds., *Technology, Learning, and Innovation: Experiences of Newly Industrializing Economies* (Cambridge: Cambridge University Press, 2000).

Leydesdorff, Loet and Caroline Wagner, "Is the United States Losing Ground in Science? A

Global Perspective on the World Science System", *Scientometrics* 78-1(2009).

Leydesdorff, Loet and Martin Meyer, "The Triple Helix of University-Industry-Government Relations", *Scientometrics* 58-2(2003).

Leydesdorff, Loet and Ping Zhou, "Are the Contributions of China and Korea Upsetting the World System of Science?", *Scientometrics* 63-3(2005).

Leydesdorff, Loet, "Triple Helix of University-Industry-Government Relations", Elias G. Carayannis ed., *Encyclopedia of Creativity, Invention, Innovation and Entrepreneurship* (New York: Springer, 2013).

Low, Morris Fraser, "The Butterfly and the Frigate: Social Studies of Science in Japan", *Social Studies of Science* 19-2(1989).

Lynn, Leonard H., N. Mohan Reddy, and John D. Aram, "Linking Technology and Institutions: The Innovation Community Framework", *Research Policy* 25(1996).

Mahmood, Ishtiaq P. and Jasjit Singh, "Technological Dynamism in Asia", *Research Policy* 32(2003).

Malerba, Franco and Richard Nelson, "Learning and Catching up in Different Sectoral Systems: Evidence from Six Industries", *Industrial and Corporate Change* 20-6(2011).

Mansfield, Edwin, "Industrial R&D in Japan and the United States: A Comparative Study", *The American Economic Review* 78-2(1988).

Mathews, John A., "National Systems of Economic Learning: The Case of Technology Diffusion Management in East Asia", *International Journal of Technology Management* 22-5~6(2001).

Mathews, John A., "The Origins and Dynamics of Taiwan's R&D Consortia", *Research Policy* 31(2002).

May, Robert M., "The Scientific Wealth of Nations", *Science* 275(2 July 1997).

Mazzoleni, Roberto and Richard R. Nelson, "Public Research Institutions and Economic Catch-up", *Research Policy* 36(2007).

Mazzoleni, Roberto and Richard R. Nelson, "The Roles of Research at Universities and Public Labs in Economic Catch-up", LEM Working Paper Series 1(2006).

Miah, Muhammed and Adnan Omar, "Technology Advancement in Developing Countries during Digital Age", *International Journal of Science and Applied Information Technology* 1-1(2012) (http://www.warse.org/pdfs/ijsait05112012.pdf).

Mirowski, Philip and Esther-Mirjam Sent, "The Commercialization of Science, and the

Response of STS", Edward J. Hackett, Olga Amsterdamska, Michael Lynch, and Judy Wajcman eds., *The Handbook of Science and Technology Studies* (Cambridge: MIT Press, 2008).

Moon, Manyong, "The Dual Green Revolutions in South Korea: Reforestion and Agricultural Revolution under the Authoritarian Regime", *Historia Scientiarum* 21-3(2012).

Morrison, Andrea, Carlo Pietrobelli, and Roberta Rabellotti, "Global Value Chains and Technological Capabilities: A Framework to Study Industrial Innovation in Developing Countries", *Oxford Development Studies* 36-1(2008).

Morris-Suzuki, Tessa, "The Great Translation: Traditional and Modern Science in Japan's Industrialisation", *Historia Scientiarum* 5-2(1995).

Nakayama, Shigeru and Morris F. Low, "The Research Function of Universities in Japan", *Higher Education* 34(1997).

Narin, Francis, Kimberly S. Hamilton, and Dominic Olivastro, "The Increasing Linkage between U.S. Technology and Public Science", *Research Policy* 26(1997).

Nelson, Richard R. and Gavin Wright, "The Rise and Fall of American Technological Leadership: The Postwar Era in the Historical Perspective", *Journal of Economic Literature* 30-4(1992).

Nye, Mary Jo, "National Styles? French and English Chemistry in the Nineteenth and Early Twentieth Centuries", *Osiris* 8(1993).

Orlikowski, Wanda J., "The Duality of Technology: Rethinking the Concept of Technology in Organizations", *Organization Science* 3-3(1992),

Pack, Howard, "Research and Development in the Industrial Development Process", Linsu Kim and Richard R. Nelson eds., *Technology, Learning, and Innovation: Experiences of Newly Industrializing Economies* (Cambridge: Cambridge University Press, 2000).

Park, Buhm Soon, "Technonationalism, Technology Gaps, and the Nuclear Bureaucracy in Korea, 1955-1973", Youngsoo Bae and Buhm Soon Park eds., *Bridging the Technology Gap: Historical Perspectives on Modern Asia* (Seoul: Seoul National University Press, 2013).

Park, Tae Gyun, "Development in Science and Technology of South Korea During the Cold War: Focusing on the US Policy Toward South Korea", Youngsoo Bae and Buhm Soon Park eds., *Bridging the Technology Gap: Historical Perspectives on Modern Asia* (Seoul: Seoul National University Press, 2013).

Park, Tae-Young, "How a Latecomer Succeeded in a Complex Product System Industry: Three Case Studies in the Korean Telecommunication Systems", *Industrial and Corporate Change* 22-2(2012).

Park, Tae-Young, Jae-Yong Choung, and Hong-Ghi Min, "The Cross-industry Spillover of Technological Capability: Korea's DRAM and TFT-LCD Industries", *World Development* 36-12(2008).

Pavitt, Keith, "The Social Shaping of the National Science Base", *Research Policy* 27(1998).

Perez, Carlota and Luc Soete, "Catching up in Technology: Entry Barriers and Windows of Opportunity", Giovanni Dosi, Christopher Freeman, Richard Nelson, Gerald Silverberg, and Luc Soete eds., *Technical Change and Economic Theory* (London: Priter Publishers, 1988).

Perez, Carlota, "Technological Revolutions and Techno-economic Paradigms", *Cambridge Journal of Economics* 34(2010).

Pickstone, John V., "Working Knowledge Before and After circa 1800: Practices and Disciplines in the History of Science, Technology, and Medicine", *Isis* 98-3(2007).

Pouris, Anastassios and Anthipi Pouris, "The State of Science and Technology in Africa (2000-2004): A Scientometric Assessment", *Scientometrics* 79-2(2009).

Raj, Kapil, "Beyond Postcolonialism ... and Postpositivism: Circulation and the Global History of Science", *Isis* 104-2(2013).

Ralph E. Gomory and Roland W. Schmitt, "Science and Production", *Science* 240(27 May 1988).

Roland, Alex, "Theories and Models of Technological Change: Semantics and Substance", *Science, Technology, and Human Values* 17-1(1992).

Royal Society, "Knowledge, Networks and Nations: Global Scientific Collaboration in the 21st Century", RS Policy Document 03/11(London: The Royal Society, 2011).

Sakakibara, Mariko and Dong-Sung Cho, "Cooperative R&D in Japan and Korea: A Comparison of Industrial Policy", *Research Policy* 31(2002).

Salager-Meyer, Francoise, "Scientific Publishing in Developing Countries: Challenges for the Future", *Journal of English for Academic Purposes* 7(2008).

Schofer, Evan and John W. Meyer, "The Worldwide Expansion of Higher Education in the Twentieth Century", *American Sociological Review* 70(2005).

Schwab, Charles V., "Appropriate Technology for Socioeconomic Development in Third

World Countries", *The Journal of Technology Studies* 26-1(2000) (https://scholar.lib.vt.edu/ejournals/JOTS/Winter-Spring-2000/akabue.html).

Secord, James A., "Knowledge in Transit", *Isis* 95-4(2004).

Shahidullah, Muhammad, "Institutionalization of Modern Science and Technology in Non-Western Societies: Lessons from Japan and India", *Knowledge: Creation, Diffusion, Utilization* 6-4(1985).

Shelton, R. D. and P. Foland, "The Race for World Leadership of Science and Technology: Status and Forecasts", *Proceedings of the 12th International Conference on Scientometrics and Informetrics* (2009).

Shinn, Terry, "The Triple Helix and New Production of Knowledge: Prepacked Thinking on Science and Technology", *Social Studies of Science* 32-4(2002).

Shrum, Wesley and Yehouda Shenhav, "Science and Technology in Less Developed Countries", Sheila Jasanoff, Gerald Markle, James Peterson, and Trevor Pinch eds., *Handbook of Science and Technology Studies* (Thousand Oaks, California: Sage Publications, 1995).

Song, Jaeyong, "Technological Catching-Up of Korea and Taiwan in the Global Semiconductor Industry: A Study of Modes of Technology Sourcing", Discussing Paper No.15/ APEC Study Center(Columbia Business School, 2000).

Szulanski, Gabriel, "The Process of Knowledge Transfer: A Diachronic Analysis of Stickiness", *Organizational Behavior and Human Decision Processes* 82-1(2000).

Takashi, Hikino and Alice H. Amsden, "Staying Behind, Stumbling Back, Sneaking Up, Soaring Ahead: Late Industrialization in Historical Perspective", William J. Baumol, Richard R. Nelson, and Edward N. Wolff eds., *Convergence of Productivity: Cross-national Studies and Historical Evidence* (Oxford: Oxford University Press, 1994).

Uskoković, Vuk, Milica Ševkušić, and Dragan P. Uskoković, "Strategies for the Scientific Progress of the Developing Countries in the New Millennium: The case of Serbia in Comparison with Slovenia and South Korea", *Science, Technology and Innovation Studies* 6-1(2010).

Vaughan, Diane, "The Role of the Organization in the Production of Techno-Scientific Knowledge", *Social Studies of Science* 29-6(1999).

Viotti, Eduardo B., "National Learning Systems: A New Approach on Technological Change in Late Industrializing Economies and Evidences from the Cases of Brazil and South

Korea", *Technological Forecasting and Social Change* 69(2002).

Vose, P. B. and A. Cervellini, "Problems of Scientific Research in Developing Countries", *IAEA Bulletin* 25-2(1983).

Wang, Zuoyue, "Science and the State in Modern China", *Isis* 98-3(2007).

Wong, Poh-Kam, "National Innovation Systems for Rapid Technological Catch-up: An Analytical Framework and a Comparative Analysis of Korea, Taiwan and Singapore", DRUID Summer Conference on National Innovation System, Industrial Dynamics and Innovation Policy(1999).

Yoo, Eunhye, "Globalization, Power and Knowledge Production in South Korea: The University of Minnesota—Seoul National University Educational Cooperation Project from 1954 to 1962"(Doctoral Dissertation: University of Minnesota, 2012).

Yoon, Bang-Soon L., "Reverse Brain Drain in South Korea: State-led Model", *Studies in Comparative International Development* 27-1(1992).

Yoon, Bang-Soon Launius, "State Power and Public R&D in Korea: A Case Study of the Korea Institute of Science and Technology"(Doctoral Dissertation: University of Hawaii, 1992).

Yu, Xie, Chunni Zhang, and Qing Lai, "China's Rise as a Major Contributor to Science and Technology", *PNAS* 111-26(2014).

Zastrow, Mark, "Why South Korea Is the World's Biggest Investor in Research", *Nature* 534(2 June 2016).

Zhou, Ping and Loet Leydesdorff, "The Emergence of China as a Leading Nation in Science", *Research Policy* 35(2006).

5. 영문 자료

Committee on Friendly Relations among Foreign Students, *The Unofficial Ambassadors* (New York, 1951).

Department of Education (in Chile), "Science, Technology and Innovation for the Development of Chile"(2011).

IFI CLAIMS, "2015 Top 50 US Patent Assignees" (http://www.ificlaims.com).

Institute of International Education, *Open Doors: Report on International Educational Exchange*

(New York, 1960–1995).

National Science Foundation, *Science and Engineering Doctorate Awards* (Washington DC, 1994–2002).

OECD, "Main Science and Technology Indicators"(2016) (http://stats.oecd.org/Index.aspx?DataSetCode=MSTI_PUB).

OECD, "Measuring R&D in Developing Countries: Annex to the Frascati Manual"(OECD Publication Service, 2012) (http://www.oecd.org/sti/inno/49793555.pdf).

OECD, "Science, Technology, and Industry Scoreboard 2013: Brazil Highlights"(2013).

OECD, "Science, Technology, and Industry Scoreboard 2013: Mexico Highlights"(2013).

OECD, "Science, Technology, and Industry Scoreboard 2015: Korea Highlights"(2015).

OECD, *Frascati Manual 2002: Proposed Standard Practice for Surveys on Research and Experimental Development* (OECD Publication Service, 2002) (http://www.oecd.org/sti/inno/frascatimanualproposedstandardpracticeforsurveysonresearchandexperimentaldevelopment6thedition.htm).

Technische Universität Darmstadt, "Science vs. Technoscience" (http://www.philosophie.tu-darmstadt.de/media/philosophie___goto/text_1/Primer_Science-Technoscience.pdf).

WIPO, "Statistical Country Profile: Republic of Korea" (http://www.wipo.int/ipstats/en/statistics/country_profile/profile.jsp?code=KR).

World Bank, "High Tech Exports" (http://data.worldbank.org/indicator/TX.VAL.TECH.CD).

Contents in English

The Structure of Scientific and Technological Revolution in Korea

by Kim, Geun Bae
Professor, Department of Science Studies
Chonbuk National University